S. Jaishankar

インド外交の流儀

先行き不透明な世界に向けた戦略

S・ジャイシャンカル
笠井亮平＝訳

सत्यमेव जयते

白水社

インド外交の流儀

――先行き不透明な世界に向けた戦略

THE INDIA WAY: Strategies for an Uncertain World
by S. Jaishankar

First published in Japanese by Hakusuisha Publishing Co., Ltd.
in arrangement with HarperCollins Publishers India Private Limited
through Tuttle-Mori Agency, Inc., Tokyo

父、K・スブラマニヤムとメンターのアラヴィンダ・R・デオに捧げる

インド外交の流儀——先行き不透明な世界に向けた戦略　目次

凡例

*訳者による注は章ごとに（1）（2）と番号を振り、「訳注」として巻末にまとめた。

はじめに

知恵とは、変化する世界のありように適応していくことである。(1)
——ティルヴァッルヴァル

職業外交官として四〇年間過ごしてきたが、これまで準拠してきた前提の多くにいま疑問が投げかけられていることには、落ち着かない気持ちにさせられる。だが、だからといってわたしたちの経験がただちに無意味になるということではない。むしろその逆に、過去数十年の出来事をもっとも客観的に分析できる者こそが、もっとも正確に未来を予測できる立場にいるように見える。とはいうものの、事実から真理を学ぶことは容易ではない。ポリティカル・コレクトネス（政治的妥当性）による重圧は試練の一つだが、積み重なった独断的思考も同様に試練である。グローバルな文脈を十分に認識しつつ、冷徹な国益の観点から状況をとらえることも、容易ならざる取り組みだ。これらはインドの独立(2)以来、一貫して存在してきたジレンマであり、ナショナリズムが叫ばれる今の時代にあってはより先鋭化している。過去二年間、わたしの問題意識の中で大きな位置を占めてきたのは、こうした諸課題に対する取り組みだった。

多くの点で、自分がこれまでの人生で関わってきたテーマについて執筆するのは自然なことだった。未公刊の博士論文と印米原子力合意の経緯についての内部向け文書を執筆したことは、そうする自信を与えてくれた。そこで、二〇一八年に外務次官の任期を終えたのちにシンガポール国立大学南アジア研究所でフェローを務めた際、本書に向けた取り組みが始まった。その後、このプロジェクトは形式面でも内容面でも変化し続けたが、その多くはわたしたちが住むこの世界で起きる出来事のペースの速さを反映したことによる。そうしたなかで、わたしは回顧録的要素を盛り込んではどうかという考えを脇に置くことにした。そのようなものを書くのは現役を退いた者のほうがふさわしいと思ったからだ。その代わりにわたしが試みたのは、可能な限り分析的かつ冷静さを保ちながら、さまざまな場所でのやりとりを通じて今日の政治に関わる議論を展開することだった。

四〇年にわたり重要な視座から世界を見渡してきたことは、そこに潜むリスクと可能性の客観的な把握に大いに役立った。モスクワでの外交官としての初勤務から、大国政治の貴重な教訓――なかにはおそらく意図せざるものもあっただろう――を学んだ。四度にわたるアメリカとの関わりは、きわめてユニークな自信と強靭さを持つ彼の国に対し、やむことのない興味を抱かせてくれた。長期にわたった日本での勤務からは、東アジアの微妙な感覚を教わっただけでなく、日印間にはまだ活かされていない潜在力があることをしっかりと認識することができた。シンガポールでの勤務は短期間ではあったが、世界の変動に適応することの重要性を実感した。プラハとブダペストでの勤務は、歴史の潮流に対する感覚を鋭敏なものにしてくれた。魅力的だったが困難でもあったスリランカでの駐在は、政治と軍事両面で貴重な経験となった。だが、一つ重要な学びがあったとすれば、それは二〇〇九年という転換点で得た中国での経験だ。中国とその次にアメリカでも大使を務め、さらには外務次官として、わたしは近年の世界の変化を目の当たりにしてきた。何よりも、長年にわたり国内で各レベルの指導者と関わってきたことからは、言葉では表しがたい価値を得ることができた。そのなかで、戦略目標を規定することの重要性、最善の結果の設定、政治と政策の相互作用に対する理解といった、きわめて重要な事柄を学んでいった。

　本書は、過去二〇年で起きた数々の出来事を経てかたち作られたものだ。シンクタンクや会議、ビジネスフォーラムで行った講演が中心となっている。そこで話した内容は概ね現在でも色あせていないが、必要に応じてアップデートを行った。第1章「アワドの教訓」は、そうしたさまざまな場面で行った発言を一つにまとめたものである。第2章「分断の技法」は、オスロ・エネルギー・フォーラム、ラーイシーナ・ダイアローグ[3]、シルバニヤス・フォーラム[4]、戦略国際問題研究所で行った講演に基づいている。第3章「クリシュナの選択」は、ニューデリーのサイ・ファウンデーション[5]で話した内容を骨子としている。第4章「インドのドグマ」は、第四回ラームナート・ゴエンカ記念講演の内容を拡充したものだ。第5章「官僚と大衆」は、セント・スティーヴンス・カレッジ[6]、ヘリテージ財団、バーミンガム大学、アトランティック・カウンシルで行った講演を一つにまとめたものだ。第6章「ニムゾ・インディアン・ディフェンス」は、シンガポールで行った講演に基づいている。第7章「遅れてやってきた運命」は、デリー・ポリシー・グループ[7]、インディア・ファウンデーション[8]、インド国際センター[9]での発言を一つにまとめたものだ。第8章「パシフィック・インディアン」は、インディア・ファウンデーションが三回にわたり開催したインド洋についての会議と国家海洋財団による会議での発言内容からなっている。エピローグ「新型コロナウイルスを超えて」は、二〇二〇年の第五回ラーイシーナ・ダイアローグに始まる最近のスピーチに基づいており、新型コロナウイルスのパンデミックがもたらした影響を踏まえたものだ。

自分の考えを構築し、それを発表する場を提供してくれた各団体には深く感謝している。聴衆からのレスポンスは、議論を進めていく際に有用だった。あえて見解を先鋭化させることもあるが、それは思考を展開させる目的にほかならない。国家としての成果が評価される取り組みにおいて、世界情勢の推移がもっとも重要な背景であることは明らかだ。新型コロナウイルスの感染拡大はこの現実をあらためて思い起こさせてくれるものであると同時に、世界がこれから経験することになる変化のさきがけでもある。それがもたらす影響を理解するためにわたしたちが国内で必要としているのは、党派政治にとらわれない冷静な議論なのだ。

本書を刊行できたのは、製作をサポートしてくれたすべての関係者、とりわけ率直な家族、辛抱強い友人、それに議論好きな同僚のおかげである。ラーディカー、グールー、ラージェーシュ、ラメーシュにはとくに謝意を表したい。彼らがいなかったら、本書で示した見解がかたちになることは決してなかった。本書の運命がわたし自身の人生の紆余曲折とリンクしていたなか、クリシャン・チョープラーをはじめとする出版社の担当編集者は非常に忍耐強く待ってくれた。彼らの辛抱強さが報われることを願っている。

第1章

アワドの教訓

——戦略的充足感の危険性

「支配する役割を引き受けないことの最大の罰は、自らより劣る者に支配されることだ」

——プラトン

サタジット・レイ監督が製作した数十年前のある映画では、インドが外の世界をどう認識しているかを規定する自己陶酔ぶりが示されている。そこでは、インドの太守二人がチェスに興じる一方で、イギリス東インド会社が豊かなアワド王国をじわじわと支配下に入れていくさまが描かれていた。今日、新たなグローバル大国が台頭するなか――その国もインドと直接国境を接している――、わたしたちはそのことがもたらす影響についてまたしても無関心でいることは許されない。理想的なのは、中国の台頭がインドの競争心を刺激する契機となってくれることだ。そこまでいかなくても、少なくとも国際政治の方向性やそれがインドにもたらす意味をめぐって、真剣な論争を巻き起こしてくれるだろう。

この点が重要なのは、他にも注目すべき変化が進行中だからだ。大規模なリバランスがすでに始まっていることは明らかで、そこに広範な地域の不安定化やハイリスクを取る動き、これまでになく強烈なナショナリズム、グローバリゼーションへの拒否反応といった現象が重なるかたちで展開している。だが、決定的な意味を持つ変化は、長きにわたり現代の国際システムの中核をなしてきたアメリカの姿勢が変容したことだ。中国の台頭にアメリカがどのような反応を示していくかが、現代政治の方向性をかなりの部分で決定づけることになるだろう。グローバルな事象は常に十分なかたちで国内の力学に取り込まれるわけではないため、そうした動きはインドを素通りしていくことが多かった。グローバルな変動が自国の考え方に及ぼす影響についても、信頼のおける政治の場での議論が欠如しており、明確にされることはなかった。したがって、インドは国際秩序のなかで台頭していくに当たり、自国の利益を可能な限り明確に視覚化するだけでなく、実効的なかたちで主張していくべきなのだ。

こうした目的に貢献する試みとして、本章は世界に聞かれることをためらわず、インド人のなかでの率直な意見交換を促すものでもある。

国際関係というものは基本的に他国についての事柄を対象とするものだが、理解不足でいても無関心でいても、それがもたらす結果が限られたものになるなどということはない。したがって、事態がわたしたちに降りかかってくるのを座視するのではなく、それに対して予測と分析によって対処するべきなのだ。決定的な戦いにおいて侵攻軍がインドの中心部に侵入することを許した「パーニーパット症候群」[2]が示しているように、そうした姿勢がインドの歴史で現れることはなかった。この基本的な防衛方針は、外部で起きている事態について、その意味を理解できないことはもちろん、事実すら認識していないという思考回路を反映するものだ。

現代においては、第二次世界大戦の結果に対するインドの不可知論的姿勢は、その後の外交政策に重要な影響をもたらした。次の一〇年でインドがとった冷戦構造に対する対応は、規模の面で劣る隣国パキスタンが数十年にわたり格差を狭めることを可能にしてしまった。ジャンムー・カシミール[3]の一部が不法に占領されていることが持つ意味は、一九七一年以降[4]の失地回復感情の強さにすぎないとして過小評価されてきた。中国についても、一九四九年の建国の重要性であれ、その後の共産主義ナショナリズムの強烈さであれ、一九七八年以降の台頭のすさまじさであれ、理解は不十分なままだ。インドが国際政治への関与を深めていくなかで、勢力均衡を追求すべきところが、政治的ロマンチシズムによって誤った方向に導かれてしまった。その結果、核保有のように避けることができない決断を、大きな対価を払いながら先送りにすることになった。国連安保理における早期の常任理事国入りも、各方面で以前から議論が続いている典型的なテーマである。

世界の発展に背を向けることで経済成長の機会を逸してしまったことについては、これまでも指摘されてきたとおりだ。一九七一年のバングラデシュ独立戦争、一九九一年の経済自由化、一九九八年の核実験、二〇〇五年の印米民生用原子力合意は「戦略的挽回」を実践したものではあったが、インドの全体的な地位にも影響を及ぼしもした。凝り固まったドグマに基づく自己満足がリアルポリティクス的思考の高まりによって克服されたのは、ごく最近になってからのことなのだ。

いかなる国際秩序においても、新たな超大国の出現は当然ながら破壊的な事態となる。わたしたちは忘れてしまっているかもしれないが、最後にそれが起きたとき――ソ連の出現だ――は第一次世界大戦のさなかだったため、その台頭は目立たなかった。超大国間の移行と両者が重なり合うかたちでの共存は、もっともよい場合であっても容易に行われるものではない。二十世紀前半に起きたイギリスからアメリカへの移行は例外であり、通常のものではない。だが、それぞれの社会が異なる原則に基づいて成り立っている場合、主張が対立するなかで協力を図ることはきわめて困難になる。国の影響力が比較的小さければ、見解の相違が大きな問題になることはなく、その行動が及ぶ範囲は主に自国民にとどまる。このことは、国家の能力がさほど整っていなかった植民地独立直後の時期であれば、よく当てはまったかもしれない。だが、それがグローバルな規模になると、到底見過ごすわけにはいかなくなってくる。社会のありようについて知り得ないままに外交を遂行しようとしても、限界に直面することになる。政治的分断をめぐる国家間の姿勢が対立を高めている今日であれば、この点はひときわ明白だ。こうした事態が生じ始めたものの、共存をもたらす強力な要因としてのグローバリゼーションによって、顕在化した矛盾はひとまず緩和された。だがある段階で、地政学的圧力は、ぶつかり合う各国の強烈なナショナリズムというかたちで顕在化してきた。激しい競合が今日の世界を動かす要因になるものと見られている。

グローバルな舞台に中国が大きな存在感をもって登場したことは、当然ながら反響をもたらした。その背景には、他の大国に起こるべくして起こった地位の変化がたしかにある。だが、中国の登場をもたらした要因の一つは、同国が他にはない特徴を有していることにある。それ以前にアジアで台頭した別の国とは異なり、中国は米欧主導の国際秩序に適合することがきわめて難しい国である。現代における二大大国は、長年にわたり政治的に互いの目的にかなう存在だった。だが、もはやそのような関係ではないというのが、今日の現実なのだ。

こうしたシナリオは、数々の戦略的課題をインドに突きつけている。重要なのは機敏に対処することであり、インドの利益という観点からアプローチする際にはとりわけそうだ。単にそれに対応するだけでなく、実際に活用していくという思考を構築することで、新しいインドをかたち作ることができる。アメリカは今、自国の再構築に取り組むなかで、戦略的設計図にあらためて向き合っている。同国が当面とっているアプローチは、自国第一主義の強化、さらなる孤立化、そして大幅な支出削減というものである。だが、この再構築の実践は容易ではない。なぜなら、過去の戦略的方策がもたらした結果を簡単になかったことにはできないからだ。不公正貿易、過大な数の移民、恩知らずの同盟国に関して猛々しい言説を耳にするのはこのためである。そして、解決策が形成されていくなかで、その構成要素は市場アクセス、技術面の強み、軍事的優位、ドルの力であるように見える。アメリカ政治がいかに展開していくかにかかわらず、こうした変化の多くは今後も残り続けていくだろう。米中関係がつくり出すダイナミクスは、当事者である両国と世界に影響を及ぼすものであり、インドが政策決定を行っていくうえで踏まえておくべきグローバルな背景なのだ。

中国の劇的な台頭を促進した恵み深いグローバリゼーションの時代は、終わりを告げた。その過程を理解することが重要なのは明白だが、より大切なのはいかに対処していくかだ。インドの台頭はこれまで緩やかなペースだったが、これからは厳しい世界の中を進んでいかなくてはならない。インドは、新たなタイプの政治が形成されつつある、激動のフェーズに突入している。問題は、インドが今後も台頭し続けられるかではない――そのベクトルは当然のごとく保証されている。問われているのは、不確実性が高まる時代において、いかにしてそれを最適なかたちで実現するかなのだ。

短期的には、インドは複数のアプローチ――伝統的なものもあれば斬新なものもある――を組み合わせていく以外には、選択肢はほとんどない。だが、そうしたアプローチのいずれにおいても、グローバル大国とのパートナーシップは重要な変化をもたらす。その多くは、米欧とロシアをめぐり生じるものだ。だが、いかなる検討においても、今や世界第二位の経済大国となった中国を重視しないわけにはいかない。これらの国すべてに影響力を及ぼすことは容易ではないものの、それが必要であることは言うまでもない。巧みな心理戦を展開するとともに断固とした姿勢で臨むことは、荒々しさを増す世界においては必須でもある。これらをすべて実行するには、世界の複雑なダイナミクスを受け入れることが不可欠である。そうすることで初めて、インドは新時代における戦略的政策を遂行していくことが可能になる。

過去数年の出来事はこれまでの規範から大きく逸脱するものであったがゆえに、国際情勢の方向性をめぐり当然とも言うべき混乱が生じた。アメリカの場合でも中国の場合でも、事態の推移はこれまでの経験の範疇には収まらないものだった。パキスタンの政策は、もっとも悲観的な予測をさらに上回るものになった。インドの他の隣国は、これまでとは異なる行動をとるケースが出てきた。変化する地政学の影響は近隣諸国において表れているが、さらに周辺に位置する地域においても同様である。印露関係の活性化には特別なエネルギーを注いだ。日本は複雑な自国の状況にもかかわらず、チャンスを提供してくれた。ヨーロッパとの良好な関係は進展しているが、複雑さを増す政治についてさらなる洞察力を要する。現在の情勢に対するわれわれの分析の多くは、イデオロギー上の対立から影響を受けているのも確かだ。情勢の方向性を好もうと好むまいと、現実性を損なうことがあってはならない。そこには、認識しなくてはならない原因と効果の両方があるからだ。われわれがいかなる見解を持つかにかかわらず、ドナルド・トランプ現象を単に悪しきものとしてとらえるのではなく、分析を加えるべきである。

世界の超大国が基本原則に立ち返るとき、それがもたらす結果は計り知れない。それを正確に評価することは、現在進行中の変化の永続性をしっかりと見極める作業の一部である。インドにとって、この作業は特別な重要性を帯びている。なぜなら、アメリカの判断は近年のインドの台頭を支持するものだったからだ。同国の思考の転換が国際政治をいかに変貌させ、インドの利益にいかなる影響を及ぼすかは、今日もっとも重要な問題になっている。それは、他の大国との関係をめぐるダイナミクスとも複雑にからみ合っている。貿易や安全保障に対するアメリカの新たなアプローチが大きな意味を持っているのは言うまでもない。トランプ政権に対し、過去の政権との経験で用いたロジックで臨むのは誤りになるだろう。新たなプライオリティが今まさに形成されつつあり、アメリカと相対する際の方針はアップデートする必要がある。

インドの台頭は、必然的に中国の台頭と比較されることになる――たとえその理由が、後者の台頭が先に生じたためだけだったとしても、だ。世界の記憶に残してきた存在感、文明としての貢献、地政学的価値、経済面の成果は、いずれも比較作業をする際に取り上げられるファクターになるだろう。比較対象国の戦略や外交戦術を模倣することが、きわめて異なる歴史と認識を持つ社会にとって現実的な提案になり得ないのは明らかだ。とはいうものの、インドが中国から学ぶべきものは少なくない。一つ重要な教訓を挙げるとすれば、国際社会から尊敬を集めるためのもっとも確実な方法は、自国にグローバルな存在意義があることを明示することだ。かつてシンガポールの指導者リー・クアンユーは、インドの台頭はより安心できるものだという、屈折した賛辞を送ったことがあった。だが、現在の世界はインドに大きな存在感を発揮するよう求めてくるだろう。

世界が成長と安定のさらなる源泉を求めているなかにあっては、チャンスも存在しうる。インドは民主主義体制、多元的社会、市場経済の国であり、他国と切り離されたかたちではなく、他国とともに成長を遂げていく。こうした類似点があることを踏まえれば、インドは新たなパートナーシップを追求していくことから効果的に利益を得ることができる。関係国を結束させる価値はきわめて重要であり、テクノロジーによって動く世界においてはなおさらそうだろう。価値が共有され、それが関係国の能力とセットになることで、パワーの本質を決定づける意思がかたち作られるのだ。国は、他国の価値への疑念が少なくなるほど、他国を受け入れることへの熱意が高まるのである。

地政学と勢力均衡は国際関係の基礎をなしている。インド自身にも、この二つを重視するカウティリヤ的政治[5]という伝統がある。現代史から教訓を導くとすれば、これらに向けられてしかるべき重点を置いてこなかったことにある。アジア・アフリカの連帯を掲げた一九五〇年代のバンドン会議時代は、ハードパワー軽視のコストがいかに高くつくかを思い起こさせてくれる。だが、そこで示されるのは、能力面を重視しなかったこと以上に、その背景にある思考なのだ。それから現在にかけて、わが国は、国益を守る能力は単に選択肢ではなく、前提であると考える段階に至った。それを実現するには、国力増強と対外関係の推進を組み合わせることがもっとも効果的だ。

ナショナリズムが高まる世界においては、外交はできるだけ多くの関係から、できるだけ多くの利益を引き出すかを競うものになっていくことは間違いない。だがそれにもかかわらず、インドが秩序意識の高まりを支持する大きな根拠がある。元来、わが国自身の成長モデルと政治観は、ルールに基づいた行動を望ましくとらえている。インドは国際的な利益と国益を結びつけることに否が応でも取り組んでいかなくてはならない。そこで試練となるのは、多極化が進行する一方で多国間協調主義が退潮する世界の中で、いかに成功裏に実行していくかという点だ。

インドの外交政策には、過去から受け継いだ三つの主要な重荷がある。第一に、一九四七年の印パ分離独立であり、これによって人口面でも政治面でも国家の力が削がれてしまった。これがもたらした意図せぬ結果として、中国にアジアにおいてより広い戦略的空間を与えることになったという点がある。第二に、経済自由化が中国に一五年後れをとることになってしまった。しかも、それが中国よりもかなり躊躇するかたちで展開されたのだった。経済力におけるこの一五年の差によって、インドは今でもきわめて不利な立場に置かれたままになっている。第三に、核保有を先延ばしにしてしまった。その結果インドは、本来ならはるかに容易かつ早い段階で確保できたはずの勢力範囲で、影響力を確立するために多大な労力を費やさなくてはならなかった。こうした課題が解決されないよりは、時間がかかってでも解決されたほうが望ましいのは明らかだ。だが、一九四七年以降われわれが犯した失敗をしっかりと反省することは、国にとって大きな意味を持っているのは間違いない。また、われわれはその反省を、今後歩むべき道に対しても活かしていくことができるだろう。

長きにわたり不利な環境のもとで活動してきた国からすれば、いかなる変化であっても先入観を抱かずに歓迎すべきだろう。遠方の情勢を軽視するわけにはいかないが、わが国に近接する地域の情勢は、今後に向けた大きな意味を持っている。インド亜大陸における経済的、社会的つながりを積極的に再構築する「近隣第一」アプローチ[6]は、インドに利益をもたらすものだ。この「近隣」という概念を東にも西にも拡大することも、同様に重要だ。南に広がる海洋空間をわが国の安全保障上の対象に含めることは、広域のビジョンにおけるもう一つの主要な要素である。こうした政策をまとまったかたちで成功裏に遂行することで、インドが縮小されてしまったことがもたらす戦略的影響の多くを覆すことが可能になる。

団結と中心性[7]を維持しようとするASEANの試みも、インドにとっては対応を要する課題だ。アジアにおける勢力均衡が印パ分離独立によってゆがめられたのだが、第二次世界大戦後に日本に課せられた制約によって、さらにいびつなものになってしまった。したがって、日本が安全保障においていかなる方針をとるかは、インドの戦略思考にも一定の影響を及ぼすことになる。実際、アジアに関して言えば、変化の規模については未だはっきりわかっているとは到底言えない状況にある。確実に指摘できるのは、インドにとってはそれによってチャンスが減るのではなく、増えるということだ。

現在の世界の見取図がどれだけ明瞭でないとしても、だからといって過去数十年で築かれた進歩が覆われるべきではない。幅広い分野において、多くの人びとの生活の質が変わった。インド人が未来はよりよくなると期待するのは当然のことだろう。グローバルな阻害要因を無視するわけにはいかないが、悲観的な見方に与する理由はまったくない。むしろ、インドの国内状況と国際社会におけるポジションは、多くの可能性をもたらしてくれる。われわれがつくり出す選択肢が、決断の内容を決定づけることになるのだ。

今こそインドは、アメリカに関与し、中国をマネージし、ヨーロッパとの関係を深め、ロシアを安心させ、日本により大きな役割を発揮してもらい、隣国をわが国の陣営に引き込み、近隣地域を拡大し、従来型の友好国を拡充していくときなのだ。不確実性と不安定さを増す世界がもたらすチャンスとリスクについて、評価を下すことは容易ではない。構造的変化を受け入れるのはさらに難しく、レジームが縮小し、ルールが軽視されている状況下ではとくにそうだ。目標も、戦略も、戦術も、今やきわめて違ったものになっている。グローバルな価値が未形成であることは問題になるかもしれないが、それをすぐに代替するものがあるわけではない。

このようにダイナミックな状況の中、アジアにおいて安定したバランスを構築することはインドにとって何より重要な優先課題だ。多極化したアジアがあって初めて、多極化した世界を実現できる。同様に重要なのは、グローバルなシステムの中でインドの価値を広めていくことだろう。わが国のアプローチは、世界と良好な関係を構築することであり、距離を置くことではない。いかなる大国でも台頭する際に疑念を呼び起こすのは当然であり、われわれはそれを和らげていく必要がある。その解決策をなすのは、グローバルな責任を担い、建設的なプレイヤーとして行動し、自国の際立った特徴をアピールしていくことだ。インドは単に尊敬を集める以上に、好かれる存在でありたいと考えている。

では、外交政策やその実践という点でこれは実際に何を意味するのだろうか？　まず、世界の矛盾によってもたらされるチャンスを見出し、それを活用することで国益を推進していく必要がある。そこでは、インドは国家安全保障と国家の統一性をより重視していくことになるだろう。自国の利益にとって必要となれば、方針を調整していくことも躊躇なく行っていく。こうした思考は友好関係の構築を重視することにもつながり、まずはインドの近隣諸国に対して実践していくべきものである。そこには、何がもっとも重要なのかを見極める強い意識と、重要な利益を守るために必要なことを実行していく意思も必要になる。グローバルな意識の中で目に見えるインパクトを残すことで、この取り組みを次のレベルに導くことができる。グローバルな課題や地域の問題に対してより多くの貢献をなすことも奨励されるだろう。人道救援・災害対応（ＨＡＤＲ）は、より積極的な姿勢を示していくためのわかりやすい場と言える。

さらに、概念的な側面についても論じるべきだろう。この議論においてインド独自の外交課題を考えることは、国際的な場で台頭していくプロセスに欠かせない。これまでに加わったインド太平洋、日米豪印クアッド、ＢＲＩＣＳはそのことを明確に示す例と言える。ＩＴやビジネス面の強みに基づくブランド構築は、さらなる拡大の余地がある。新型コロナウイルスのパンデミックによって、インドは今や「世界の薬局」と位置づけられるようになった。このプロセスを強化するべく、文化プロジェクトを「戦略に組み込む」ことも行うべきである。「国際ヨガの日」の記念行事開催や伝統医学の推進は、その重点項目になる。世界と接していくなかで、インドの言語が用いられるケースが増えていることは[8]、これまでの均衡状態が変わりつつあることを示すものと言える。

だが、広報以上に違いをもたらすのは、根本的な前提だ。われわれは第二次世界大戦後の世界を規範とし、それと決別することは逸脱と考えることに慣れてしまっている。だが実際には、インドの多元的で複雑な歴史によって、世界は本来、多極状態にあることが明確に示されている。その事実は、他国力を行使する際の制約についても浮き彫りにする。これに基づく行動と思考プロセスによって、とのより好ましい均衡の構築を進めていくことが可能になるのだ。

インドの政策決定者は、国際政治に取り組んでいく際、リアリズムを重視することのメリットを評価する必要性に直面するだろう。これはかなりの部分において、国際情勢の動きによって否応なく向き合うことを余儀なくされたものだ。世界各地で起きているナショナリズムの高まりは、国際関係を取引としてとらえる見方が広まっていることの一因だと言える。外交政策において貿易とコネクティビティ[9]が重視されていることも、この流れをより強いものにしている。それを方向づけているのは、あからさまな「アメリカ第一主義」と、強力に推し進められている「中国の夢[10]」だ。こうしたなか、ロシアの関心の範囲はソ連時代と比べて狭くなっている。だが、内向き思考が高まりつつあるヨーロッパでさえも、利益と価値の適正なバランスをいかにとるべきかに苦慮している。日本について言えば、以前からの慎重姿勢がすべてを物語っている。インドとしては、この状況に適応する以外に選択の余地はほとんどない。実際のところ、インドはこの状況にきわめて有効に対処することができるし、その過程で新たなチャンスを見出すことすらできるかもしれない。

だが、ブランドとして差別化を図っていく必要性もあり、大国として台頭する国にとって、これはとくに重要な点である。インドの場合は、自国のナショナリズムにおけるポジティブな側面を基盤とするべきだろう。インドは自国のリソースがきわめて限られているときであっても、他国に経済支援や人員訓練を提供してきたことを国際社会に知ってもらいたい。インドが世界との関与を拡大していることには、単なる功名心にとどまらない、深い意味がある。「皆の協力、皆の発展、皆の信頼」のアプローチ[11]は、国内政策と同様に外交政策にも関わるものであり、世界に対してより包括的に関与していきたいという根本的な願望を明確に示していると言えよう。

インドと世界が互いにとって何を意味する存在であるかは、両者のあいだに新たなバランスが形成されていくなかで変化していくだろう。経済が高次のレベルに移行しつつあることで、これまでとは異なる関係性が生じてくる。それが意味するところは、国力の向上、ビジネスのしやすさの改善、公平な条件の保障、グローバル経済と軌を一にする発展のあいだで適切なバランスを構築するということだ。世界とインドの新たな均衡はさまざまな分野で形成されることになるが、なかには摩擦を伴うものもあるだろう。だが、国際社会はインドに対し、経済的利益にはとどまらない、はるかに大きな期待をしている。持続的開発目標（ＳＤＧｓ）で示されたターゲットが達成されるかどうか、気候変動の課題が解決されるかどうか、技術面のイノベーションが導入されるかどうか、世界の成長がバランスのとれたものになり加速するかどうか、層の厚い優秀な人材を採用できるかどうかが、インドの行動によって左右されることになるだろう。

それだけはなく、民主主義に対する国際的な信頼度が強化されるかどうかについても、インドが果たす役割はきわめて大きい。このためにも、インドは今後、自国のモデルを成功裏に推進していかなければならない。次世代の経済大国間の関係がいかなるものになるかが、慎重に見極められていくことになるだろう。同時に、それが世界の優先課題に及ぼす影響は、さらに高い注目を集めることになるはずだ。その作業の中心となるのは、より強靱な国際的サプライチェーンの構築に寄与しうる「メイク・イン・インディア」計画[12]を着実に実行してくことになるだろう。それに劣らず重要なのは、グローバルな規模で成果をもたらすことが可能な、環境にやさしい新技術を実用化していくことだ。

インドで生じているこのような社会文化的変動も、全体的なマトリクスの中で重要なファクターだ。若年層が多い人口構成と広く共有されている前向きな意識は、自信の強さにつながっている。向上心あふれるインドが、国家目標の追求とグローバルな地位の確立をとくに重視していくのは当然のことと言える。確信の強さゆえに、インドはさまざまな方面で新たに進出していくことになるだろう。現代の国際関係においては、この展開を認識し、尊重することが必要になってくる。

インドの外交官として、わたしは長年のキャリアを通じて想像を超える世界の変動を目の当たりにしてきた。わたしの世代とその前の世代は、アメリカ、中国、パキスタンとの厳しい関係という重責に直面し続けてきた。一九七〇年代になると、この三カ国はインドの利益にとって一つのまとまった脅威にかたちを変えた。わたしの外交官人生の前半は、冷戦と政治的イスラム主義の台頭という二つの地政学的現実への対処にかかりきりだった。両者が重なることでソ連の崩壊が早まることになったが、それはインドにとってきわめて大きな意味を持つ事態だった。外交官人生の後半では、これらに加えて、インドが新たな変動も受け入れていくプロセスに携わった。アジアでグローバルな影響を及ぼす大国が台頭するなか、インドの対米関係は全面的に再構築された。だが、世界だけが変化しているのではなく、インドの国力や向上心、プライオリティもまた変化を遂げつつある。

これらすべてが、累積されるかたちで対ソ連関係を基軸とする外交から複数の大国との関係を重ねる外交への進化に反映されている。経済自由化、核実験、二〇〇五年の印米合意、国家安全保障課題における断固とした姿勢は、いずれも外交上の際立った成果だ。これらを総体として見ると、伝統的な思考では把握しがたい政策方針の形成につながっている。インドはクアッドの再活性化に加わっているが、その一方で上海協力機構(13)にも加盟している。以前から続くロシア、中国との三カ国枠組みがあるが、これは今ではアメリカ、日本との三カ国枠組みと共存している。こうした展開は一見矛盾しているようだが、われわれが外交を展開する世界の現状を表すものと言える。こうした外交姿勢を理解し、伝えることは容易ではなく、相手が新たな構図の複雑さを受け入れる準備ができていない場合はなおさらだ。流動的な世界ではポジショニングの意義が高まっているが、このことはアメリカ、中国、EU、ロシアといった互いに競合するプレイヤーと同時に関与していくことの重要性を物語っている。

だが、インドの行動を自国の利益という観点から見ると、明確な傾向が浮かび上がってくる。それは世界がもたらすあらゆる経路を活用することで、目標と利益を不断に追求していくことだ。それは往々にして未知の世界に飛び込むことを意味するため、判断力と勇気の両方が求められる。過去の経験はこれからもわれわれの思考に影響を及ぼし続けていくが、もはや未来の決定要因にはならない。前進とは、リスクを取ること、そして臆病さを戦略として、優柔不断さを英知と言い張ってやり過ごすのをやめることなのだ。

過去五年間に生じたインドの発展は、古い分析枠組みから脱却できないか、脱却しようとしない者を多くのかたちで当惑させた。インドの対米政策がまず一つの政権のイデオロギーで、次いで別の政権のナショナリズムで頓挫するに違いないという予測は外れた。中国に対して重要な懸念事項について断固とした姿勢を維持しつつ、安定的な関係を築いていけるという見方は容易には受け入れられなかった。ロシアとの関係の構造的基盤は過小評価されているし、現代インドにとってのヨーロッパや日本の重要性についても同様である。

先入観の最たるものは、近隣諸国との関係に関わるものかもしれない。複雑な事態が起こるたびに、失敗だととらえられてしまうのだ。また、過去とは違うことが起こるたびに、おそらくはインドの行動とは独立したかたちで生じた、起きるべくして起きた事態だと説明される。こうしたことから、周辺地域の状況の変化が認識すらされていないことは驚くには値しない。

もっとも激しい論争を引き起こしているのは、パキスタンの存在だろう。インドが友好関係を築いていきたい考えを伝えつつ、同時にテロ行為に対し断固とした姿勢をとるのは、どちらか一方しか見ようとしない者であれば別だが、決して矛盾することではない。行動やプレイヤー、時期が異なれば、当然ながら対応の仕方も違ってくる。そして、テロのような今日的課題を反映するべくアジェンダを設定するのは、故意によるものではなく、常識的な対応なのだ。

インドの国家安全保障上の脅威について歴史的背景を踏まえている者であれば、間違いなくアフガニスタンについて懸念を抱くことだろう。その懸念の原因を帝国主義時代の版図拡大に求めるか、単なる判断の誤りに求めるかにかかわらず、アフガニスタン情勢は困難な経緯を経てきた。だが、時計を二〇年巻き戻すわけにはいかないという現実もある。インドはこの期間に支援を提供してきたからこそ、プレイヤーの一角として関わりを有している。これは、インドには独自の立ち位置があるということにつながる。したがって、重要なのは他国の戦術的行動によって慌てて動かないことである。インドが重要な存在と見なされるのは、世界が過大評価しているからではなく、わが国の強靱さによる。そして、われわれの役割はそれを行動に反映させるだけでなく、他の関係国と利益が合致する点を実現していくことなのだ。

いかなる分析を試みるうえでも、ガバナンスの経験があることでリアリティを大きく高めることができる。一言で言えば、「言うは易く行うは難し」ということになる。実は、これは一九七六年のインド外交職試験[14]でわたしの父[15]が国際関係専攻の学生に投げかけた質問なのだ。それ以来学んだのは、規模の大きい国では実際の政策は複数の目標を並行的に追求するもので、そのなかには矛盾するものもあるということだった。いかなるときであれ、権利の不行使もリスク分散も、プル要因とプッシュ要因の解答にはなり得ない。議論をするだけでなく、決断が下されなくてはならない。そして、そこには必ずコストが伴う。

ただし、決断を下す前に、能力の問題がある。それは、世界におけるインドの地位を左右する国内の課題への対応能力ということになる。われわれは少なくとも、デジタル化、工業化、都市化、農村の成長、インフラ整備、労働者のスキル向上といった課題に注力している。インドにとっての「持続可能な開発目標（ＳＤＧｓ）」の成果は、「ミレニアム開発目標（ＭＤＧｓ）」が中国にもたらしたものに相当することになりうる。

インドの総合国力に直接的影響をもたらす、経済面での決断も必要になってくるだろう。われわれは、さまざまな業界に対して過剰な保護をしたこともあれば、不十分な保護しかしてこなかったこともある。経済自由化以降の戦略は明らかに歩むべき道から外れており、現在の貿易戦争とポスト・コロナの景気回復は、より現実に即したアプローチの構築を否が応でも迫る強力な要因である。政治面での多極体制へのアプローチとよく似たかたちで、インドは経済面でも同様の試みに着手しなくてはならず、とりわけ貿易や投資が展開する大規模なハブがターゲットとなる。リープフロッグ現象[16]が起こりやすい社会にとっては、テクノロジーも特別な意味を持っている。積極的なリソースの投資は容易ではないが、大きなリターンを得ることができる。結局のところ、国外でリーダーシップを発揮するためには、国内で実績を挙げることが求められるのだから。

能力という意味であれ影響力という意味であれ、グローバルな権力のヒエラルキーを上っていくことはインドの台頭の一要素にすぎない。インドには、同時に歩んでいくべき道が他にもある。過去数十年、民主主義が深く浸透していくにつれて、より真っ当な意見が聞こえてくるようになった。わが国の文化におけるこうした変化は賛同を得ているが、それはとりわけ政治と選挙の結果によるものだ。同時に、インドは文明としての社会から国民国家への移行のさなかにもある。そこには、われわれの日常生活の諸側面に規律と合理主義をもたらす特質を身につけることも含まれる。印パ分離独立に代表される歴史が積み残していった問題もあるが、そこでも新たな思考が必要だ。こうしたことから、高まりつつある存在感を別にしても、変貌を遂げつつあるインドを世界は今、受け入れる必要がある。

インドに関わる重要な問いには、進行中のグローバルなリバランスが反映されている。今後も世界がインドとはどのような国であるかを規定していくのか、それともこれからはインド自身がどのような国であるかを規定していくのか? アワドの例は、今でも前者を象徴するものであり続けている。だが、後者たらんとするのであれば、それは他の大国との間だけでなく、世界秩序そのものと均衡を図ることを意味する。インドは今、自己発見の旅の途上にあり、その探求においてアワドの教訓は最良のコンパスなのだ。

第2章

分断の技法——フラット化する世界の中のアメリカ

「戦いに負けることで、戦争に勝つための新しい方法を見つけられることがあるのさ」

――ドナルド・トランプ

われわれの時代において最善の良心を信じたとしても、それが現実のものになることはないのが普通だ。だが、二〇年にわたり、中国は戦いをすることなく勝利を収め続ける一方、アメリカは勝利を収めることなく戦い続けてきた。ここで言及しているのは、個別の戦域や地域についてだけではない。経済成長や政治的影響力、生活の質を、より強く念頭に置いている。結果的に、アメリカは現在に至るまでに誰もが知る楽観的な姿勢を失ってしまった。何かしらの変動が生じるのは必然であり、二〇一六年の大統領選挙で実際にそれが起きた。もちろん、楽観性がなくなったことが選挙結果の唯一の理由ではない。だが、この選挙によって、国際システムの推進者だったアメリカはそれを覆そうとする存在になってしまった。一方、新興大国であるはずの中国が現状、あるいは少なくとも自国に有利なかたちで、システムの一部を擁護する立場になっている。

世界は二つの大国が勝利を収め、次いでさらなる成果を手にしようと試みる途方もない可能性を目の当たりにしている。その行動が双方と世界にもたらすインパクトは、今やはっきりと見て取ることができる。状況によっては、アメリカは取引《ディール》のテクニックを実践することができるかもしれない。だが、不利な状況のもとでは、関与していくに当たっての条件を変えることに注力しているように見える。いま必要に迫られて取り組んでいるのは、自国の役に立たなくなったものを切り捨てることにほかならない。取引が実現することもあれば、そうでないこともあるだろう。究極的には、大国が合意に到達できるか否かが、今の時代をかたち作ることになる。「ブラック・スワン」が「灰色のサイ[1]」と出会うとき、生息地の性質そのものに変化が生じるのだ。

情勢を間近で見ている者であれば、こうした展開に危機感を抱かずにはいられないだろう。一時的な動向に左右されず、それぞれの事態に集中する場合であれば、なおさらだ。だが、国際関係とは一致点を見出すことと相違点をマネージすることの両方からなっている。そうしたダイナミックなプロセスは、両者が共存しながら進化を続けていくだろう。それが極端になると、同盟の形成もしくは紛争の発生というかたちで現れる。だが、相互依存の世界においては、大半の関係はその中間に落ち着くことになりがちだ。競争関係にある国同士が一致点を見出すことも、ないわけではない。短期間にとどまった例としては、第一次世界大戦後のドイツとソ連、第二次世界大戦中のアメリカとソ連が挙げられる。それとは対照的に、米英による大西洋同盟は例外的に長期にわたって存続することを示して見せた。両者の中間に位置づけられるのは、明治維新後の日英同盟であり、これは半世紀にわたり続いた。中国がソ連・ロシアとのあいだで一九五〇年代および今日でも築いている協力関係も、特筆すべきものだ。

目下世界の注目を集めている米中関係は四〇年にわたって続いており、現代においては決して短いスパンではない。この期間にどちらがより大きな利益を得たのかという問いについては、二〇年前よりも現在のほうが答えにばらつきが出るだろう。だが、二つの世代によって所与の状態としてとらえるほど長期にわたり続いていることで、われわれは米中関係を当然のものとして受け止めている。われわれはこの関係がなぜいま緊張関係にあるのかという疑問を抱くが、同時になぜ両国がこれほど長期にわたり関係を続けてきたのかと不思議に思わずにはいられない。だが、この二つの問い以上に世界で議論が交わされているテーマは次のようなものだ。現在のシステムは既存の大国が構築したものではあるが、自国のビジョンを推進すべく新興大国によってきわめて巧みに活用されている。果たしてこのシステムは、今なお妥当性を持っているのだろうか、と。

一般的に、対象国の力が均衡するレベルに達していくと、一致点は少なくなっていくものだ。あるいは、そうであると信じられている。一九四八年の米ソ関係や一九二二年の日英関係がそうだったし、今日の米中関係についても当てはまる。両国を結束させる共通の敵の不在も、状況を変化させる。米ソの場合は、ドイツと日本の降伏によってパートナーシップを継続させるための推進力が失われることになった。ロシアの重要性の低下は、米中パートナーシップにおいて変化をもたらしたファクターの一つだ。もう一つ重要なのは、英米の特別な関係が示しているように、社会的類似性はとりわけ強力な結束要因になりうるが、その一方で相違点がある場合は分断する要因になりうるという点だ。いま起きている事態を考えるとき、それは選択や偽装の結果であるとか、自負心の結果だとすらとらえたくなる衝動に駆られる。それらはどれも正しいかもしれないが、そこには不断に展開されている国際関係のプロセスが存在するのである。

二〇一六年に起きた事態は、その性質からして際立って例外的だった。現代における最強国があれほどまでに大きく方向性を転換するということは、誇張のしようもないほど重要な意味を持っている。それを認識しつつも、こうした展開は新しい現象ではないということにも留意するべきだ。「アメリカ第一主義」にしても今に始まったものではなく、過去にもっとも激しい議論を招いたときの内容を引き合いにして批判されることがある。そして、国際的な責任を放棄することで国益を優先する姿勢は、イデオロギー的分断にも及んでくる。もしバーニー・サンダース[2]が大統領になったら、彼の外交政策はどのようなものになるだろうかと誰もが疑問に思うだろう。だが、過去のアメリカ第一主義は同国が世界の中で圧倒的な地位を占める前の話であり、そこが現在とは異なっている。

一九九二年のソ連崩壊[3]直後、ロシアも同様のコースをたどった。程度の差こそあれ、大小さまざまな国が同じことを実践している——当事国はそれを認めることはないにしても。これは、政治支配層が自国の経済的窮状に直面した際に、国際情勢を理由に持ち出すことだけで十分説明できる。一言で言えば、グローバルなサプライチェーンは経済的脅威として、移民や人の移動は文化的脅威として受け止められているということだ。

多くのアジア諸国からすると、欧米でグローバリゼーションが不安をもたらしている現状は理解しがたいものと映る。この不安によって左右両翼が結束し、選挙でナショナリスティックな候補者の勝利をもたらした。切れ目のないグローバル経済の恩恵が各国の社会や各国間での不均等な分配に影を落としているため、怒りとともに、その成り行きに困惑が広がっている。

アメリカで「ディープステイト」[4]と呼ばれているものが表の政府と一体化するとき、構造的転換が着実に進むことになる。予想外の政治現象だったはずのものが、過去三年でメインストリームと呼べるほどにまで成長を遂げた。コロナ危機の前の段階ですら、グローバルなサプライチェーンとテクノロジーの独占による影響で、貿易摩擦が先鋭化していた。この競争の苛烈さは、多くのかたちで混乱をもたらしているという事実によってはっきりと示されている。その結果として国が力を獲得し、それを行使していくことが、将来の世界の方向性を決定づけると言っても過言ではない。この競争の一部は、ビッグデータの活用をめぐって展開される。同様に重要なのは、コアとなる新たなテクノロジーの支配をめぐる競争だ。人工知能（ＡＩ）や高度な計算処理、量子情報と量子センシング、付加的なロボット工学とブレイン・コンピュータ・インターフェース（ＢＣＩ）、先端素材、極超音速、バイオテクノロジーといった分野が、新たな競合の対象となる。革命的なテクノロジーを活用できる国が、世界に対する影響力を行使していくことになるだろう。大国はこの点に対する認識を急速に高めている。貿易摩擦のもたらす影響が広範囲に及ぶようになるなか、とりわけアメリカは自国の国家安全保障上の必要性を満たすべく、従来とは大きく異なる産業政策を検討することになるかもしれない。

新たな均衡関係が生じるとき、既存の大国の新興勢力に対する抵抗もまた生じてくる。スパルタとアテネの例がよく引き合いに出されるが、イギリスとドイツの紛争も同様のケースだ。だが、それは予見される対立以上に複雑な現象の一側面にすぎない。というのも、支配的な立場の国が新興勢力の台頭を助けてきたことを示す例があるからだ。中国がまさにそれであり、まず一九五〇年代にソ連の支援から、次いで七〇年代以降はアメリカの支援から恩恵を受けてきた。実際のところ、こうした対立は完全に構造的なものでもなければ、いかなるときもあらかじめ定められたものでもない。あらゆるタイプの例は、歴史の中に見出すことができる。アメリカやヨーロッパ諸国、日本といった大国はそれぞれタイプが異なるが、いずれも大義を掲げて戦争を始めた。ヨーロッパ域内の関係国間でも同じことが行われた。文化は一定の役割を担っているが、それは利益や自国が置かれている環境も同様だ。だが最終的には、すべては計算と野心をめぐるものなのだ。両者とも、リーダーの選択と国民感情がもたらした派生物ではあるが、けっして必然的というわけではない。また、それはとどのつまり人的なファクターに帰するものであるため、価値観や信念が国際情勢の形成において間違いなく重要な要因となっている。

現代における違和感の多くは、国家、政治、社会、ビジネス、信仰、市場の間の関係に見られるような、重要な問題をめぐる見解の相違から生じている。それは、個人の自由や組織という壁というかたちで表面化する。そこで大きな意味を持つのは社会学の観点であり、グローバルな重要性を帯びる場合であればなおさらだ。これこそが、世界がいま直面する困難の核心に位置する問題である。したがって、共通の土台を構築することが、もっとも困難な外交的課題になってくる。こうした矛盾がもう少し前にうまく解決し得たか否かは議論の余地がある。いずれにせよ、この問いは主要国の政治で起きた結果によって無意味になってしまった。新たなかたちで展開される米中の競争は長く厳しいものになり、明確な勝敗もつかないだろう。可能性の高いシナリオは中間地帯に属するものであり、そこではテクノロジーの飛躍的発達によって地政学上の変動がもたらされることになる。新たなグローバル大国の台頭がスムーズにいくことはけっしてなかったのであり、新たな秩序がもたらされるまでは混沌とした状況のように映るだろう。

相互に依存するとともに相互に制約を受ける世界においては、国際情勢は緊張と交渉、調整と取引を通じてのみ展開しうる。このプロセスにおいては、どのような要素が定着していくかによって多くのことが左右されるだろう。アメリカが、高コストだが内向きの経済を意識的に選び、ナショナリスティックだが革新的なテクノロジーの創造者となり、自己完結的だがこれまで以上に強力な軍を持つようになったとしたら、状況は大きく違ってくる。調整を求める声は常に出てくるだろう。過去への回帰すら求められるかもしれない。第三の選択肢もある。現在の国家安全保障体制を維持しながら、同盟の重要性を受け入れるというものだ。このため、「分断の文化」がどこまで「取引の技法」につながるかは、未だはっきりとしていない。

このような分断の世界にあって、インドは自国の目標達成に向けて何ができるだろうか? かなりの部分は、米中という二大アクターにどう対処していくかにかかっている。インドがこうした厳しい環境に直面するのは、これが初めてではない。インドは冷戦期に、もろもろの複雑な環境の中で政策決定における独立性を維持してきたという経験がある。一貫した対応とはかけ離れたかたちではあったが、インドは緊張度の高い環境の中で、その時々の状況に対応してきた。一九六二年に中国から攻撃を受けたときは、アメリカと接触し、航空面での支援を要請した。また七一年には、アメリカ・中国・パキスタンによる枢軸構築の可能性とバングラデシュ危機の深刻化という情勢を受けて、ソ連と事実上の同盟関係を結んだ。いかなるときでも危機が後退すれば、インドは中道路線に回帰した。ロシアが弱体化し中国が台頭するなかで、新しい二元的な状況が形成されつつあるように見えた。この新たな状況にもかかわらず、かつての思考を適用《シンドローム》したくなるという傾向は当然あった。だが、二〇〇五年の印米原子力合意以降の時代は、過度な慎重姿勢では漸進的な利益以上のものを手にするチャンスを失ってしまうということを示している。

これは、過去への回帰はわれわれの限界を際立たせる一方で、信頼を損なってしまうという事実があるからだ。かつての思考ではリスク回避が奨励され、新たなチャンスの活用は妨げられる。現在の発展段階においてインドが行わなくてはならないのは、他国との一致点を最大限活用することである。その中身は、対象となる地域や課題によって変わってくる。利益の対立が複数ある場合は、信頼することなく検証を行うのが最善かもしれない。不確実性が世界中に行き渡っていることから、インドはあらゆる重要な分野について、今の時代に合ったかたちで関係を構築するという課題に取り組んでいく必要がある。全体的な均衡を達成できるか否かは、個別の分野でいかなる成果を出せるかにかかっている。

利益追求の姿勢を隠そうともしない世界においては、国家は自らがなすべきことをもっともらしい理由をつけずに行っていくことになるだろう。それゆえに、インドは今後訪れるであろう事態に備えておかなければならない。力の格差や経済的優位、コネクティビティへの依存を活用して展開される影響力の行使への対処策を用意しておく必要がある。そこでもっとも効果的なのは、相手国にとって理解可能なロジックを用いて対処していくことだ。とはいえ、強い立場にある国であっても、関係を悪化させることへの意欲は限定的だと期待することはできるだろう。結局のところ、そうした国々も多極からなり、多くの選択肢がある世界の中で動いているのだから。したがって、未来において追求すべきは、相違点をマネージしながら、変化する環境の中で一定の安定を見出すということになる。これとて問題がないわけではなく、戦略的明確さを構築し、それに磨きをかけていくことが重要になってくる。深刻な対立を抱えている隣国とのあいだであっても、プラグマティックな解決のコストのほうが厳しい関係のコストよりも低くなるという希望を持つべきだ。

同時に、過去の枠組みに基づいて幻想的な利益を追求したくなる誘惑に対してはノーと言うべきだ。現実的な政策当局者であれば、そのような利益追求の試みが報われるなどと考えることはないだろう。インドは、自国の政策オプションについて他国に拒否権を与えるわけにはいかない。どの主要国も自らの選択について自由度を確保しようとしている世界にあっては、このことはとくに当てはまる。インドが対外的に控えめな姿勢で臨んだとしても、もともと力を備えた国によって何らかのかたちで肯定的な反応を引き出せることを示す根拠があるわけでもない。むしろその逆に、現実主義が勝利するのは行使できるオプションが複数あるときであり、そうしたオプションは実際に行使されることが多い。パートナー国であっても取引でよりよい条件を引き出そうとすることが示しているように、これはすべての国に当てはまる。

われわれが生きているこの激動の時代は、つい数年前にグローバリゼーションについて耳にした心地よいマントラ(5)とは似ても似つかないものになっている。国内政治か国際関係かを問わず、世界中で分極化が進んでいる。アメリカと中国は、互いに対してかなり厳しいことを行っている。だが、両国の行動がその他の世界にもたらす影響は、さらに大きい。われわれの思考を変え、いずれは新たな習慣や行動様式をつくり出すことになるからだ。そうした変化を覆すことは、まったく不可能とは言わないが容易ではないだろう。新たな習慣や行動様式を模倣する者も出てくるかもしれないが、単にいら立ちを覚えるよりほかにない者もいるだろう。だが、誰もが何らかのかたちで反応することになることには変わりがない。霧が消えたとき、これまでとは異なるグローバルな体制《アーキテクチャー》が構築されていくことになる。

世界には新たな均衡と利益が生じていたかもしれない。ひたすら国益のみを追求していけば、この世界は多くのプレイヤーでひしめき、ルールは十分に整備されず、安定性を欠くバザールのようになってしまうだろう。その結果、目標はより短期的なものになり、より戦術的なアプローチが用いられることになる。共通の土台を見つけ出すことへの意欲が後退するなかで、構造は弱体化してしまった。今やニューヨーク、ジュネーヴ、ブリュッセルは批判の矛先が向けられる対象と化している。取引をよしとする風潮の中では優位な側面が強く主張されており、交渉担当者は身をもってそのことを実感している。信頼性が大きく落ち込んでおり、それは同盟システムに属している国でとくに顕著だ。信頼性に対する疑問符は大きくなる一方であり、友好国や同盟国はもはや外からの圧力に無縁ではいられなくなっている。大きな共通項があっても小さな相違点に目をつぶることができなくなれば、誰もが批判にさらされることになる。ナショナリズムが各地で先鋭化しているが、利益の不一致に対する評価も同様に厳しさを増している。「グリーン・オン・ブルー」[6]型の攻撃が政治の領域でも見られるようになるなか、黒人と白人の関係も再定義されている。

だが、実際には安定化を指向する力――その多くは前の時代からのもの――も働いている。市場からの警告や紛争の予測不可能性は、過熱する競争に対する制約要因だ。経済的相互依存も政治的リスクを取る範囲を狭める役割がある。こうしたファクターは進行中の変化に対し今後も異議を唱え続け、国内外で激しい論争をもたらしていくだろう。したがって、自国優先の目標達成に向けて荒々しく振る舞う国々があるなかであっても、限られた成果でよしとする準備ができている国も出てくるだろう。自由主義世界の場合、これは多元主義への強い希求に対する制限という意味か、単に開放性を擁護するということになる。関係性や見通しとなると、こうした考えを信奉する者も懐疑的な者も、どのような結果になるか定かではないという点では見方が一致している。こうしたもろもろのプル要因とプッシュ要因を踏まえると、明確さと客観性という二つの特性は今後も不足し続けることになるだろう。

　こうした潮流は、つい最近まで完全に逆の方向に展開していた。世界は活動面において相互につながっていただけでなく、思考面においても自信を抱いていた。誰もが「グローバル・ヴィレッジ」について語り、グローバリゼーションがさまざまな現場で実現する様を目の当たりにしてきた。テクノロジーは、われわれが日を経るごとにつながりが増していくことを実感させてくれる、重要な希望だった。貿易促進であれ気候変動への対処であれテロ対策であれ、重要課題への基本的な解決策は、共通の取り組みによってもたらされるものと考えられていた。しかしながら、こうした考え方は変わり始めている。以前は自己中心主義《ミーイズム》などなかったというわけではない。だが、国益とグローバルな利益のあいだでは、合意やメカニズム、慣行からなるネットワークを通じて調和が図られるのが通例だった。国民国家と国際社会のあいだには、仲介役や同盟関係、地域機構や考えを同じくするパートナーといった存在があった。だが、一九四五年以降着実に進化を遂げてきたこの世界は、今ではグローバリゼーションに対する幻滅と重商主義に対する怒りによって侵食されている。われわれはグローバル市場へのアクセス、グローバルなサプライチェーンの重要性、グローバルな人材の流動性に対する信頼という三つの中心的な原則を当然のものと受け止めてきたが、そのいずれも圧迫されている状態にある。加えて、プレイヤーの数が増える一方で、ルールの弱体化が進行している。これまでの古い秩序が変わりつつあるのは明らかだが、かといって新たな秩序を見出せる状況にあるわけでもない。

国家間の均衡が揺らぐ事態が起こるかもしれないが、各国の社会における大規模な変化もまた重要な意味を持っている。現在の世界がかつての世界とは異なっているとしたら、それは「オールド・ノーマル」の賞味期限が切れてしまったためだ。西側世界において話題に上るのは、深刻な収入格差、仕事でのプレッシャー、生活の質の停滞、そして「よそ者」への責任のなすりつけだ。それらに対する反発は高まる一方で放置された状態が続いていたが、「ブラック・スワン」的な出来事によってようやく顧みられるようになった。イギリスのEU離脱はそれを知らせる警鐘だったが、トランプ当選は本物だった。ポーランドの配管工をターゲットにするか、メキシコからの移民を茶化すのか、アフリカからの難民を非難するのかにかかわらず、政治家は文化的脅威や経済的不満につけ込んで国民を動かしてきた。そうすることで、既存のエリート層の思考は時代遅れになってしまっていることが明らかになった。集合的利益の推進であれ共通善についての議論であれ、外交政策に関する姿勢に対して疑問符が付いたとしても、驚くには当たらない。

これまでの規範から逸脱しようとするなかで、それを正当化する理由には事欠かなかった。グローバリゼーションの不公平性に非難の矛先が向けられるようになり、それが他国に関わるものであればとりわけ厳しく糾弾された。巨大テック企業に対するまなざしは、「大いなる希望」から「新たな脅威」へと一気に変わった。新たなアジェンダの登場によって、当然のごとく従来のプレイヤーの考えが検証にさらされ、パワーは制御可能という自信は見当外れだったことが明らかになった。世界中で政治的ナショナリズムが高揚し、現状に異議が唱えられている。発展途上国、とりわけアジアは、高い経済成長率と発展を強く希求する姿勢という、対照的な印象を与えていると映るかもしれない。だが、こうした国々は未だリバランスの渦中にあり、発展を成し遂げたと宣言したとしても、それはきわめて初期の段階のものにすぎない。グローバリゼーションはアジアの多くの国々にとってプラスに働いたため、楽観的なとらえ方が世界中で共有されているという誤った推測をしてしまった。グローバルな利益の一致が縮小するとき、世界各地でグローバリゼーションを推進してきた者は自らの立場が揺らいでいることに気づかされるだろう。

同盟関係が劣化し、アメリカは重要な国際公約への関与を後退させているが、それによってもたらされる懸念は想像以上に広範囲に及ぶことだろう。グローバリゼーションが批判にさらされると、あらゆる側面が圧迫を受けることになる。多国籍企業への反発は、必然的に規制に関するルールを弱体化させ、監督機関にも批判の矛先が向けられることになる。そうした世界観は、短期的な目標達成にはつながらないコミットメントに対しても反発していくだろう。

グローバリゼーションに対する政治的反発が、移民や雇用の安定といった問題に関心を向けていることは偶然ではない。その経済的ロジックの妥当性には疑問符が付くが、いずれも欧米諸国の有権者からきわめて効果的に共感を得ることができる課題とされている。だが、外国人は格好のスケープゴートにされているが、現実的には経済的競争相手なのだ。そして、各国の貿易慣行によってこうした状況がもたらされているのであれば、そのままにするよりほかはない。トランプ大統領の見方では、グローバルなサプライチェーンはアメリカから雇用を奪うものと位置づけられており、グローバルなビジネスが何年にもわたり依拠してきたロジックに疑義を呈している。関税が武器として用いられることで、これまで参入が容易だったアメリカ経済へのアクセスが制限されている。財政政策と国内の圧力は、製造業のアメリカ回帰を求めている。機微なテクノロジーの分野では、欧米諸国が中国を切り離す「デカップリング」の動きも進行している。その試みがどこまで成功するかは、まだわかっていない。

現在の不安定性をもたらすもう一つのファクターは、グローバルな人の移動に対する反発だ。この現象そのものは、技能の拡散と効率性を求める経済慣行の結果である。しかしながら、厳しい時代状況のもとで敵意が増しつつあり、それが社会にも広がっている。結局のところ、文化的孤立状態は経済的保護主義とともに進行するものなのだ。だが、こうした圧力は、深く根を張るに至ったビジネスの現実と闘っていくことになる。

つまるところ、高度な人材がテクノロジー分野における優位を確保するための条件であり続けることには変わりがない。そしてこれこそが、インドのポジションを際立ったものにできる点なのだ。高度な人材を育成し、世界経済に送り出していける現実的な供給源はインドしかない。こうした柔軟な対応が可能な人材供給源の経済的メリットは、社会や政治といった側面をしのぐ重要性を持っている。グローバルな知識経済における存在感を高めることが、インドの今後の対外関係において鍵となるのは明らかだ。

こうした展開が国際秩序にもたらすインパクトは、次の世代ではっきりとしてくるだろう。そこにはさまざまな側面が含まれるが、その一つひとつが不安定化をもたらしうる。もっとも明白なものを挙げるとしたら、パワーの配分が広範囲に及び同盟の規律が弱まるなかで、世界の多極化が進んでいくという点だ。インドやブラジルのような国は、経済発展に合わせてより強い発言権を求めていくだろう。ドイツと日本は、アメリカの方針の変更――たとえば対ロシアや対韓国――に無縁ではいられない。一貫性に疑問が投げかけられるなか、独自の思考と計画に着手していく国はさらに増えていくだろう。

国際関係に対してナショナリスティックなアプローチを強めていくことは、さまざまな分野で間違いなく多国間ルールを弱体化させていくだろう。この傾向は、経済的利益や主権に関わる分野でとりわけ強いものになる。世界貿易機関（ＷＴＯ）の機能を低下させたり、国際海洋法を軽視したりすることはよい兆候ではない。このような多国間協調主義が後退するなかでの多極体制は、厳しい未来がすぐにでも訪れる可能性があることを示している。だからといって、多国間協調主義を放棄してもよいというわけではない。むしろその逆に、多国間協調主義の改良版を構築するために新たなエネルギーを注ぐことが求められている。現在の時代錯誤的な秩序は、時代遅れのアジェンダとともに変わっていかなくてはならない。

問題は既存の秩序を擁護するか無秩序を招くかの二択ではないと理解することも重要だ。多くのステークホルダーにとって既存の秩序の重要な部分がもはや機能していないことを認識しない限り、これからも変化の中で混乱のほうが勝っていくだろう。この状況は、ルールを字義の面でも精神の面でも遵守することに対する疑念を必然的に前へと押し出していくことになる。また、大国が選択的に議論を進めていく状況下では、現在の体制を支えている基本的なコンセンサスの多くにほころびが生じてしまうだろう。

新興諸国も、集団安全保障や幅広いコンセンサスではなく、勢力均衡《バランス・オブ・パワー》を行動上の原則としていく可能性が高い。こうしたアプローチは不安定な均衡をもたらすケースが多いことは歴史が示している。国際政治においては、「友人でもあり敵でもある国《フレネミー》」が増えていくだろう。フレネミーは互いを批判し合う同盟国のなかから、あるいは共通の目的を持たざるを得なくなった競合国同士から生まれていく。取引を重視する風潮は、特定の課題について利益を共有する異質な国々がその場限りのグループを形成するというスタイルをもたらしていく。同盟の枠組みを越えた協力とアプローチにおける必要条件も、これを下支えしていくだろう。こうした展開が組み合わさることで、地域レベルやローカルなレベルのバランスが形成される一方で、そこではグローバルなレベルでの影響力は大きくないという状況がもたらされることになる。

米中摩擦がわれわれに突きつける未知の領域とは、併存する二つの世界に対処していかなくてはいけないということだ。そうした状況は過去にも存在したことがあり、直近では冷戦期がそうだった。だが、それはグローバリゼーション時代の相互依存と相互浸透を伴うものではなかった。この違いのため、多くの分野で選択の不一致やオプションの競合という事態が生じることになるが、それは部分的にしか共有されていない基盤に基づいているためである。このジレンマは、テクノロジー、商業、金融からコネクティビティ、制度、各種活動まで、多岐にわたる分野で明白になっていくだろう。当事国である米中ですら、こうした二分される世界という状況に向き合っていくことを余儀なくされる。この両方の世界に対処していかなくてはならない国――大半の国がそうなるだろう――は、自らの能力が真に試されることになると気づくのではないか。

中国と欧米との関係が敵対的な性格を増していくとしても、完全に二極化した世界に戻ることは困難だ。その主な理由としては、国際環境が後戻りできないほどに変わっているという点が挙げられる。インドも含め、米中以外の国々は独自に動いている。世界の経済規模で上位二〇カ国のうち半分は、今や非欧米諸国によって占められている。テクノロジーの拡散と人口動態の地域的偏りも、影響力が広範囲に分散していく要因となるだろう。われわれは、グローバルな体制が実行力に欠ける結果、地域の均衡が相対的に優位にあることを背景として情勢が進行しているのを目にしている。現状としては、アメリカの力は弱まっているかもしれないが、かといって中国の台頭も成熟と呼ぶにはほど遠い。そして二つの側面が相まって、他国が力を発揮する余地がもたらされている。米中とも互いに争うように、他の国々に重要性を見出しているからだ。実際、両国が相互に繰り広げるダイナミックな展開によって、多極化がいっそう急速に進んでいくだろう。

この状況から恩恵を被るのは、ミドルパワーになるかもしれない。ロシア、フランス、イギリスといった、これまでアドバンテージを得ていた国々は息を吹き返すことだろう。インドのような国は、より高い地位の獲得を視野に入れることが可能になる。ドイツのようなその他の国々は、集団的な取り組みを通じて存在感を増していくかもしれない。だが、同じことはブラジルや日本、トルコやイラン、サウジアラビア、インドネシア、オーストラリアについても当てはまり、各国はそれぞれの地域はもちろん、場合によってはより広い地域で発言権を高めていくだろう。同盟の規律の低下は、このプロセスをさらに推し進める要因になるはずだ。その結果もたらされるのは、さまざまなレベルでの競争、協力、調整を特徴とする複雑な体制になるだろう。それはあたかも、ゲームが始まってからもルールについて議論をやめないプレイヤーがいるなかで、巨大な中国跳棋(7)を指すのに近い。

バランス・オブ・パワーを基礎とする多極世界にはリスクがつきまとう。二度の世界大戦を経験したヨーロッパは、とりわけ慎重な姿勢でいる。アメリカ、かつてのロシア、現在の中国といった支配的な立場の国ですら、そうしたバランシングを歓迎するのは個別の偶発的事態の場合のみだ。地域レベルであれグローバルなレベルであれ、歯止めが利かない競争が下方スパイラルに陥りがちであることは、過去の経験ではっきりと示されている。これがあるからこそ、国際関係では集団安全保障がセーフティーネットとして設定されてきた。それが常に機能したわけではなかったとしても、多数の国との協議を通じて形成される幅広いコンセンサスがプランBとして機能した。弱いルールと多極体制という状況にもっとも不安を覚えるのは、長期にわたり同盟システムの中で動いてきた国々だ。そうした国にとっては、独立して行動する国のように相互依存による産物が代替品として十分であることを受け入れるのは容易ではないのだろう。その他の国は、この展開に対して不安を募らせながら注視することになるかもしれない。だが、よりオープンな姿勢で対処できるのはインドのような国だろう。

　新たに形成される世界は、そこで確立される秩序は新たなプレイヤーにも広く開かれたものであることを意味する。長期にわたり続いてきた集団的な体制は、結束力が弱まるかもしれない。関係のフォーマットとして二国間に重きが置かれるようになることも、新たな状況に適応していく傾向を強めていく要因になる。このことは、とくに安全保障の分野で具体例が示されている。原子力合意と原子力供給国グループ（NSG）でのインド例外化、[8]アフガニスタンでのパートナーシップ、マラバール演習[9]は、かつての集団的思考から、より現代的なプラグマティズムへの移行を示すものだ。この流れは今後、他の分野にも広がっていく可能性がある。

　見解を異にする友好国や協力を図る競争相手国の存在は、この新たなシナリオの特徴をよく表している。相互依存の世界では選択の自由を狭める制約要因があるが、二つのタイプの国々はその異なる側面を示すものだ。ナショナリズムの台頭は主に前者の産物であり、グローバルな脅威の存在は後者の国々を結束させる。アメリカが気候変動のような問題をめぐり、多くの西側諸国、とりわけヨーロッパと見解が対立するのはこのためだ。環太平洋パートナーシップ（TPP）協定や北米自由貿易協定（NAFTA）をめぐる政治は、貿易の持つ排他的役割を表している。ヨーロッパのロシア依存に対するアメリカの批判に見られるように、エネルギー政策もこの傾向が強い分野である。だが個別の問題以上に、現状は認識の変化に伴いフレネミーが増加している。同盟が重荷になっているという受け止め方自体が、摩擦を生み出す原因になっている。

究極的には、アメリカにとって国際的関与から得られる有用性が問われるようになっている。とはいうものの、過去から続く関係は、現状について見解が分かれかねない国同士であってもなお、まとまりを維持させることができる。見解の相違にもかかわらず、伝統は協力——たとえ気乗りがしない場合であっても——の基盤としてたしかに機能し続けているのだ。だが、共通の関心事項への対処によって、大きく異なる参加要因がもたらされている。これまで、テロ対策、海洋安全保障、核不拡散、気候変動といったグローバルな課題について便宜上の協力関係が形成されてきた。これらはイシューごとの連合であり、渋々ながらであってもやはり有用なものになる。

同盟内部での分裂が進展の一つだとすれば、同盟を超えた関係の構築はもう一つの進展だと言える。世界がさらなる複数国主義《プルーリラテラリズム》(10)の方向に進むなか、成果ベースの協力は魅力を増し始めている。こうした協力関係は目的が明確であり、相容れないコミットメントがある場合でも折り合いをつけることが可能だ。責任の共有に関する必要性の高まりは、フォーマルな組織の範疇にとどまらない影響力に対する理解とセットになっている。アジアは地域機構がきわめて未整備な状態にあるため、こうしたイニシアチブがとくに注目されてきた。インドは今やそうした複数国主義によるグループのリーダーとして存在感を発揮しているが、それは従来の空間と新たな空間の両方に属していることによる。

安全保障、政治、開発といった課題ごとに異なる国と協働していくことが示しているのは、共通の目的の構築はプラグマティズムと想像力によって拡大が可能という点だ。方向性が明確でない現在の世界は、部分的な合意と限定的なアジェンダであふれている。その曖昧な性格のもとでは、個別の課題に合わせた、柔軟な対応が必要になってくる。こうしたスタイルは今後さらに広がりを見せていくだけでなく、インド以外の国の外交政策でも中心的な位置を占めていくことになるだろう。

複数の選択が当然という世界は、さまざまなレベルで展開されるようになっている。そうした光景は主要国間の会議でおなじみであり、そこでは大国同士が状況ごとに方針を切り替えて対応している。各国は自らの行動を通じて、世界の他の国にも同じように振る舞うよう促しているのだ。世界のバランスがきわめて流動的という観点からすれば、地域的なレベルでもそうした状態を形成していくことそのものが課題になっていると言える。湾岸地域では複数の陣営に分かれた対立が進行しており、宗教や統治形態、政治上の原則、バランス・オブ・パワーといった要素がいずれも変数となっている。さほど複雑ではないケースは世界各地に広がっている。

こうした状況の中で課題が生じる際、インドにとって有効なアプローチは、距離を置くのではなく関与していくことだ。現代の外交においてもっとも評価されるのは、競合する複数の勢力と同時に対処しつつ、もっとも有利な成果を引き出す技術である。きわめて厳しく、ルールが十分に整備されていないゲームでは、プレイヤーに対するプレッシャーは間違いなく大きなものになる。だが、世界における権力のヒエラルキーを上っているか否かが相容れないプライオリティを巧みに調整する能力によって判断されるのには、それだけの理由があるのだ。

現在のグローバルな舞台で中心的な存在になっているものは、以前とは大きく異なっている。世界がはるかにシンプルだった時代は、大国の台頭もまたわかりやすかった。国の富が生み出されるか否かは、国力や国際環境、リーダーシップの質によって決まっていた。主に戦場の話になるが、テクノロジーや戦術の優位性が決定的な結果をもたらした。それが今日では、パワーをもたらし、判断に影響を及ぼす変数の数ははるかに多くなっている。変数同士の相互作用も複雑かつ予測困難だ。それが実践される世界は、制約が増え、グローバリゼーションが進み、相互に依存する状態になっているという点も重要である。その結果、むき出しの力の行使に代わって、影響力の蓄積が大きな役割を担うようになっている。武力行使よりも戦略のほうが、リソースの配置として効果的な方法に変わった。テクノロジーによって、金融の兵器化やサイバー侵入のようなオプションが可能になった。

同時に、強制より交渉とインセンティブのほうが一般的になっている。その結果、国の台頭の仕方がこれまでとは変わり、決定的な転換点を必ずしも伴わなくなっている。二〇〇九年の世界金融危機はこのことを如実に示す例であり、新興大国の中国も後退するアメリカも、当時はこの転機が持つ重要性の意味を十分に理解できていなかった。

さまざまな国が影響力を持つ状況はさらに広がっていき、おそらくわかりにくさが増すことになるかもしれない。にもかかわらず、それは現実に起きるものなのだ。世界における中国の影響力の大きさを疑う者はいないが、それをもたらしたのは流血ではなく、貿易黒字の積み重ねだということには十分に注意が払われていない。金融面での手段、力の誇示、コネクティビティプロジェクトによって、競争相手国と現実に衝突することなく力を行使することが可能になっているのだ。

とはいうものの、能力を拡大させうる可能性は、ハードパワーを支え続けている。たとえば、過去の紛争を華々しく喧伝する国があるのはこのためだ。インドの場合でも、強力な軍隊を保持し、一九九八年に核実験を実施したことは、自国の発展においてきわめて大きな意味を持つものだった。だが、グローバルなイメージは、二〇〇〇年問題への対応や高い経済成長率、自国企業による国際的なM&Aからももたらされる。パワー自体もこれまでとは異なる性格を帯びており、すべてが一つの国の中にあるというわけではなくなっている。

たとえば、アメリカは長期にわたり世界のテクノロジー面のリーダーであり続けている。だがその背後には、金融と貿易を活用することでナンバー2のポジションを必死になって手にした中国がいる。ヨーロッパは工業力と製品のクオリティで高く評価されている。ヨーロッパは域外で介入主義的政策を実践しているが、実力を十分に発揮しているとは見なされていない。対照的に、ロシアは長期にわたり維持してきた能力を発揮し、その意図を隠すことなく自国をキープレイヤーとしてよみがえらせた。したがって、グローバルな権力構造がいかなるものかというのは、容易には答えられない問いなのだ。そこにはきわめて多くの側面があり、それが各地域で展開されている。そのため、われわれは多くの側面、多くのプレイヤー、多くのゲームからなるマトリックスという世界に回帰しているのだ。

こうした分断によってもっとも大きな影響を被る分野は、グローバルな公共財の提供である。アメリカが協力を極度に渋るようになる一方で中国がナショナリズムを強めていることにより、この課題をめぐる議論が再燃している。ヨーロッパのビジョンと活動も縮小している。こうした状況で代わりを務められる大国はほぼないが、インドは部分的ではあるもののそれが可能な国だ。グローバルな目的に向けてリソースを割くことに消極的な姿勢は、国際関係に対する視野の狭いアプローチと強く共鳴している。そうした議論は、たとえばアフガニスタンや中東での軍事的コミットメントの継続をめぐって展開されている。あるいは、直近のテーマであれば新型コロナウイルスへの対応がそれだ。だが、国際法の尊重や重大な不正行為への対応は、はるかに複雑だと言える。たとえば、テロというもっとも悪質な行為に対しての無関心は、世界各地で広がっている。当然のことだが、インドはこの文脈の中でとくに強い異議申し立てをしている。

過去においては、さまざまな予防的措置が講じられていくなかで、国際秩序に基づく規律に対する信頼があった。核不拡散の専門家は、同盟による圧力がなかったら、はるかに多くの国が核保有に走っていたであろうと認めるはずだ。主要国がコミットメントを意味のあるものにしていけるかどうかは、かなりの部分で各国の信頼性によるところが大きい。それが損なわれてしまえば、多くの国の判断に甚大な影響を及ぼすことになるだろう。サイバー空間や宇宙の場合がそうであるように、新たな分野で生じる脅威について共通理解に達することも難しくなる。残念ながら、次の一〇年では寛容性が失われ、不安が高まることになるだろう。

このことを念頭に置きながら、インドは姿を現しつつある直近の未来を慎重に進んでいかなければならない。米中に限らず主要国がナショナリスティックになっていくのは間違いなく、それによって他国が力を発揮する空間がもたらされるだろう。力の分散は引き続き広がっていき、多極化が加速することになる。だが、プレイヤーの増加はよりよいルールの形成を意味するわけではなく、おそらくその逆の事態が起こるだろう。新たなタイプの能力や分野が登場していくなか、国際的なルールの整備には手間取ることになるだろう。予測可能性が高いほうが絶対的に望ましいインドのような国にとって、こうした展開は新たな課題を投げかけるものだ。だが、不確実性に対処することができれば、より早く台頭を成し遂げることが可能になる。

国際政治のさまざまなレベルにおいて、バランス・オブ・パワーが追求され、多くの場合、実現されていくだろう。緩やかで実務的な協力体制が世界各地に広がっていくものと見られる。考えを同じくする国同士によるものもあれば、日和見主義的な国同士によるものもあるだろうが、両者が混ぜ合わさったものも考えられる。地域レベルの政治とローカルな均衡が重要性を増していくだろう。

インドは幅広いパートナーと、より斬新なかたちで関与していく必要があるのは明らかだ。取引が重視されるバザールにはフレネミーが集まり、各国が、グローバリゼーションがもたらした状況に対処していくことになる。多くの国々が金融やコネクティビティ、テクノロジーに関わる新たな技術を実践していくだろう。インドは、可能な場合には単独で、必要な場合には他国と協力して必要な対応をとっていく必要がある。こうした課題はそれ自体が試練であり、そのマトリックスは不安定な世界の中でインドの未来を決定づけていくだろう。

これまでと同様、インドの台頭は漸進的なかたちで進み、新たな均衡がもたらされていくなかでバランサーとしての役割を担うことを望んでいる。あるいは、より積極的な姿勢で臨み、アジェンダの設定や結果の部分をも決定づける存在たらんとすることも可能ではある。インドがリーダーシップをとることに慎重なのは、ある程度まではアメリカやソ連といった手強い大国についての記憶によるものだ。だが中国は、広大な国土とダイナミックな経済があるとはいえ、発展途上国でもそうした責任を担えることを示してみせた。もちろん自国に合ったペースでということにはなるが、インドもこの経過をたどっていく可能性がかなりある。実際のところ、これが多くの分野で判断を下す際の思考であり、場合によっては希望にもなっている。

インドの台頭は既存の大国の多くから歓迎されており、フラット化が進む世界[11]は好ましい状況だ。インドとの関係構築に対するアメリカの関心は二〇年に及んでおり、今やさらなる拡大を見せている。ロシアは今なお特権的なパートナー[12]であり、環境が変化しても同国との地政学的利益の一致は重要な要素だ。このことは、印露関係において他にはない安定化要因になっている。イギリスのEU離脱によって先行きが不透明になったヨーロッパも、アジアにおける安定と成長の役割を担う国としてインドに関心を強めている。中国のほうも、インドをアジアの台頭と世界における力の再配分において当然含まれる存在として見ている。日本については、同国の懸念と利益が増大したことで、以前とは完全に異なるタイプの関係を築いていくための基盤がもたらされた。アジア諸国、とりわけASEANとインド太平洋の国々は、アジアの多極化を進めるインドの能力について、そのメリットを可視化しようとしている。もう一つの拡大近隣地域である湾岸諸国も、インドが同地域に回帰したことを歓迎している。こうした取り組みを進める一方で、インドはアフリカやグローバル・サウス[13]で伝統的な協力関係を維持してきた。世界における力の格差が縮小するなか、連携の可能性が拡大している。世界がインドの発展に利益を見出したのであれば、インドのほうもその認識を最大限活かしていくことができる。

経済と政治の両面で見通しを高めていくことは、世界秩序におけるインドの台頭を図っていくうえで必須の条件だ。だが、それを十分なレベルにまで引き上げるためには、好ましい環境、リーダーシップ、自国が置かれている状況を活かしていくための判断力が必要になってくる。今日、発展に向けたインドの意思を真剣に受け止めてもらうために必要なのは、この両分野での変化にほかならない。適切な戦略的思考のためには、国際環境の中で起きている変化を適切に理解する必要がある。グローバルなレベルと地域のレベルで生じる矛盾を正確に評価することで、進歩に向けた道が開かれる。目下、その中心にあるのは米中間の力学だ。それだけでなく、ロシアの決意や日本の選択、ヨーロッパの持続力も大きく関係している。発展途上国間の緩やかな連合は一定の役割を発揮するだろう。ただし、懸念事項をめぐり見解の相違も露わになりつつある。多極化が進行する一方で規律が弱まるなか、大国のコントロールを超えて結果を出していけるのは、真にシャープな地域主義だ。ルールや規範が厳しい評価にさらされ、五つの常任理事国（アメリカ、ロシア、中国、イギリス、フランス）間のコンセンサスが弱まっている状況下にあっては、多国間協調主義は後退していくことになるかもしれない。全体として見れば、これは流動化の進行と予測可能性の後退を表している。

理論上は、こうした新たな現実はそこから利益を受ける国から歓迎されるはずだ。結局のところ、世界の多極化はそうした国々によって長年主張されてきた。そして多極化が現実のものとなった今、関係国はそこからもたらされる必要性と責任を実感することになるだろう。各国はイシューごとに関係を構築していかなければならなくなり、そうした状況下では、自国の進む道が一定ではなくなるという事態もよく起こるだろう。さまざまな選択肢を検討し、複数のパートナーに対するコミットメントを調和させていくには、高度なスキルが必要になってくる。多くの国と利益が重なることはあるだろうが、どの国とも考えが一致することはないだろう。力の結集地の多くといかに共通点を見出すかが、外交を特徴づけていくことになる。それをもっともうまくやってのける国が、同等のメンバーからなるグループのなかでもっとも問題が少ない存在になれる。

インドは可能な限り多くの方面と接触し、それによって得られる利益を最大化していく必要がある。これは単に壮大な目標のためだけではなく、過去から脱却するためでもある。万人が万人に敵対する今日の世界において、インドがめざすべきは戦略的に最善の場所《スイートスポット》に向けて近づいていくことだ。

国際政治の潮目の変化は、いつの時代も国が選択をする際に決定的な重要性を持つ背景であり続けてきた。第二次世界大戦後の脱植民地時代には、インドが主権国家として国際舞台への復帰を果たした。他の多くの植民地に先んじて独立を達成したことで、インドは長期にわたり国際情勢の中で先行者としてのアドバンテージを得ることができた。インドにとって第二の転換となったのは、米中和解――それをお膳立てしたのはパキスタンだった――への対応を求められたときだ。そのときインドが対処策として選んだのは、かなりのレベルまでソ連と連合することだった。この選択もそこから数十年にわたり続いたが、経済的必要性と一極体制の始まりによってさらなる調整を余儀なくされた。その再調整を象徴するのが二〇〇五年の印米原子力合意であり、これが国際秩序におけるインドの台頭を加速させた。そしていまインドは新たな岐路に差しかかっているが、今回は選択肢が明確ではなく、その一方でリスクは複雑になっている。こうしたなかで前進していくためには、現在の国際システムを左右する分断の重要性について十分に理解することが欠かせない。

今後の可能性について考えていくうえで、インド人は現代史の全体的な流れの中で自分たちをとらえていく必要がある。自己完結的な社会にとって、国の可能性をグローバルな展開という文脈に位置づけることは容易ではない。とはいえ全体から乖離した状態では、自らの置かれた位置を見誤ったり、運命から目を背けてしまったりすることになりかねない。インドで現在進行中の近代化は、日本の明治維新にまでさかのぼる一連の流れの一つなのだ。当時もインドの民族主義者は明治維新をアジア復興の幕開けと受け止めていたし、一九〇五年の日本のロシアに対する勝利にも熱狂した。だが、その後も長期にわたって影響をもたらしたのは、日本で起きた社会経済的転換だった。ソ連の誕生、東アジアとASEANにおける「虎」[14]の登場、そして中国の台頭といった事象が起こるなか、ユーラシアの他の国々はそれに追いつこうとしていった。こうした展開の一つひとつがインドに影響をもたらしたのであり、無意識にそうなったときもあった。インドは民主主義体制のもとで、この取り組みを精力的に行った唯一の国であることは間違いない。だが、政治や社会的側面を別にすれば、過去四半世紀で行ってきた取り組みは、他のアジア諸国の目標や目的と広い意味では似通っていると言える。仮に異なる面があるとすれば、それは変化の程度や密度についてのものであり、段階的なアプローチにより結果のインパクトが弱まることになる。その違いによってもたらされる制約のいくつかが、今になって対処されているのはそのためだ。

今や外交政策とは、進行中の分断に加え、新たな方向性を加速させたり、その影響を和らげたり、対抗したりしていく潮流を評価する作業になっていると言える。新型コロナウイルスのパンデミックは、これをさらに複雑にするファクターになる可能性を持っている。だが、グローバルな体制の門戸が開かれるとともに自国の能力が向上するなかで、インドは発展を実現するための自由度をこれまで以上に有している。当然だが、このプロセスには慎重な検討が必要なリスクがつきまとう。インドの戦略は、かなりの部分でより好ましい環境の構築をめぐって展開していくことになるだろう。この局面においては、世界の論調を自国に有利な方向に導くことも重要だ。だが不安定な世界においても——むしろ、そのような世界だからからこそ——、最終目標ははっきりとしている。多数の友好国を獲得し、敵を減らし、善意を増大させ、影響力を強めていく。これは「インドならではの手法《インディアウェイ》」によって達成していかなければならない。

第3章

クリシュナの選択

——新興大国の戦略文化

「自国の過去を受け入れない国には、未来はない」
――ゲーテ

フレネミー、バランス・オブ・パワー、価値観の衝突といった特徴を持つ多極世界は、今日の国際政治に課題を突きつけることになるだろう。しかし、これらは壮大な叙事詩の中で描かれるインドの一時代にも見られる特徴にほかならない。インドが台頭するなか、いかなる大国になるのかという問いが必然的に投げかけられることになる。何と言っても、世界が中国の台頭に向き合った経験を踏まえれば、そうした疑問が生じるのも無理はない。それはまた、当のインド人が自らに問いかけるべきものでもある。それに対する答えの一部は、インド自身の歴史と伝統の中にあると言えるかもしれない。

最近まで、グローバルな規範や価値観は西洋のパラダイムによって規定されていた。一九四五年以降の時代において本当の意味で初めて台頭した非西洋の国である中国は、自国の姿勢を示し、主張を作り上げていくなかで、文化的遺産に基盤を置いている。インドも中国の例に倣うべきなのはしごく理にかなっている。実のところ、インドの視点を理解するのに困難を感じるとしたら、それはかなりの部分でインドの思考プロセスに対する無知から来ている。過去の歴史において西洋諸国の多くがインドの社会について十分な関心を払ってこなかったことを考えれば、それは驚くには値しない。『マハーバーラタ』[1]と言えば一般的なインド人の思考に深い影響を及ぼしている叙事詩だが、インドの戦略思想について記されたアメリカの入門書が同書に触れることすらしていないのは、そのことを如実に示している。同じように、ホメロスの『イーリアス』やマキャヴェッリの『君主論』を無視して西洋の戦略思想について論じることを想像してみてほしい。あるいは、中国であれば『三国志』になるだろうが、同書を無視したらどうなるだろうか。インドだと状況が違うのは、口承という伝統もさることながら、今日に至るまで世界に向けたアピールが限られていたことが影響している。これは確実に改められなくてはならない。なぜなら、多様な文化に対する理解を促進することが多極世界における特徴の一つだからだ。もう一つの理由は、インドと世界が現在直面する困難の多くは、これまでもっとも壮大な物語の中に類似性を見出すことができるという点にある。

自国の主張を明解に述べることは、グローバルなヒエラルキーを上っていくプロセスの中で不可欠な作業だ。インドの台頭は、東洋の大国となるのか西洋の大国となるのかという点をめぐって議論が展開されることが多い。その背景には、多元主義が西洋だけの特質であるというヨーロッパ中心主義的な思い込みがある。長期にわたる多様性と共存の歴史を持つインドは、そうした先入観に異議を申し立てる存在だ。もう一つの議論は、ナショナリズムとグローバリズムというテーマをめぐって展開されている。ここでも、インドは他国が正反対のものととらえる複数の概念を調和させるという点でユニークな位置を占めている。インドはナショナリスティックであると同時に、世界との関わりを減らすのではなく、より活発にさせていきたいと考えているのだ。

だが、国家に関するその他の伝統的思考とインドを分かつのは、おそらくガバナンスと外交に対するアプローチではないだろうか。インドの歴史が示しているのは、われわれは競争において「勝者総取り《ウィナー・テイク・オール》」のアプローチをとらないということにある。「結果が手段を正当化する」という信念も抱いてはいない。むしろその逆で、インドの主張は結果の公平性を特徴づける中庸や微妙な差異とからみ合っている。現実が常にそのとおりになるとは限らないが、かといってこうした概念の意味がなくなってしまうわけではない。目標とプロセスの両方に対して振り返りが継続的に行われており、時には自信喪失と呼ぶべきレベルまで行くこともある。だが煎じ詰めて言えば、それは困難な状況の中で適切な選択をすることの重要性を表すものなのだ。

『マハーバーラタ』は国家論に関するインドの思想をもっとも鮮明なかたちで凝縮したものであることは疑いがない。『実利論《アルタシャーストラ》』とは異なり、統治に関する実践的原則をまとめた一覧表ではない。むしろこれは、現実の状況とそれに対する独自の選択を活き活きと描写したものだ。叙事詩という性格のため、『マハーバーラタ』では他の文明に属する敵が大きさのみならず深みや複雑さという点でも矮小化されている。責任感と神聖な任務が持つ重要性に焦点を当てたこの叙事詩は、人間の弱さを描いたものでもある。リスクをどう取るか、信頼をどこに置くか、犠牲をどう捧げるかといった国家の統治をめぐるジレンマが物語のあちこちで記されている。政策を実行する際に必要な勇気について描かれているのは、もっとも有名なパートである『バガヴァッド・ギーター』[2]になるかもしれない。だが、他にも戦術的妥協や独りよがりなプレイヤーの活用、政権転覆の企て、バランス・オブ・パワーの確保といった繰り返し起きる政治現象の要素もある。われわれが今日抱いている懸念はこの古代の物語の中に反映されており、二国間の不均衡を解決するために対外的環境を活用するという面ではとくにそうだ。戦略的競争や制度の抜け穴の利用など当然とされた行為は、言説のコントロールや力としての知識の重視といった、より現代的な概念と共存している。

『マハーバーラタ』は、紛争に発展する競争をめぐる議論や決断についての書でもある。現代の国際政治は、そこで描かれているような破滅的状況とは大きくかけ離れている。だがそれにもかかわらず、今日の意思決定にとって教訓となる類似点があるのも確かだ。マハーバーラタ時代のインドもまた多極世界であり、有力国が互いにバランスをとり合っていた。だが、ひとたび主要な二つの極の間の競争が当事国だけに収まらなくなると、他の勢力も必然的に立場を明確にせざるを得なくなる。いま文字どおり同じことが再現されるわけではないが、関係国によるコストとベネフィットの検討方法は、戦略を学ぶ者すべてにとって有益だろう。舞台の状況と同様に、そこで下された選択も現代の世界と似通っている部分がある。なかでもとくに重要なのはクリシュナ神[3]の物語で、戦略における導き、外交におけるエネルギー、課題に対処していくなかでの戦術的英知を教えてくれている。

『マハーバーラタ』で描かれるジレンマとしてもっとも知られているのは、重要な政策について、それに伴ってもたらされる影響にひるむことなく実行に移す決意に関わるものである。具体例として挙げるのは、何と言ってもパーンダヴァ五兄弟のうちもっとも秀でた戦士であるアルジュナ[4]が戦場に赴くときの物語だ。自信喪失を経験した彼は、自身の利益と反対の立場をとる一族に立ち向かう決意を固めることができなかった。アルジュナはクリシュナに説得されて自らの任務に取り組むことになるのだが、彼の行動には、国際関係のプレイヤーとしての政府にも当てはまる基本的な側面がある。これは費用便益分析を無視してよいと言っているわけではない。だが、歩むべき道がわかっているにもかかわらず、決意の欠如やコストを恐れて実行に移されないということがときどき起こるのだ。

アルジュナとは異なり、今日のインドに生きるわれわれは、未知のものがもたらす恐れにおびえるだけでなく、既知のものがもたらす心地よさに安住することもしない。現代的な用語で「ソフトステート」という言葉があるが、これは国が必要なことを実行できないか、したがらないことを指している。アルジュナのケースは、当然ながら力不足という状況ではない。これはまさに、現代のインドも時折直面する苦境なのだ。たとえば長期にわたるテロとの戦いでは、われわれは想像力の不足やリスクに対する恐れによって制約を受けることが少なくない。この点は変わり始めているかもしれないが、他国が示した決意のレベルに見合ったものにすることが重要だ。アルジュナはその後、正義の戦士として戦いの場に赴くのだが、そこで示される自己正当化の意識について考える必要がある。

国のエリート層が、国益が損なわれかねない状況に直面した際に毅然とした姿勢をとれるのは、彼らが実効的で確固とした認識を共有しているときだけだ。したがって、主権の侵害であれ国境侵犯であれ、それに対して断固とした対応をとれるか否かは、こうした確信の有無にかかっている。戦士のような個人の場合と同様、さまざまな手段を通じて国益を主張し、戦略的目標を確保することは、国家としての正しい行い《ダルマ》なのだ。この点は、政策判断が戦略的見地ではなく人気度を基準にして下されがちな環境において、とくに強調しておく必要がある。

もう一つこの文脈で重要なのは、コストを強調することで怠慢を正当化するのではなく、自らが直面する懸念の解決に取り組むための意思力を発揮することだ。競争するには相手はあまりに強大すぎ、何かしたところで最終的に勝つのは向こうだろうといった議論をうんざりするほど聞かされてきた。あるいはその逆に、隣国がテロを行うのは生来の性格であり、自分たちはそういうものとして付き合っていかなければならないという議論も時折見受けられる。アルジュナの選択から教訓を汲み取るとしたら、それはいかに厳しい結果をもたらすものであれ、責任に向き合っていかなければならないということだ。この点が広く理解され、実行に移されれば、インドの国家安全保障は見違えるほど良いものになるはずだろう。

『マハーバーラタ』時代の戦略的環境が現代の世界と似通っている側面の一つは、競争相手に相対するときの制約に関するものである。当時、そうした制約は人間の持つさまざまな感情から生じたもので、当然ながら今日のそれとは大きく異なる。人間を突き動かす要因の一つは、争いというものは、まさにその本質においてすべての当事者の利益を損なうという確信だ。カウラヴァ[5]、わけてもユディシュティラ王[6]が戦いを始めることに明らかに消極的だったのは、このためにほかならない。弟のアルジュナは、この感情を戦場にさえ持ち込んだ。だが、これは過去の関係が未来の利益と衝突することによっても鮮明になる。長老ビーシュマ(7)も師のドローナ(8)も、かつて自分が教えを授けた弟子たちに相対し、全力で戦うことに強いためらいを見せたのはその例である。

現代の場合、制約は人間行動に由来するものは少なく、より構造的なものになっている。核抑止は一つの関門をつくり出している。市場が、実際の紛争は言うに及ばず緊張の高まりにも反応することから、経済的相互依存はより切実なファクターだろう。テクノロジーが高度化していく世界は、たとえ能力の向上をもたらすとしても、他方で脆弱性もまた高まることになる。かつて選択の余地があったオプションの数々は、時間の経過とともに着実に減ってきている。インド自身の場合でも、かつて起きた規模の紛争はもはや現実的に起こり得なくなっている。どの国も当然ながら最悪のシナリオに備えはするだろうが、現実にはピンポイントな対応、狭い行動可能範囲、限定的な実践という性格を帯びることになる。強力な総合力を持つ必要がなくなるというわけではない。それでも、心理戦はありうべきシナリオに大きな影響を及ぼすものであり、それを展開する必要性に重点が置かれるようになることは間違いない。

新興大国が身につけなくてはならない資質が一つあるとすれば、それは責任を示すことにある。アルジュナが最後になってクルクシェートラ(9)と戦うため武器を取ったのは、使命への奉仕だけを示しているわけではない——それは自制の表れでもあるのだ。その意味で、彼はためらいがちな戦士だった。違ったかたちではあるが、クリシュナもまた同じだった。彼がいとこにしてライバルのシシュパーラ(10)から挑発を受けても一〇〇回は赦すことを厭わず、最後に敢然と立ち向かったのは教訓的だ。これもまた、世界という舞台の上で力を増しつつある国が学ぶべき点だと言える。力の行使に際しては、議論を尽くし、計画を練り、賢明なかたちで実行に移す必要があり、それが拡大するときにあてはとくに当てはまる。現在に至るまで、インドはこのジレンマに直面することはほとんどなかった。現代の中で生じた紛争の大半は自衛的な戦争であり、実力行使の正当性は概ね自明だった。近年の情勢が示しているように、われわれは現代版シシュパーラに相対していくなかで、戦略的忍耐を備える必要がある。インドは現在の発展段階において、無責任な議論をするつもりはない。実力行使は常に検討を重ねたうえでのオプションでなくてはならず、第一のオプションであってはならない。アメリカのような超大国ですら、イラクでの経験を通じて、これとは反対のアプローチをとることで生じたダメージを自ら学ぶことになった。大国は自前の装備としてさまざまな兵器を保有しており、そのなかで鈍器は通常、もっとも効果的ではないはずだ。だが、有効性は別にして、その視覚的イメージはきわめて強烈なものがある。海外での実力行使を軽々しく訴える者は有害だ。『マハーバーラタ』の教訓が示しているとおり、そうした行動は、危険が目前に迫っているときか繰り返し攻撃を仕掛けられるときにのみ取っておくオプションなのである。

戦略家の大半が依拠するのは過去の戦争であって、未来の戦争ではない。その意味において、アルジュナは戦いが始まる少し前に重大な選択をした。アルジュナも、そしていとこでライバルのドゥルヨーダナ(11)も、クリシュナの都ドヴァーラカー(12)に赴き、彼から協力を取りつけようとしたのだ。アルジュナが到着したのは後だったが、寝台の下に座り待ち構えていたことで、目覚めたクリシュナに先に会うことができた。クリシュナの軍を派遣するか、それとも丸腰だがクリシュナ本人の出馬を求めるかと問われ、アルジュナは後者を選んだことでドゥルヨーダナを驚かせた。クリシュナには形勢を変える力があるという認識が彼の判断の背景にあったことは明らかだ。

これは、国家安全保障における競争力の強化を検討するうえでの教訓になる。大半の戦士がそうであるように、ドゥルヨーダナはオーソドックスな考え方をしていたが、アルジュナは既成概念にとらわれない考え方とは何かについても理解していた。インドにとって重要なのは、国の能力について確立された分野を軽視することなく、同時に世界でこれから起こる事態に対し適切に備えておくことなのだ。それは人工知能（ＡＩ）やロボット工学、データアナリシスやデータセンシング、先端材料、サーベイランスといった分野がそれに当てはまるだろう。とくに他者をどう活用するかが成功の鍵だとすれば、相手の能力を最新かつ確かな情報に基づいて評価することが不可欠になってくる。アルジュナはクリシュナの価値を理解していたが、ドゥルヨーダナはそうではなかった、というわけだ。

これは単に全体像を正しく把握できていないというだけでなく、実はどのような選択肢があるかを認識していないということでもある。ドゥルヨーダナはクリシュナの重要性に気づいていなかったばかりか、武器を持っていないという点で彼を過小評価すらしていた。能力の持つ意味を十分に理解することは、能力を構築することに等しい重要性がある。パーンダヴァ兄弟は明らかに両方の分野で優れた成果を挙げた。今日のインドも、自国のカードのクオリティに注意を払うだけでなく、それをいかに有効活用するかにも目を向ける必要がある。

国内の政策と同様に、国家間の関係もルールと規範に基づいている。その時々で破られることもあるが、例外は例外にすぎないという幅広い期待が国際社会にはある。どのプレイヤーもアドバンテージを得るべく慣行や伝統を活用しており、この点は『マハーバーラタ』でも違いはない。弓矢の師ドローナは、優れた弟子エカラヴィヤ(13)が親指を切断して師に捧げるという儀礼を受け入れた。そうすることで、師のお気に入りであるアルジュナを見劣りさせられると考えたからだった。インドラ神はバラモン僧に姿を変え、カウラヴァの将軍カルナ(14)が礼拝を終えたのを見計らって――それは一日の中で、布施を求められた際に断ってはならない時だったからだ――、完全無比の鎧《よろい》と耳飾りを所望した。アルジュナは戦いに際して、生まれ変わりの女性を先頭に立たせた。これは、ビーシュマが女性に配慮して反撃してこないことを十二分に知っていたからだった。貿易摩擦やテクノロジーをめぐる争い、コネクティビティに関わる見解の相違によって分断された現在の世界において、ルールに則って対応しないのは今に始まったことではないという事実に立ち返ってみれば、多少は気持ちが落ち着くかもしれない。ルールの抜け道を見つけたり意図したもの以外の恩恵を欲したりする者がいるとしたら、それは過去にも別の者が通ってきた道なのだから。

『マハーバーラタ』には、行動規範の違反と言える例がいくつも記されており、なかにはあまりに目に余るものも含まれている。主要登場人物であるドゥルヨーダナは、卑怯としか言いようがない手口で殺害された。カウラヴァの歴代司令官のうち、一人は女性戦士を盾として使われて殺害され、次の司令官は武器を置いた後に攻撃を受けた。三番目の司令官は、地面から戦車の車輪を掘り起こそうとしているときに斬首された。個人間の戦闘についてルールが周到に定められていても、緊張度が高まれば途中で守られなくなる。アルジュナの息子アビマニユ(15)は、複数の敵から同時攻撃――背後からのものもあった――を受けてしまう。父のアルジュナのほうも、ブーリシュヴァラスが宿敵サーティヤキ(16)との戦いを繰り広げているさなかに攻撃を加えるという規範無視を行っている。こうした逸脱行為は、作中の紛争の中でもっとも残忍な事件をも正当化する根拠を与えている。戦いの末期、ドローナの息子アシュヴァッターマンが、父が殺害されたときの手口に憤慨して復讐を企図し、夜襲をかけて眠っていた敵を殺戮したのだ。

こうした例は、ルール遵守のメリットとルール違反のコストをめぐる議論の重要な論点をなしている。より現代的なバージョンは、地域と時代を問わず見出すことができる。ルールのもとで拘束や制限が定められているにもかかわらず、それを遵守し対外的に示すことは、国際関係においてきわめて貴重なものとなっている。ルール違反常習国ともなると、遵守した場合ですら評価を受けることはめったにないが、ときどき違反する程度の国であれば、いつでも逸脱行為を正当化することができるのである。多くの面で、これはカウラヴァとパーンダヴァの違いだと言える。国際法や協定、取決を遵守することの重要性をめぐる議論は、理論的なものではない。当然ではあるが、強国は自国のオプションや利益を他国の判断に委ねることには消極的だ。これは、力と地位を向上させているインドについても当てはまる。その一方で、ルールを遵守し信頼されるプレイヤーと見なされることのアドバンテージを過小評価してもいけない。われわれは、原子力協力をめぐる交渉を行った際、インドに対する世界の信頼[17]はパキスタンと比べてはるかに大きいことを実感した。この傾向は、パキスタンが主要な輸出規制レジーム[18]への加盟を求めていくなかで、さらに浮き彫りになっている。海洋境界線確定の問題については、バングラデシュとの紛争をめぐり二〇一四年に裁判所が示した仲裁判決[19]をインドが受諾したが、これは二〇一六年に南シナ海の領土問題をめぐり起きたこと[20]とは好対照だった。

ルールの遵守は、国家が関係を結んでいくなかで中核に位置づけられる。他国の思考を理解することは、その国がどこまでなら進み、どこからは引くのかを見極める際の鍵になることが多い。オーソドックスではないプレイヤーの強さは、オーソドックスでルールに拘束される国が示すであろう反応について、正確な判断を下せることにある。自分たちは拘束されずに行動する一方で、相手国に高い規範を守らせ続けるという戦術をとっていくことができる。そこで生じるギャップを埋めることが、そうした国に大きな強みをもたらすのは言うまでもない。こうした厳しい状況は、カルナとアルジュナという敵味方に分かれた兄弟のあいだで繰り広げられた最後の戦いに現れているほか、カウラヴァの王子ドゥルヨーダナの最後の日々にも見出すことができる。カルナもドゥルヨーダナも、自分たちはルールを軽視しながら、敵にはそれを守るよう迫ってくるのだ。パーンダヴァにとってクリシュナは重要な意味を持つ存在だが、それは彼がこうしたジレンマを解決してくれたり、ルールが意味をなさなくなった状況に対処してくれたりといった貢献によるところが大きい。

現代の世界においても、自由な社会がこうした試練に直面することがあるが、それはあまり几帳面とは言えない競争相手と相対するときに生じるのである。非対称の戦いに臨むことは、そうした国々にとっては宿命《カルマ》と言える。もっとも極端な状況が生じるのはテロに直面するときであり、それが国家の支援を受けて行われるものの場合はなおさらである。これまでにも指摘されているとおり、問題の解決は容易ではない。過去二〇年にインドとパキスタンのあいだで交わされたやりとりを考えてみよう。パキスタンは、テロリストと被害者という心理的均衡関係をつくり出すべく、核を用いて恐怖をかき立てる行動をとっている。インド側は、ハバナとシャルム・エル・シェイク(21)でそれに乗ってしまうことで過ちを犯してしまった。このロジックでは、「戦略的抑制」が当てはまるのは明らかに被害者側だけで、犯人側には関係がない。実のところ、パキスタンがテロをやるだけなら事態がエスカレートする危険はないが、それに対してインドが反応すれば、話は別だという言説が作り出される状況にすらなっているのである。

驚くべきなのは、このご都合主義的なロジックを信じ、当然インドもこれを受け入れるべきと期待する者が多くいることだ。したがって、このゲームを二国間だけのものに留めることはきわめて難しい課題になっている。ウリとバーラーコートの事件を受けた対応[22]で重要なのは、インドはパキスタンに答えを決めさせるのではなく、ようやく自国のことを自分で考えられるようになったという点にある。そして、これは多くの点でクリシュナおよびパーンダヴァ側が担った役割でもあった。

　規範からの逸脱はさほど珍しくはないが、より複雑なのは、裏切りが持つ意味だ。外交や国家安全保障の分野では、あらゆる面で活動の透明性を確保するというわけにいかないことは明らかと言える。結局のところ、インセンティブ、恐怖、それに操作は人間の性質の一側面なのだ。インドの戦略思想、なかでももっとも特筆すべきカウティリヤによる『実利論』では、政治的問題にアプローチしていく際に「連合《サマ》、補償《ダナ》、武力《ダンダ》、策略《ベダ》」[23]が重要であることを強調している。戦術の複雑さは、状況の重大さに直結している。『マハーバーラタ』に収められた、倫理的に物議を醸しうる二つの状況を見てみることにしよう。

　戦場で絶望的状況になった際、ユディシュティラ王は仇敵ドローナの士気を打ち砕くべく、偽の発表を行うよう説得された。その前、定められた期限までに敵を殺すというアルジュナの誓いが試されていたとき、クリシュナが見せかけの安全な環境をつくり出した。これによって、追い詰められた戦士ジャヤドラタ[24]は安心して自らの姿をさらしたのだが、それによって殺されるという結果を招くことになった。どちらのケースも、行動に際しての言葉がその精神を侵害している。イングランドのボスワースの戦い[25]、日本の関ヶ原の戦い、インドのプラッシーの戦い[26]といった、より現代に近い世界における運命の決戦で結果を左右したのは、結局のところ裏切りなのだ。ただし、策略が名誉の名のもとに正当化されることもある。日本の「赤穂浪士」の物語はその好例と言えるだろう。

　とはいうものの、世界が求めているのはルールの遵守であり、規範の尊重である。日本が真珠湾攻撃を行う直前に、それが道義的にも手続き的にも正当であることを示すべく、正式に宣戦布告しようとしたのはそのためにほかならない。宣戦布告が間に合わなかったことは、ローズヴェルト大統領にとっては政治的支持を取りつけるに当たり、絶大な助けとなった。逸脱や違反を正当化するためにはストーリーが必要であり、それぞれの政治文化が自前の根拠を持っている。近代史において、この作業にもっとも長けていたのはイギリス人だろう。彼らがインド統治について語るストーリーでは、圧政は被害者たるインド人のためだったと示唆しているほどなのだから！　他の者は、自分たちの意図と正当化のミックスを選んでいる。道義的に高い立場を維持することは、多くの点でリアルポリティクスの究極的課題なのだ。

戦略的裏切りは、まさにその本質において、成功させるためには特定の思考を必要とするハードルの高い試みだ。多くのプレイヤーと長期にわたる準備が必要になることを踏まえれば、内部の規律の徹底なしには実行が困難になる。『マハーバーラタ』では、カウラヴァは三度にわたりパーンダヴァに対してこれを試みた。一回目はビーシュマを溺れさせようとしたとき、二回目は虫の脂が塗られた家でパーンダヴァを焼死させようとしたとき、そして三回目はユディシュトラ王をいんちきなサイコロ賭博に誘ったときだ。この点にかけては、権威主義国家はその本質からして優れており、今日の世界における国家の政治体制と戦略的裏切りの相関を無視してはいけない。この分野となると民主主義国家は圧倒的に不利ではあるが、それを効果的に実践していくためには強力かつ結束力のある組織が間違いなく必要になってくる。

西洋の経験が示しているのは、こうしたイニシアチブは、目的が共有されているときには着手するのも実践するのもスムーズということだ。ロシアや旧ユーゴスラビア、リビア、シリアについては、表には出ていないが多くの取り組みが行われてきた。対照的に、イラクをめぐる議論では姿勢が大きく分かれたが、そこには当事者しか知り得ない秘密がいくつもあった。アフガニスタン戦略ですら、方針の違いが表面化することが頻繁にある。インドにとって課題の一つは、秩序についての意識が十分なレベルに達していないという点にある。政治的競争があまりに深く根づいているため、唯一継続しているものを挙げるとすれば、野党は反対するためにいるということだけかもしれない。この状況は、ストーリーと意図のあいだの溝を埋める作業をきわめて難しくしてしまっている。

　わが国でもっとも優れた中国専門家の指摘によれば、偽装を最高レベルの政治的行為にまで高めた国は中国だという[*]。その有効性は『三国志』の中で繰り返し称賛されており、数々の決定的な戦いの帰趨が軍事力ではなく計略によって決まっている。「兵法三十六計[27]」は、こうしたアプローチが一般の中国人の思考に深く浸透していることを示すもう一つの証拠と言える。なかでも「瞞天過海」や「声東撃西[28]」は、もっとも人口に膾炙した格言だ。「樹上開花」や「空城計[29]」もよく知られている。インドと異なり、ここでは偽装に対して罪悪感も疑念も存在しない——むしろ、技法《アート》として称揚されるものなのだ。専門家のなかには、中国の規格外の台頭にはこうした文化的特性が大きく影響しているとの見方を示す者すらいる[†]。

　対照的にインドの場合は、対外的に示した政策と実際の目的のギャップにすら苦慮してきた。このため、一九五〇年代には中国との間にアジアの連帯というメッセージを発信し続ける一方で国境地域の防衛態勢を整えることが困難になった。パキスタンについて言えば、分離独立によって引き裂かれた人びとのノスタルジアと強迫的な敵国という現実の相克があった。スリランカの場合ですら、平和維持部隊が派遣[30]されたものの、その後、武力行使をしていくなかで当初の任務と調和させることが困難になっていった。対外的に示している立場と現実の目標が一致しない状況のもとでデュアルトラック政策を実践することは、矛盾が見つかると世論から疑問が投げかけられる環境においては間違いなく困難な任務になる。団結力の強いエリート層であればこれを克服することに長けているし、戦略的裏切りを成功裏に実行することができる。自らの能力の足りなさによって制約を受ける者は、さしたる努力もせずに享受している上辺だけのアドバンテージにしか目を向けないのだ。

この壮大な戦いの中で、重要な役割を担ってはいるが十分な評価を受けていないプレイヤーのなかに、現在のパンジャーブ出身のスシャルマに率いられたトリガルタ王国(31)の戦士がいる。カウラヴァの伝統的な協力者だった彼らは、アルジュナをとりわけ強く憎んでいた。というのも、彼らがユディシュティラ王の戴冠式に向けた地ならしをしていたときにアルジュナから攻撃を仕掛けられ、敗北を喫していたからだ。彼らの脇目もふらない敵意は、パーンダヴァにとっては非常に好都合だった。カウラヴァの火に油を注ぎ続けることで、流浪中の彼らは協力してパーンダヴァをヴィラタ王国(32)からいぶし出そうとした。だがもっとも大きなダメージを与えたのは、アルジュナに決闘を挑んだことだった。それによってカウラヴァはアルジュナを主戦場から離脱させ、彼の兄ユディシュティラを生け捕りにしようとした。勝利を手にしたのはアルジュナだったが、戦場からの離脱を強いられたことで、単独でカウラヴァの企みに抗っていた息子のアビマニユを亡くしてしまう。ここでの教訓は、力の劣

（＊）Shyam Saran, 'China in the 21st Century', Second Annual K. Subrahmanyam Lecture, India International Centre, New Delhi, 2012.
（†）Michael Pillsbury, *The Hundred-Year Marathon* (New York: Henry Holt, 2015).（マイケル・ピルズベリー『Ｃｈｉｎａ ２０４９』森本敏・野中香方子訳、日経ＢＰ、二〇一五年）

る敵が固執すると、ダメージを与えようとして自らを破壊することまでしてしまう危険があるということだ。

このように、敵が害を与えようとする可能性――たとえ自暴自棄とまではいかなくても――は過小評価されるべきではない。もう一つ、シンドゥの王ジャヤドラタという重要な例がある。彼はパーンダヴァとの激しい戦いを経て、アルジュナ以外の兄弟を圧倒する能力を身につけた。その結果、ジャヤドラタはアビマンユが糸車の陣形をとるや否や、援軍が入れないように彼単独で包囲することに成功したのだった。実際には、このように一つのことにとらわれる敵はめったにいないが、現実でそれに近いことが起きたときにはとくに注意する必要がある。これは、多くの点で今日のインドがパキスタンとの関係で苦慮している状況を総括していると言える。

一九七一年以来、パキスタンはインドに損害を与えるべく極端な手段に訴えている――自国の体制が支援し育んできた勢力によって蝕まれているにもかかわらず、だ。もちろんインドとしてはアルジュナの解決策を模倣するわけにはいかないが、そこから適切な教訓を導き出す必要性は大きい。まず、パキスタンに対して戦略的に明確な姿勢を持つことが重要になると言えるだろう。それは、相手が抱く直情的な感覚を認識する必要があるということだ。同時に、『マハーバーラタ』で親族を選ぶことができないのとまさに同じように、隣国も選べるものではない。では、インドはこのジレンマをどうやって乗り越えていけばよいのだろうか？

これについては簡単な解決策があるわけでないし、インドの対応はこの耐えがたい物差しで判断されるべきでもない。したがって、インドは自分たちで一連の回答を用意する必要がある。テロリストに対しこれ以上保護を与えないようにすることは、そうした動きの一つだ。テロ行為の責任追及を徹底することも同様である。対話そのものが解決策だという無邪気な期待を脇に置くことも重要だ。パキスタンが通常の貿易やコネクティビティの推進に応じようとしない姿勢は、同国の本当の意図が何なのかを如実に示している。こうした姿勢に対し現状で実践しうる対応は、イメージを悪化させることを別にすれば、今後もそれを継続していくためのコストを高くすることだ。パキスタンは行動が伴って初めて、普通の隣国として遇してもらえるのである。そうなるまでは、インドは不屈の精神と創造力、粘り強さからなる対応を、アルジュナでさえも感嘆するようなレベルで行っていく必要がある。

異なる性質の選択をした場合に、それぞれコストが生じるのであれば、優柔不断や曖昧さ、無関心についても同様だ。『マハーバーラタ』の物語には、高貴な地位にあるプレイヤーによる三つの相反するアプローチがある。

第一のアプローチは、シャリヤによるものだ。彼はパーンダヴァ兄弟の母方の叔父に当たるが、偽旗作戦によって図らずもカウラヴァ側についた人物だ。だが、裏切りは諸刃の剣であり、彼の曖昧さはカウラヴァの将軍カルナ――重要な戦いでシャリヤが乗る戦車《チャリオット》の御者を務める立場にあった――の士気を削ぐことになってしまう。クリシュナの兄バララーマは、双方に戦争術を授けていたことから完全に中立で、戦いのあいだ長期にわたる巡礼に出ることで紛争から距離を置いていた。彼は戦いの結果に怒りを覚えて戻ってくるが、もはやどうすることもできなかった。ヴィダルバ国のルクミン(33)は戦いから距離を置くことにしたもう一人の有名な戦士だが、そのようにした理由は大きく異なっていた。彼は自分が両勢力に持つ価値を過大評価していたのだが、結局どちらからも受け入れられることはなかったのである。

こうした例は、いずれも現代の政治、とりわけ大きく分断された世界の中で複数の陣営にヘッジをかけるという当然の行動をとる国にとっては、何かしら重要な意味を持つものだ。インドの非同盟政策[34]は時期によってさまざまな側面があり、先述した三つの状況が組み合わさったかたちで表れている。インドが二大勢力に関与しないままでいても、そこでもたらされる結果には直面せざるを得ないのが現実だ。問題によっては、関係するすべてのプレイヤーに不満を感じさせてしまう危険性もある。インドは重要な問題については連携しているものの、そうした連携を全面的に展開することには消極的であり、それにはコストが生じることになる。

今の世代の人びとは二〇〇三年のイラク戦争で意識するようになったとはいえ、「体制転換」は国家というものが誕生したときから存在してきた。その正当性の弱さと惨憺たる結果ゆえに、この言葉にはネガティブな含意がつきまとう。とはいうものの、この行動は倫理的な考慮に基づいて正当化されることが一般的だ。『マハーバーラタ』においてこれをもっとも明確に示している例は、クリシュナの命により行われたマガダ国ジャラーサンダ王[35]の殺害だ。彼を殺すことは、差し迫った挑戦を鎮めるという点でも、ユディシュティラが皇帝に即位することに反対する勢力が結集するなかで中心人物を排除するという点でも必要なことだった。クリシュナの視点からは、長きにわたる未解決の対立に決着をつけるものでもあった。この行動において特筆すべきなのは、ジャラーサンダ王によって不当に拘束されていた九八人の王子の釈放という表向きの理由だ。王はその数が一〇〇人に達すれば彼らを生け贄として捧げると脅していたため、「差し迫った危険」と呼ぶべき状況ですらあった。

これは、今日「南南協力」と呼ばれる取り組み――圧倒的な力を持つ国に対抗すべく諸国が結集すること――の重要性を示すものでもある。脆弱な小国への支援が大きな価値を持っているのは明らかである。同様に重要なのは、国家の目標は「世界の利益」の名のもとに達成されるという点だ。体制転換は、あからさまな主権侵害であるため、国際関係の諸側面のなかでも物議を醸すことが多い。だが、それをやらなくてはならない状況下では、信頼性をもたらしてくれる倫理的な理由を示したうえで達成するのが最善だ。先に示したケースにおいてはそのとおりだったかもしれないが、イラク戦争のような最近の例はさほど真実味があるとは言えない。

対外的な環境の活用は、体制転換におけるコインのもう一つの側面だ。こうした場合、力の劣るプレイヤーは強大な勢力に接近し、自らのアドバンテージになるよう相手を操ろうとする。パーンダヴァの軍事バランスが七対一一だったこと[36]を踏まえれば、戦いが展開していくなかで、そうした状況は事欠かないほどよく起こっている。強大な武器と規格外の能力を手に入れようと、こうした神々自身が呼び出される。連合の構築と維持は影響力を示す一つの手段だが、テクノロジーへのアクセスと他者の知識の活用も同様に効果的だ。この点は強大な敵に相対する際にはとくに重要なポイントになってくるのであり、今日のインドはこれについてよく考える必要がある。総合国力の強化を唱える者が正しいのはもちろんだが、それは当然の回答にすぎない。軽視されるべきでないのは、その影響力や他者の力を活用していくためのスキルなのだ。

強国でありながら、ことこの点について失敗してしまったケースがあることを近代史は示している。たとえばヴィルヘルム二世統治下のドイツ[37]では、まずい外交によって有利だったパワーバランスを悪化させる結果を招いてしまった。こうしたスキルが必要なのは、弱い国や台頭しつつある国だけではない。強国にとっても、支持してくれる勢力をつなぎ止め、集合的な対応をとらせないようにする必要性がある。過ちから学ぶことは、失敗を繰り返さないために必要なスキルだ。『マハーバーラタ』において大きな皮肉の一つは、サイコロ賭博の結果自らの王国を失ってしまうユディシュティラが、のちにヴィラタ王のもとに仕えるべく高い能力を身につけていったことである。

パーンダヴァがいとこに対して一貫して上回っていたのは、ストーリーを形成し、支配する能力だ。彼らの倫理的なポジショニングが、卓越したブランディングの中核にあった。勇敢さ、高貴さ、寛容の精神による行動を通じて、彼らは総じて有利な立場を確保することができた。彼らが多くの場面で虐げられる立場に置かれたのは確かだが、そうした立場をあえて演じる能力もまた重要だ。森の中で育てられたという経験そのものが、世論という点で有利なスタートを切ることにつながっている。彼らを虫の脂が塗られた家に閉じ込めて焼き殺そうとする企ては、被害者としての姿を際立たせている。王国の不公平な分割を受け入れたことも、このイメージを強固なものにしている。インドラプラスタ(38)で新たな国の立ち上げに成功したことも、彼らの名声を高めた。彼らの妻であるドラウパディー(39)に対するひどい扱いはけっして許すことができないもので、開戦の理由になった。このときは開戦前夜に有利な解決を提案し、五つの町を獲得するだけでよしとしたのだが、これは論調が自分たちを支持する方向にシフトすることをねらったものだった。

優れた道義的立場の確保とストーリーの形成には、幅広い相関がある。冷戦期に東西両陣営が自らの主張を精力的に展開したのはこのためにほかならない。一方は民主主義、個人の自由、市場経済を強調し、もう一方は社会正義、共通善、社会全体の福祉を強調した。中国は自国が台頭していくなかで、それが平和的な性格であることを強調し、幅広い国々に繁栄をもたらすものという点をアピールしてきた。発展途上国はさまざまな活動において差別是正措置に関して説得力のある要求をすることで、交渉における立場を改善した。西洋全般、とりわけ欧州連合（ＥＵ）はグローバルな課題に積極的に取り組み、それらを解決していく責任を強調することで自らを再活性化した。今では狭隘な利益が思考を支配し、経済的ポピュリズムが取って代わろうとしており、こうした傾向の多くが後退している。中国は力を拡大させていくなかで、グローバルな存在から普遍的《ユニヴァーサル》な存在に進化していけるかという課題が浮き彫りになってくるだろう。アメリカは違う方向に向かっており、同盟国とのコミットメントを弱め、国際的な義務に背を向けている。インドも、自国が有する国家としての強い特性に則したストーリーを主張していかなくてはならない。世界最大の人口を持ち、経済規模でも有数の国になることが確実なインドが、こうしたメッセージを持たないわけにはいかない。国力が弱かった時期には、集団で行動するメンタリティと関与しない方針に安住することができた。だが、時間の経過とともにそれは難しさを増しつつある。

『マハーバーラタ』に通底するのは、インドの諸王国間におけるバランス・オブ・パワーの意識だ。王国間の連帯は血縁関係で説明されることが多いが、それですら国家利益に基づいたものであることが少なくないのだ。パンチャーラ王国とマツヤ王国という二つの重要な例を紹介しよう。いずれもパーンダヴァにとって当然の同盟国である。圧迫を受けた状況は、本来の傾向を突き止める際にも役に立つ。したがって、亡命生活一三年目に潜伏を計画しながら、パーンダヴァはより友好的な王国はどこかの特定を試みた。それと同様に、ジャラーサンダ王を説得しようと戦略を練った際、クリシュナは自分がカウラヴァと近いことを強調するだけでなく、彼が抹殺されることで弱体化するであろう他の同盟国の名前を列挙していった。多くの意味で、クルクシェートラの戦線ではきわめて複雑なマトリックスが浮き彫りになったのである。

今日のインドでは、均衡の創出と維持に関する直観的感覚は消え去ってしまったのかもしれない。

国際政治に深く関与することはこの作業にとってきわめて重要だが、さまざまなファクターによって妨げられてしまった。そのいくつかは、われわれ自身の能力の限界を反映したものだ。能力が向上すれば、信頼のレベルも上昇する。バランス・オブ・パワーに対して疑念があるとすれば、それは二度の世界大戦が発生する前の時期において、均衡が制御不可能な競争へと転じてしまったことによる。冷戦のもとでの規律は、そうした可能性の重要度を限りなく低下させる厳格さをもたらした。冷戦が終結し、相互依存とグローバリゼーションに対する支持が拡大したことで、そうした思考は脇に追いやられた。しかし、ナショナリズムが高揚し、世界のフラット化が進み、同盟が弱体化するという時代の中で、これらすべてに変化が生じている。

リアルポリティクスへのシフトによって、政策的処方のコストと正当化が前面に押し出されるという状況も招いている。アビマンユの死は悲劇的ではあったが、より大きな観点でとらえれば、これは王の座を確保しようとした結果もたらされたダメージだったと言える。おそらくさらに意図的だったのは、彼の祖母クンティーがとった行動だ。彼女は虫の脂を塗った家に火を放つ前、家族を外に出し、代わりに客人の一団を入れた。あるいは、戦いが始まり、勝利の代償としてアルジュナの息子イラーヴァト[40]を犠牲にしてしまったこともそうだ。おそらく戦いのさなかでさほど意識されていなかったのは、甥のガトートカチャがカルナの無敵の兵器の前に命を落としたことで、これにより叔父のアルジュナがこの兵器を用いる可能性は排除された。[41]国益には運用コストが伴うことになり、そうした決断はリーダーシップにとってもっとも困難な責任であることが多い。

パーンダヴァは結束という点で秀逸な例になっている。異なる母親のもとに生まれ、それぞれが複雑な父方の出自[42]を持つ彼らは、内部の対立を克服してチームとしてきわめて優れた動きを見せている。彼らは相互補完的なスキルを持ち、それがチーム内の連携をとくに効果的にしている。彼らは効率的な協働の難しさについて活発な議論を促すモデルであるべきだ。インドは他国以上にこの問題に直面している。というのも、われわれには社会的多元主義があると同時に、極端な個人主義も存在しているからだ。限定的な行政改革しかしてこなかったという現実があるなかで、統合を推進していく必要性は実際のところ、非常に大きい。組織間の連携《ジョイントネス》、調整、情報共有が大規模な組織であれば必ず直面する課題につながっている。こうしたアプローチは、前例踏襲、既得権益、固有のアイデンティティといった課題に対処するためのものである。総論で一致したとしても、それが自動的に作業レベルで実践されることはめったにない。そのなかには意識的に行われるものもあるが、歴史と経験則は逆の方向を指し示している。実際、政策を実践していく際に特効薬に近いものは何かと言えば、能力の向上を別にすれば組織間の壁を突破することなのである。

　われわれインド人が次善策として調整を図りながら任務を遂行していくことについて評価を得ているとすれば、それはインドの歴史が、多大な代償を払わされることになった例であふれているからである。物資不足が独占欲を高め、その独占欲によって個人主義がさらに極端になる。官僚主義も社会にはびこっている。これらの他に加えるべきなのは、結果に対する注目よりもプロセスに焦点を当てていることだろう。結束の欠如はさまざまなかたちで見られるが、それをあらゆる機会をとらえて対処していくことで初めて、実際にインドの外交政策がよい方向に変わっていくことができるのである。

『マハーバーラタ』はさまざまなアプローチと選択をめぐる壮大な物語であり、それらによるインパクトが蓄積されることで、政体は特定の方向に導かれていく。その一つひとつが、現代においても何らかの教訓を含んでいる。何と言っても特筆すべきなのはカウラヴァだ。彼らは極限まで競争を進めるが、それにより忌み嫌うべき戦術の模倣をも正当化するという反動をもたらしてしまう。対照的に、パーンダヴァはブランドを確立し、戦略的忍耐を実践した。その結果、彼らは力が勝る敵をも打倒することが可能になるが、その一因は非対称的な戦術を用いることにある。カルナは分断がもたらすインパクトを際立たせているという点で、同盟における規律の重要性を示す存在である。ビーシュマとドローナは体制側に立っていると言えるかもしれないが、彼らの曖昧な姿勢は深刻な結果をもたらすことになってしまう。これは、一心不乱な姿勢によって協力者としての価値を高めたドルパダ[43]とは対照的だ。先述したように、トリガルタはそれがより極端なかたちで表れた例と言える。シャリヤ、バララーマ、ルクミンは、非同盟から非関与に至る領域に位置する。そしてクンティーについて言えば、彼女の感情的なコミットメントは、成功のためなら運用コストを払うことを厭わない積極性を排除するものではない。

誰もが知っているように、決定的なファクターはクリシュナだ。彼は全体像を理解しており、それを踏まえた戦略を立案し、決定機に戦術上の解決策を出している。構造的変動や意識形成、ブランドの強化、ストーリーの創出と、いずれにおいても彼が下す選択によって方向性が定まった。ジャラーサンダ王を打倒することで、クリシュナはより好ましいバランス・オブ・パワーを実現することが可能になった。彼自身の存在か彼から出される賢明な助言かを問わず、それによってパーンダヴァに有利な方向へと衆論が傾いていった。彼の外交姿勢は理性的な存在としてのメッセージであり、そのために彼は虐げられる側として映っている。ジャヤドラタやカルナ、ドゥルヨーダナの殺害といった重要な場面で、彼は実行を促す立場でもあり、行動を正当化する立場でもあった。彼はパーンダヴァに対して抑制を訴え、好機が到来するのをうかがい、必ずや来るであろう戦いに向けて必要な能力を確保すべしと説く存在でもあった。彼のメッセージは理性の声であり慎重さを求める言葉だったかもしれないが、同時に、必要な場合には行動を呼びかけるものでもあった。それは、他の者が悪戦苦闘するなかで、歩むべき道を示しているだけではない。きわめて重要なのは、彼は全面的な責任を持ってなすべきことをなしているという点にあるのだ。

『マハーバーラタ』は倫理を説く物語であると同時に、力をめぐる物語でもある。この二つの重要な要素を調和させているのは、クリシュナの選択なのである。インド人はより大きな貢献をなさんとしているが、激動する世界に向き合っていくなかで自らの伝統に依拠する必要がある。それは、今やバーラト[44]としての性格を強めているインドにおいてこそ可能になるものだ。万人の万人に対する闘争が展開される世界で選択をなしていくなかで、今こそわれわれは独自の回答を示すべき段階に入っている。倫理的な大国であることは、「インドならではの手法《インディア・ウェイ》」の一つの側面にほかならない。

第4章

インドのドグマ——歴史由来の躊躇をいかに乗り越えるか

「歴史とは、過去の出来事について人びとが合意することにした内容を指す」

――ナポレオン・ボナパルト

アルバート・アインシュタインは相対性理論でもっともよく知られている。もし彼が政治学の道を歩んでいたら、「狂気」に関する理論でいとも簡単に有名な存在になっていたことだろう。この精神状態に関する彼の定義はこうだ――同じことを何度も繰り返し行い、そのたびに異なる結果を期待する、と。これがもたらす必然的帰結は、異なる状況下で同じことをやるということであり、そのたびに同じ結果を期待することになる。国際政治の中でわれわれが長年信じてきたものの多くがもはや正しくなくなっている状況においては、この認識は重要である。世界が以前と違っているのであれば、われわれが考え、議論を尽くし、状況に合わせて関与を行っていく必要がある。ただ過去の経験に頼るだけでは、未来に備えることにはならないだろう。

世界は単に以前とは異なっているだけではなく、国際秩序の構造そのものが根本的な転換を経ている。アメリカのナショナリズム、中国の台頭、イギリスのＥＵ離脱という壮大な物語、それにグローバル経済のリバランス。これらは変化の中の劇的な例として引き合いに出されることが多い。実際には、この現象はいま挙げた特徴よりもはるかに広範囲に及んでいる。ロシア、イラン、トルコといったかつての帝国が、エネルギー資源と影響力の拡大を通じて近隣地域で復活している。きわめて不安定な基準に照らしてみても、西アジア[1]は混乱のただ中にある。アジアにおけるＡＳＥＡＮの中心性は、かつてとは違ったものになっている。アフリカの人口と経済に関する動向は、この大陸をこれまで以上に重要な場所にしている。南米はふたたび主義主張をめぐる戦場と化している。

しかし、われわれは地域やオーソドックスな政策にとどまらないテーマについても議論をしている。力を規定し、国の地位を決定づける要素は、もはや以前と同じではない。テクノロジー、コネクティビティ、貿易が新たな議論の核心に位置するようになっている。制約が高まり相互に依存する世界においては、競争は必然的に知的なかたちで追求されねばならない。多国間協調主義が弱まっているなかで、グローバル・コモンズ(2)をめぐる論争も激しさを増している。気候変動ですら、北極航路を可能にするなど地政学に影響を及ぼすファクターになっている。そして新型コロナウイルスによるパンデミックは、あらゆる予想を超えたワイルドカードだと言える。一言で言えば、われわれが直面する変化とは、かつてない性質のものなのだ。

今日の世界が大きく変貌したように見えるとすれば、インドの主要パートナーも同様に大きな変貌を遂げている。アメリカや中国の重要性は、過去のいかなるときよりも大きくなっている。ロシアとの関係は驚くほど強固な状態を維持しており、予想に反していると言えるかもしれない。だがそれは例外であって、すべてに通じるものではない。日本は今やわれわれの戦略のなかで重要なファクターになっている。ヨーロッパの価値の再発見も進行中で、フランスは今では重要な戦略パートナーだ。湾岸諸国との間では、きわめて効果的なかたちで関係構築が行われている。ASEANとの距離は縮まり、オーストラリアの重要性はより明確になっている。拡大近隣地域の重要性に関する意識も強いものがある。アフリカは開発援助と大使館新設の重点対象だ。また、外交活動から明確に示されているように、われわれのアウトリーチは南米・カリブ海地域から南太平洋やバルト海地域にまで及んでいる。インドに近い地域では、近隣諸国にかつてないほどの巨額の投資が行われており、その影響がいま明白になりつつある。これらを総合すると、われわれのグローバルな関与の規模と強度は、数年前にインドと接した者にとってさえ認識するのが困難に感じるほどだ。

課題や関係の変貌に伴って、議論もまた変貌を遂げていくだろう。したがってまず注意すべきは、一貫性にこだわるのをやめることだ。なぜなら、今のような変化の激しい状況のもとではほとんど意味をなさないからである。もちろん継続性が求められる分野はあるが、それを不変の概念というレベルにまで引き上げてはならない。むしろその反対に、変化を認識することによってのみ、チャンスをものにできる立場に身を置くことができる。変化するグローバルな動態のなかで国益を意識的に追求していくことは容易ではないが、それでも実現しなくてはならないものである。偏見や先入観を介入させてはならない。そしてインドの台頭にとって真の障害はもはや世界の障壁ではなく、教条主義的《ドグマ》な考えなのだ。

多様な状況に対応する能力は、いかなる国の台頭においても必須条件である。だがほとんどの改革者は、蓄積されてきた既存勢力の「知恵」、すなわち反対勢力による強硬な主張に直面することになる。インドでは、言葉と文書に対するこだわりもある。多くの場合、形式とプロセスは、結果以上に重要なものと見なされる。幸いなことに、政治に連続性がないことで、過去の慣習や凝り固まった言説に異を唱えることが今では可能になっている。いかなる政策においても、そうした作業はそれぞれの確固たる要素を考慮に入れたうえで行われている。インドのケースについて言えば、空間と選択肢の拡大に一貫して取り組むということになる。それ自体が目的というわけではなく、国内での繁栄の拡大、国境地域での安定確保、国民の保護、海外での影響力の強化を確実にすることを意図したものだ。

継続的な目標を実現するときでさえも、変化する世界においてはわれわれの国家戦略を静止状態にしたままではいられない。世界が二極体制から一極体制になり、そして今、多極体制に向かっているなかで、われわれはこの点をよく理解している。だが、戦略を変えるには、能力を向上させ、目標を高め、より大きな責任を担っていく必要がある。そして何よりも、新たな状況が招く要求に対応していかなければならない。転換のさなかにある今の世界にアプローチしていくに当たり、われわれは自分たちの推測を定期的に見直し、判断を頻繁にアップデートする必要がある。そのためには、現代史の正確な理解が不可欠だ。この作業によって、ドクトリンや概念を機械的に適用するのではなく、環境に適応していきながら必須となるものの受容を促すことができる。

現代の地政学に関して冷静な評価が下せたときには、インドは自国の利益を効果的に推進できたことを過去の例は明確に示している。この点は、試練に立ち向かう必要が生じた際には自国の過去と決別することをためらわないという点で、いっそう際立っている。一九七一年のバングラデシュ独立戦争、九二年の経済・政治改革[3]、九八年の核実験、二〇〇五年の印米原子力合意はそれを証明する実例と言える。実際、インドが自国にとって有利なかたちで決定的な転換を実現できたのは、一連の混乱を経たときだけなのだ。対照的に、環境が変わっているにもかかわらず、明らかに一貫した方針を追求することは、違う方向に事態が進むという結果をもたらすことが多い。これは一九五〇年代の中国との関係で実際に起きたことだった。中国との間には国境紛争やチベットに関する複雑な問題をめぐり政治的対立が先鋭化していったが、植民地独立後の共闘の一環として関与は続いていた。パキスタンとの関係も、同国がテロへの依存を急速に強めていったにもかかわらず、これと似たものがあった。これはある程度、リアリズムと伝統的な安全保障《ハードセキュリティ》をめぐる論争だと言える。そこで示されるのは、インドの外交政策についての感傷を排した検証の必要性だ。

インドには、一九六二年の国境紛争で中国に敗北を喫したときのような暗黒の事態があった。あるいは六五年の第二次印パ戦争[4]のように、最後の最後まで勝敗がどうなるかわからない、緊張に満ちた事態もあった。そしてインドの勝利に終わり、バングラデシュを誕生させた七一年の第三次印パ戦争のように、輝かしい成果もあった。インドの過去の歴史について、成功か失敗かに関して活発な議論をもたらす二分法は十分なほど多くある。地政学と経済学に関する九一年までの読み誤りは、その直後から実践された改革派による政策とは好対照をなしている。二〇年に及んだ核兵器をめぐる曖昧な態度は、九八年の核実験という劇的なかたちで終止符が打たれた。ムンバイ同時多発テロ[5]を受けた対応の欠如は、ウリとバーラーコート事件後の作戦とは大きく異なっていた。

個別の事件であれ潮流であれ、そこに含まれる教訓を汲み取るべく、しっかりとした検証が行われるべきである。独立以来のインドが歩んできた旅路を振り返ることで言えるのは、能力と影響力の向上があるからといって、それによって失われた機会や至らぬ点が隠されることがあってはならないということだ。選ばなかった道について考えることは、往々にして想像力を働かせる作業になることが多い。だがそれと同様に、率直な反省の表れでもある。自己の向上に真摯に取り組む国であれば、この作業に尻込みしてはならない。

インドの外交政策は独立以来、いかなる進化を遂げてきたのだろうか？　このテーマについては、六つのフェーズ――それぞれがグローバルな戦略環境に異なるかたちで対応していた――に分けて考えることで適切に理解することができる。第一フェーズは一九四六年から六二年で、「楽観的非同盟時代」と特徴づけることができる。当時の環境は米ソが各陣営を率いる、きわめて明確な二極体制だった。インドが目標としたのは、経済の再建と国家の統一性の定着に取り組んでいくなかで、選択肢が狭められたり、主権が縮小されたりする事態に抗うことだった。同時に、早い段階で脱植民地化を遂げた国として、より平等な世界秩序の追求においてアジア・アフリカ諸国の先頭に立つことも目標に掲げた。これがバンドンとベオグラード[6]の取り組みの最盛期で、第三世界としての連帯がピークに達した。このときは、インド外交が朝鮮半島やベトナムからスエズやハンガリーまで、精力的に展開された時期でもあった。このときの数年間は、われわれの国際的舞台におけるポジションは確保されているかのように見えた。だが、一九六二年の中国との国境紛争は単にこれに終止符を打っただけでなく、インドの地位を明白に損なう事態をも招いたのだった。

第二フェーズは一九六二年から七一年までで、リアリズムと再生の一〇年だったと言える。インドはリソースの欠乏という課題に取り組みつつも、安全保障と政治的挑戦に対しプラグマティックな選択で臨んでいった。国家安全保障上の利益を守るべく、非同盟の枠にとどまらずに世界に目を向けていった。今ではほとんど忘れ去られているが、アメリカとの間で防衛に関する覚書を結んだのは六四年のことである。米英に代表されるカシミールに関する外からの圧力は、不安定だったこの時期に高まりを見せた。世界の状況は二極体制のままだったが、限定的ながら米ソ間の協力が芽生えたのもこの時期だった。南アジアは両国の影響力がとくに重なり合う地域になり、六六年のタシケントのときのように、インド外交は二つの超大国に向き合うことを余儀なくされた。この一〇年は、政治的混乱から経済的苦境に至るまで、国内の課題がきわめて切迫していた時期でもあった。しかし、われわれの目的という点では、プレッシャーのレベルこそ高かったものの、大きなダメージを被ることなくこの不安定な時期を乗り切ることができた。

第三フェーズは一九七一年から九一年で、インドが地域における攻勢を強めた時期だった。バングラデシュの誕生を通じて印パ間の均衡を決定的なかたちで解体したことに始まり、スリランカへの国際平和維持部隊（ＩＰＫＦ）派遣という失敗で幕を閉じた。七一年の米中和解が戦略的状況をひっくり返したように、全体的な国際環境も劇的に変わった。印ソ平和友好協力条約と国際問題に対する親ソ姿勢の採用は、この挑戦に対するインドの回答だったと言える。[8] このとき形成された米中パ連合によってインドの展望が脅かされたという点で、この時期はとくに複雑なフェーズだった。それによる長期的な影響は数多くあるが、インドの姿勢における転換は、他のファクターからもたらされた側面が大きい。緊密な協力相手だったソ連の崩壊、その影響[9]もあって生じた九一年の経済危機によって、国内についても外交についても基本方針にあらためて目を向けざるを得なくなったのである。

第四フェーズを特徴づけるのは、ソ連の解体と「一極世界」の登場だ。この状況のもとで、インドは幅広い問題についてラディカルな再検討に取り組むことになった。そして、「戦略的自律」[10]の確保に注力する方向にシフトしていった。インドは経済面で世界に門戸を開いたわけだが、その影響は新たな外交上のプライオリティとアプローチでも明白だった。「ルック・イースト」政策[11]は国際情勢に対するインドの新たなアプローチを一言で示したものだし、イスラエルに対する姿勢でも調整が行われた。

この時期にはインドによる対米関与も集中的に行われたが、それは重要な分野における権益を守りながら進められた。戦略的自律の追求は、核兵器オプションの確保において重視されたが、貿易交渉でも同様だった。二十一世紀になる頃には、インドがギアチェンジをしてより高いレベルに移っていけるだけの状況が整っていた。一九九八年以降、インドは核兵器保有を宣言し、九九年にはカールギル[12]でパキスタンによる軍事的冒険主義を撃退し、世界から注目を集めるのに十分な経済成長を創出し、アジアの開発とイスラム原理主義がもたらす影響に注力していた当時のアメリカとの関係を適切にマネージしていった。

この競争性の高い環境によってインドにとって新たなチャンスの扉が開かれたが、アメリカがそれまでと同レベルの一極体制の維持は困難と認識するようになったことがとくに影響した。その結果、インドはさまざまな課題についてさまざまな国と協働することの長所に気づくことになった。第五フェーズは、インドが次第にバランサーとしての特徴を備えていった時期である。結果をかたち作る能力が高まったことで、世界におけるインドの重要性が増大した。それは印米原子力合意や西洋との関係改善に反映されている。同時に、インドは気候変動や貿易について中国と共闘したほか、ロシアとの関係を確固たるものにし、ＢＲＩＣＳ[13]が主要なフォーラムへと発展していくなかで役割を担った。いくつかの意味で、これはインドが新たな対応をしていったことで世界が進む方向性を変えた時期が再来したと言える。

二〇一四年までに、多くの変化が重なり合ったことで状況判断に変化が生じた。これが第六フェーズの始まりである。まず、中国の国力向上がさらに進み、同国が世界に対して示す関与の条件は飛躍的に厳しくなった。バランスをとる活動がもっとも効果的に表れるのは体制移行期であり、したがって新たな現実が定着していくにつれて後退していくものである。その一方で、アメリカが示す方針には不透明感が漂うようになった。アメリカのリソースの制約は、イラク戦争後のリスク回避によってさらに深刻になった。アフガニスタンからの撤退発表やアジア太平洋における熱意の低下は、目の前の課題だけにとどまらず、広い範囲にメッセージを送るものだった。ヨーロッパはと言えば、内向きの傾向を強め、政治的不可知論には代償を伴うことを受け入れようとしなかった。発言権を拡大しようとする日本の取り組みは続いたが、段階的にしか進まなかった。二〇〇八年の世界金融危機とグローバル経済のリバランスも、さまざまなかたちで実感できるほどに展開していった。世界では権力の分散が、地域レベルでは均衡化が進行するなか、多極体制が実際に到来していることは明白になった。この状況によって、限られた数の主要プレイヤーと外交を展開するのではなく、まったく異なるアプローチが求められるようになったことは疑いがない。

こうした情勢を前に、またグローバルなレジームや連合を評価するに当たり、インドはよりエネルギッシュな外交を推進していくことを選択した。そこで意識したのは、われわれは利益が一致する点での協力とイシューごとの対応を基本とする世界に入りつつあるという点だ。これとともに、自国の能力をより強く意識するようにもなった。その結果明らかになったのは、他国の限界だけではなく、世界がインドに対して抱く期待でもあった。世界の中で主要な経済大国の一つとして台頭したという事実のことであり、それがもっとも重要なファクターであることは認めざるを得ない。世界のテクノロジー分野においてわが国の人材が占める重要性はもう一つのファクターであり、これは今後も拡大していく見通しである。世界が消極的になっているなかで大きな責任を担おうとするインドの姿勢も明白になっている。同様に重要なのは、主要な国際交渉を進展させようとする積極性であり、気候変動に関するパリ協定はその一例と言える。南半球の国々との間で開発パートナーシップに多大なリソースを投入していることも特筆に値する。そしてとりわけ、インド自身の地域と拡大近隣地域に対するアプローチの仕方は幅広い共感を得ている。

六つのフェーズそれぞれに、よい時期とそうでない時期があった。一つの事態の終わりは新たな事態の始まりになりうる。一九七一年のバングラデシュ独立戦争や九八年の核実験は、ポジティブのカテゴリーに分類される。だが、ネガティブのカテゴリーに属するものは、根本的な方針転換の直接的要因になったと言えるかもしれない。六二年に生じた対中姿勢の転換はその一例である。湾岸戦争、ソ連崩壊、経済の停滞、国内の混乱といった、九一年に起きた一連の事態はもう一つの例となっている。したがって、過去に対して教条的になることは避けつつも、それに対して否定的な姿勢をとらないことが重要だ。この点を認識することは死活的な意味も持っている。というのも、われわれの政策には、継続によるしわ寄せと変化の両方が存在するからだ。概念的には、どのフェーズも過去の否定や延長というよりは、一つ前のフェーズに新しいフェーズが被さったものとして描くことが可能である。そのため、非同盟を実践し、次いで自国の戦略的利益を保護するという独立した思考は、複数の国とパートナーシップを構築することで具体化されている。

七〇年に及ぶ外交政策からは、当然ながら数多くの教訓を導き出すことができ、挑戦に満ちた未来と向き合っていくなかで、それが持つ意味はとくに大きい。教訓は、時間軸という点でも結果の内容という点でも広範囲にわたる。自国の成果を冷静に評価したときに見えてくるのは、競争相手国のなかには優れた成果を挙げたところもあるが、インド自身もそれほど悪い成果ではないという点だ。数々の試練を克服していくなかで、インドは国家としての団結と統合を強固なものにしていった。ソ連やユーゴスラビアのように多様な社会を持つ国には実現できなかったことを踏まえれば、これは当然のことではない。農業における自然への依存は弱まったものの、工業生産能力のある現代的な経済が時とともに形成されていった。防衛態勢は改善されたし、外交における主要な成果の一つは、防衛装備品やテクノロジーに関する複数の供給元へのアクセスを可能にしたことだった。

しかしながら、独立から七〇年を経ながらも、わが国の国境の多くが未画定のままという事実がある。経済面では、自らの過去と指標を比べてみた場合、現在のインドの状況は良好に見える。中国や東南アジアと比べてみても、若干劣るという程度だ。したがって、真に重要なのは、自国の現状について冷徹な認識を持つことである。その認識をかたち作っていくなかで評価は有用ではあるが、公正な立場で言うならば、時代ごとの文脈の中で行っていく必要がある。

明確な独立性がわが国の政策展開に通底する要素であることを踏まえれば、そもそも非同盟とは何だったのかについて現代的な理解を試みるところから始めるのは、有用かもしれない。一九六二年の印中国境紛争まで、インドの取り組みは、冷戦によってもたらされた二大陣営の双方から最大の利益を引き出すことだった。西側から経済や食糧支援を獲得するのに成功する一方で、同時にソ連陣営からは工業化のための連携を求めていった。安全保障上の理由により、インドは両陣営に接触して一定の成功を収め、ソ連から十分な支援を獲得していった。

手段は異なるものの、中国も同様のアプローチをとったが、野望は大きい一方で一貫性を欠いていた。実際のところ、あるものの着実さは、別のものの破壊性と対照的な関係にある。他国のアプローチを取り入れることができたか否かは議論の余地があるが、おそらくそれは国としての性格が表れるものなのだろう。インドにとって中道路線は単に政策上の選択肢というだけでなく、相反する構造的要因を反映するものでもある。西洋との間では、インドは植民地独立後の経済、社会、政治的つながりからなる幅広いネットワークの中にいた。だが、冷戦の圧力によって、過度に接近することはなかった。ソ連との間では、計画経済モデルと工業化の希求は熱意を生み出したが、それは多元主義的な政治思想とバランスをとってのことだった。インドが国家統合の強化という任務に取り組むなかで、東西両陣営はさまざまな場面でインドの利益に役立つ行動を見せた。もっとも重要なのは、多数の国が自由を再度手にしつつあったときに、政治的空間の拡大に貢献してくれたことである。これにより、インドは一九五〇年代を通じてリーダーとしての立場を担い、自らの支持基盤とブランドを構築することができた。

広範な概念を政策や利益、成果に落とし込むのはいつも容易にできることではない。それは非同盟にしても例外ではない。インドによる西洋との関与はヨーロッパ偏重の度合いが強く、アメリカの優位という新たな状況への対応が十分にできていなかった。これは、パキスタンのエリートが新たな超大国との関係を徹底的に開拓していったこととは好対照をなしている。グローバルな舞台におけるアメリカとの見解の相違も同国がパキスタンへの支援を強化していくことにつながり、それによってパキスタンは一九六五年の時点で戦術的に優位な立場を獲得するまでになった。一方、インドによるソ連との政治関係の構築は、ジャンムー・カシミール情勢についての国連での支持のように、早い段階から成果をもたらした。防衛面で成果が見られるまでには時間を要した。だが、ソ連が中国との間に築いてきたイデオロギー上のつながりは緊張状態のもとでも続いており、そのため一九六二年の国境紛争では同国の役割は限定的なものにとどまった。

非同盟は興味深いかたちでインドの二国間外交と多国間外交のバランスにも影響を与えている。グローバルな注目度を高めようとする試みは、より狭い国益を犠牲にして行われることもあった。国際的影響力の向上を明らかな目的とした行動は、重大な方向転換をもたらすことになった。ネルーがパキスタンを訪問した一九六〇年[14]や対中関係が悪化した六二年に主要なプレイヤーが国連の責務に対して示したコミットメント[15]は、インドの重要性を雄弁に物語っている。もちろん、正念場だったのは六二年の国境紛争そのものだ。準備態勢と実際の行動の両方によって、パワーに関するインドの理解が不十分だったことが浮き彫りになったのである。

われわれは、印中国境紛争に至る時期に起きた出来事について、起こるべくして起こったものだと考えがちだ。実際、「裏切り」というストーリーは最高レベルでの政策の破綻に関する責任を軽減するためのものでしかない。この見方はあまりに深く根を下ろしたため、その結果生じた中国悪者論がこの時期の印中関係についての客観的分析を阻むことになってしまった。国境問題に関する主張の正当化とは別に、対中関係をめぐるインドの全体的姿勢という文脈で解決しなければならない問題がいくつかある。

インド政府のなかでは、一九五〇年の中国によるチベット進出を受けて、印中間の国境となったラインを画定するための措置を講じるべきだったか否かをめぐり、真剣な議論が行われた。これは純粋に仮説としての問題というわけではない。なぜなら、きわめて高位の政策決定者がこの点について重要な提案を行っていたからだ。サルダール・パテール[16]がネルー首相に宛てた有名な書簡があるが、これが政府内部での議論の一部をなすものだった。ところが、おそらくは直ちに摩擦が生じる事態を回避したいという思惑から、そうした関与は先延ばしにすることが決定された。このとき、中国は国際的に孤立しており、チベットに関する姿勢も一九五九年以降[17]のように強硬なものではなかった。問題そのもの以上に白日の下にさらされたのは、難しい問題について決断を先送りする傾向だ。困難な選択の回避は、核兵器保有をめぐっても見られた。これと同じ思考が、六二年の国境紛争に際して政策決定に軍の指導部が限定的にしか関与しないという事態をもたらしたのだった。その代わりに、試練の兆候が見え始めたときにわれわれがやったのは、他国に対して助言と支援を仰ぐことだった。

一九六二年からの一〇年間で、領土こそ部分的にしか取り戻すことができなかったものの、インドは着実に復活を遂げた。国内では敗北のショックを克服しようとし、支援を受ける見返りに西側に払う対価として、パキスタンに対しジャンムー・カシミールの領土を割譲せよという要求に抗った。モンスーンによる不作によって経済的困窮がもたらされたところに、継承プロセスを含む政治的な不安定[18]も加わった。国内で政治的な煽動行動がタミル・ナードゥからパンジャーブに至るまで各地で行われ、独立から間もない時期に達成された安定というメッセージが覆されてしまう結果を招いてしまった。すべてが不適切というわけではないが、われわれの国は「危険な一〇年」に突入したと見なされたものだった。世界は依然としてきわめて明確な二極体制下にあったが、米ソという二つの超大国は中国の動きを阻止するという目的を共有するようになっていた。重要なことに、インドはこの共通の取り組みにおいて鍵となる国の一つだった。インドにとって中国との国境は比較的安定していた——後者が文化大革命に没頭していたことが大きかった——が、パキスタンとの国境は危険の度合いが高まり、一九六五年の第二次印パ戦争につながった。二大超大国による共同統治《コンドミニアム》は、タシケントでインドに厳しい妥協を強いるというかたちで十分に機能した。経済的苦境がさらに悪化し、ベトナム問題をめぐりアメリカの圧力が高まった。一方で、インドはソ連がパキスタンに接近するのも目の当たりにしたが、これはソ連がインド亜大陸の現実をどうとらえているかを示すものだった。この時期は、リアリズム的な二つの際立った出来事——原因でもあり結果でもある——によって最高潮に達したのである。

一つ目はパキスタンの協力で実現した一九七一年の米中和解で、これによって世界の戦略シナリオは根本から変わった。二つ目はこの影響を直接受けた二つの国による反応で、これが具体化したのが印ソ平和友好協力条約だった。インドにとってこの条約は、非同盟と戦略的安全保障の妥協を示すものだった。これを引き起こしたファクターは当然ながらパキスタン指導部の決断で、その後、インドとの対立につながっていくことになる。国際政治が激変していた時期に、インドがこのような困難な決断をするべきだったのかと思いを巡らしたい誘惑に駆られる。この問いの答えはけっしてわからないにしても、一九七一年のバングラデシュ独立戦争での勝利は、六二年の印中国境紛争の失敗から部分的に回復したことを示すものだった。より重要なことに、パキスタンと同等視されることから脱却したことで、インドは地域主義の拡大というフェーズに入っていった。

実は、この時期は一九六二年以前の傾向とは反対で、それがために評価されるべき——もしかすると、それによってもたらされた結果以上に——なのだ。六五年の第二次印パ戦争で、戦線を当初のジャンムー・カシミールから拡大させようとしたのはその一例だ[19]。パキスタンはこのシナリオに十分な用意ができていなかった。優れた兵器を持つパキスタン軍に対して一歩も引かない姿勢を示したのはもう一つの例である。六五年も七一年も、軍は広範な裁量と大きな発言権を与えられ、いずれの機会においても望ましい結果を挙げることにつながった。この傾向は六七年にナトゥ・ラ事件[20]の対応でも見られた。七一年には、武力行使の準備における戦略構築——当時はラディカルな行動と見なされたソ連との条約締結もここに含まれる——もはるかに適切なかたちで行われた。この対照的な二つの時期から今日にとっての教訓を引き出すとしたら、それはインドの国家安全保障体制における水平統合、それに不可避の試練に対する反応を徹底的に考え抜くという点にある。

次のフェーズは一九七一年から始まり、戦場での決定的な結果が出発点だった。パキスタンの分割[21]自体が、現在に至るまでこの地域で続く絶大な影響をもたらした。意図したものではなかったが、戦争時に行われた米中による中途半端な対パキスタン支援は、インドの優位を高めただけだった。とはいえ、着実に勢力圏を広げることは力の本質であるし、この後インドがやったことはまさにそれだった。限定的ではあったが、対米関係改善の試みはあり、七三年にはヘンリー・キッシンジャーが訪印[22]した。キッシンジャー自身は、訪印が七一年の戦争後に印パ間のバランスを取り戻そうとする試みであることを十二分に理解していた。このため、七四年のインドによる核実験[23]に対するアメリカの反応は驚くほど抑制的だった。インドにとってさらに難しかったのは、七六年に中国との関係を正常化し、一五年ぶりに大使を派遣するという決断だった。いずれのケースも、自国のオプションを拡大する試みと見なすことができる。視野の拡大は、ヨーロッパで第三のオプションを構築しようとした取り組みでも確認できる。ジャギュアやミラージュ、ホヴァルツヴェルケ＝ドイツ造船（ＨＤＷ）の潜水艦の購入[24]は、ヘッジをかける行動の表れだ。八二年と八五年に行われたインド首相の訪米[25]、軽戦闘機の購入を含む防衛協力の一時的再開も、同様の取り組みを示すものと言える。中国との間では、八一年に国境問題協議が再開し、八八年には指導者レベルの協議が行われるまでになった[26]。

インドの地位向上による真のインパクトがもっとも強く感じられたのは、近隣地域だ。もっとも重要な課題はパキスタンであり、一九七二年のシムラ協議では、インドは寛大な姿勢をとることにした。ソ連からのものも含め、国際的な圧力がなかったというわけではない。パキスタン政治を好ましい方向に導きたいという当然の願望もあった。だが、手持ちのカードを踏まえると、その結果は現在の専門家から見ても驚くべきものだった。ネガティブな影響が見えてきたのは少し後だったが、それが現実のものになってからでさえも、インドによる利益の追求はそれ以前に比べ強くなった。シアチェン氷河[27]に関する毅然とした対応は、高まる懸念に対処したものだった。スリランカについては、民族紛争に関する不安をインドが保障するかたちでの解決に導こうとした。このイニシアチブがうまく進まなかったというのは別の問題で、それに取り組むこと自体が相当な自信に基づいた行動だったのである。モルディブが傭兵の襲撃を受けた際には、インドは他国と協議のうえで軍を派遣するという対応を選んだ[28]。対象が南アジアか中国かにかかわらず、インドは国家安全保障において自国の利益を守るために行動してきた。インド洋で域外国の海軍によるプレゼンスを制限するべく、外交キャンペーンを展開することもした。ここから浮かび上がってくるのは、自国の利益を守りつつ、意思疎通がとれる近隣地域の創出にも前向きな、成長途上の地域大国という全体像だ。

だからといって、この時期を通じて物事がインドの思いどおりにいったというわけではない。一九七五年八月に起きたシェイク・ムジブル・ラフマン[29]の暗殺は、七一年の成果を目に見えるかたちで無力化してしまった。冷戦下の政治ゲームがパキスタンによるイスラム諸国への働きかけと結合し、七五年の国連安保理非常任理事国選挙[30]でインドの選出を阻むという結果ももたらした。七九年の中国によるベトナム攻撃[31]はインドの対中政策の修正を一時的にストップさせ、当時進行中だった関係改善に向けた真摯な取り組みを頓挫させてしまった可能性がある。ソ連によるアフガニスタン占領は、アメリカによる新たな対パキスタン軍事支援をもたらしたという点で、より複雑な問題だった。実際、この新たな支援は広範囲なイスラム原理主義の再興を利用したものであり、とくに破滅的な意味合いを持っていた。中国が文化大革命に没頭していた時期には同国とパキスタンの連携は後退していたが、それも復活した。両国の連携は以下の三つの主要な要素からなる。七九年のカラコロム・ハイウェイ[32]開通という物理的な接続、核とミサイルに関する密接な協力、そしてアフガニスタンでの活動に関する調整だ。これらはいずれも、今日のインドにとって大きな影響をもたらしている。

これとほぼ同じ重要性を持っているのが、印中国境の東部セクター[33]に関して中国が立場を変える決定を下したことだ。パキスタンとの新たな確執にアフガン問題をめぐる西側の反発が加わった結果、カリスタン運動[34]が国外で活発化する土壌が形成されてしまった。支援の提供元という点では、インドはアフガニスタンにおけるソ連のプレゼンスという事態のために身動きがとれなくなり、八方ふさがりの状況に陥ってしまった。ソ連に対し圧力がかけられ、同時にインドに対しても同様だったなかで、両国がいっそう結びつきを強めていった。インドにとっては、グローバルな対立の効果的活用として始まったソ連との連携だったが、相応の影響を伴う手詰まりになってしまった。

一九八〇年代は六〇年代以上に多くの気づきをもたらす時期と言えるかもしれないが、それは主に、状況を転換させるような事態が起きたことによる。特筆に値するのは、国際政治の判断基準としてのアフガニスタン、海外派兵の難しさを示したスリランカ、対立する状況から利益を引き出した中国という、三つの事態だ。もっとも大きな影響をもたらしたのは、アフガニスタンのジハード勢力であることは疑いがない。今から振り返ると、インドは西側諸国がソ連にダメージを与えるため、ジハード勢力をどこまで活用するのかについて見通しを誤っていたと言える。さらに重要なのは、西側の支援がパキスタンにとって核開発を進める余地をもたらしたという点だ。インドとしては、仮に状況を正確に理解していたとしても、この問題に関しては選択の余地はほとんどなかったと言えるだろう。ただし、インドは一世代をかけてこうした事態の影響を脇に追いやってきた。今では、最初のジハードが西側諸国を悩ますようになっているという事実から、ある程度の納得感を得ることはできる。だが、この時期に被った戦略的ダメージは、強調してもしきれないほど大きいものがある。ソ連にもたらした破滅的なインパクトについて言えば、これはまさにブラック・スワンであり、当時のもっとも経験豊富なアナリストでさえも予測できなかった事態だった。

その重要性にもかかわらず注目を集めてこなかった二つ目の問題は、スリランカへの平和維持部隊派遣だ。その数年前、アメリカはレバノンでこれと似た経験をしていた。ここで問われているのは、海外に軍を派遣することの是非である。現地のインドに対する受け止め方や利益についての不十分な理解、準備不足、限定的だったインテリジェンス、反政府勢力鎮圧に関する戦術の不足のように、さまざまな要因が指摘できる。興味深いことに、同じ時期にインド軍はパンジャーブとジャンムー・カシミールの分離派との戦闘でも断固とした姿勢と決意で臨んでいる。こうした記憶が遠のき、海外派兵を求める声がその時々で再燃しているが、インドとしてはその必要性とコストを慎重に検討していくことが不可欠だ。

インドにとって中国の台頭は多くの示唆を与えてくれる。一九七〇年代後半、中国はソ連に対する共同戦線を構築すべく、活発な外交を展開していた。これは、七一年のバングラデシュ戦争でニクソン政権から強く促されたにもかかわらず、間接的であっても介入に消極的だったこととは好対照をなしている。この時期に生じた変化は、中国の戦略的空間を狭めようとしていた米ソの協調を断ち切る動きだった。この目的のため、中国はベトナムとアフガニスタンでの戦争を活用した。その結果、西側からの投資を引き込むための好ましい政治環境をつくり出すことに成功したのである。これがために、天安門事件が発生したときですら、海外にはそれがもたらしたダメージを和らげてくれる国が十分にあった。ソ連崩壊時にはもともとの戦略的目標以上のものを達成した中国はその後、方針を変え、当時圧力にさらされていたロシアと和解することにした。インド人の立場でこの時期を評価するならば、大きなリスクを取り、戦略的明確さを追求する競争相手国は、経済成長だけでなく、好ましい地政学的バランスの実現という点でも一〇年先を行くことができることを中国の事例は示していると言える。ここでも、一貫性という点については論じないでおこう。

政治的不確実性と国としての不安定さゆえに、一九六〇年代は危うい一〇年と位置づけられているが、同じことは九〇年代についても当てはまる。九一年の国際収支危機は、前の世代の政策がもたらした結果の蓄積が表面化したにすぎない。それから四半世紀後、当時の出来事に関して書かれたものは、ほとんどが国内の問題に焦点を当てている。だが、外交政策をめぐる状況もきわめて深刻で、回復の道のりを描くにはかなりの創意工夫と勇気を要した。ソ連の解体は、一九七一年、場合によっては五五年以来インド外交が依拠してきた大前提が損なわれる事態をもたらした。さらに困ったことに、新生ロシアは関心のほとんどを西側にしか向けておらず、インドとの関係は一時的に格下げになった。こうした状況のもと、インドの対応はきわめて成熟したものだった。ロシアの重要性を維持しつつ、アメリカとこれまで以上に集中的な関与を進め、同時に中国へのアプローチも進めていったのだ。この時期にインド経済の対外開放が行われたのも、こうした各国との関係構築に明確に寄与した。

この変動期においてインドのアジア諸国との関係構築にきわめて重要な役割を担ったのがＡＳＥＡＮで、それまで外交政策の頼みの綱だった存在が揺らぐなかで、新たな重点対象になった。ＡＳＥＡＮとのパートナーシップ拡大、それにインドのＡＳＥＡＮ地域フォーラム加盟[35]が持つ重要性は、当時は予見し得なかった長期的影響をもたらした。この二つによって、インドの思考が変わっただけでなく、日本や韓国との関係構築の道が拓かれることにもなった。さまざまなかたちで、政策の調整が行われたこの時期には、インドが国際政治の中で複数の軸を設定し、余裕をもって外交を展開していくための基盤が築かれていった。

このフェーズは、インド外交の前提条件が疑問視されるなかで、厳しい状況から脱却するべく出口を見出そうとする過程で展開していったと言えるかもしれない。しかし、それは次第に、戦略的自律をより強力に擁護していくことにつながった。興味深いことに、インドにとって越えてはならない一線《レッドライン》がはっきりとした――国内においてもそうなった――のは、インドが切迫した圧力にさらされているときだった。最初に圧力がかけられたのは核開発計画で、まず取り組まなくてはならない課題は、あからさまに対立することなく開発を継続することだった。包括的核実験禁止条約（ＣＴＢＴ）[36]が形成された過程によって、インドは核開発計画を実行する以外に選択の余地はないという状況へと導かれていった。

西側の要求に対し利益を守るという点では、経済や開発の分野でもよく似た課題があり、知的所有権の貿易関連の側面に関する協定（ＴＲＩＰＳ協定）[37]や京都議定書をめぐる交渉ではそれが如実に表れた。この重要な岐路でインドの脆弱性をさらに強めることになった国内問題は、ジャンムー・カシミール情勢の悪化だ。この問題を国際化しようとする試み、それにアメリカが長期にわたりとってきた姿勢を変えると脅しをかけてきたことは、相当な懸念をもたらした。だが、厳しい苦境が鮮やかな手腕で解決されたのはこの世代の指導者のおかげだ。一部のケースでは、イスラエルとの関係格上げ[38]に代表される、懸案だった政策調整が行われたことが奏功した。調整とイニシアチブを通じて、インドのポジションは一九九〇年代末に明らかに向上し、経済面でも大きな効果をもたらした。九八年の核実験と核保有宣言は、かねてからのジレンマを決定的に解決しただけでなく、のちに主要国としての特質にもなったという点で、画期的な出来事として位置づけられる。

核保有に後れを来したことで、パキスタンが追いつく状況[39]を許してしまったが、同国の政治経済両面の欠陥によって、このステップの価値は消え去ることになった。核実験から一年後に起きたカールギル紛争もパキスタンの挑戦を処理する機会となり、責任感を示しながら実際にそれを遂行した。同じ時期、インターネット経済の普及はアメリカとの新たなつながりをもたらし、インドは国際社会の中でテック大国としての地位を確立した。プーチン大統領就任[40]によってロシアの復活の展望が開けたことで、二十世紀はインドにとって今後に期待が持てるかたちで幕を閉じたのだった。

二十一世紀初めの国際的文脈は、一極体制の継続——混乱の兆しは見え始めていたが——というかたちで始まった。アメリカによるテクノロジーの独占が、新興国の着実な成長に影を投げかけた。アメリカが急速な経済成長と貿易の徹底活用に関する中国のポテンシャルを過小評価していたのは、このためかもしれない。ユーゴスラビア紛争は、西側の権威がまたもや失墜する機会になったが、彼らはすぐに自分たちに向けられるであろう長期的な脅威に無関心だった。この時期、印米関係が進展し、発展の制約になっていた問題を棚上げしようとしたことは驚くには値しない。

カールギル紛争での経験は印米間の信頼レベルを向上させ、輸出管理上の制約を前向きに解決することを目的に、「戦略的パートナーシップにおける次のステップ（ＮＳＳＰ）[41]」という、ぎこちない名称の文書が二〇〇四年に交わされた。二〇〇五年の印米原子力合意後に振り返ると、ＮＳＳＰは当初ほど大胆な内容には映らない。だが、これは原子力問題について包括的なブレークスルーを試みた重要なステップだった。この間、国際情勢ではアメリカ同時多発テロ、それにアメリカのアフガニスタンへの再関与があったことで、潮目の変化が見られた。この事態に対するインドの対応は巧みで、同情的なだけでなく理解力もあり、アメリカにとってストレスのないパートナーとして自国を打ち出していった。アメリカ国内でも、Ｈ－１Ｂプログラム[42]の結果としてインド系コミュニティが着実に拡大していき、彼らの利益がアメリカ政治で重視されるほどの力を得るに至った。テロとテクノロジーが印米関係を転換に導いた二つの要因であり、その結果、インドにとっても新たな地平が開かれることになった。いずれのケースでも、チャンスを逃さず行動に出るインド政府の巧みさは、対象そのものの価値に劣らず、認識すべき重要な点だった。

インドが対米関係で画期的なイニシアチブに着手したときでさえも、その他の重要国との関係を進展させることでバランスをとろうとした。二〇〇一年に始まり、ＢＲＩＣＳの中核としての役割も担ったロシア・インド・中国（ＲＩＣ）の枠組み[43]は、そうしたステップの一つだ。二〇〇三年に構築された印中国境問題交渉に関する特別代表メカニズム[44]も同様である。このメカニズムによる協議の結果、二〇〇五年には「国境問題に関する政治的パラメーターと指導原則に関する協定[45]」が結ばれたが、これは問題解決のための前向きな取り組みについて定めたものだった。一時期だけだったが、印中自由貿易協定について真剣な協議が行われたことすらあった。フランスはインドの核実験に対し他の安保理常任理事国より理解を示していたが、同国との関係は防衛、原子力、宇宙の三分野で急速に強化されていった。インドがさまざまな課題にさまざまな方向性を推進していくことでグローバルな課題に対する成果を挙げようとしていくなかで、こうした潮流は次の一五年でも継続していった。これは突出したアメリカの存在とそれを相殺しようとする他の大国のあいだに安定的なバランスが保たれている状況のもとで機能した。しかし、アメリカの圧倒的存在感が減退し、中国の力が急速に高まるなか、変化する国際環境のもとでこれまでの判断に基づいた実践は困難になっていった。

インドがダイナミックに動く状況の中でバランス外交を展開していたこの時期、特筆すべき展開を挙げるとすれば、それは二〇〇五年の印米原子力合意だ。それは、この合意が印米関係の発展を阻む主因を取り除き、今日の段階へと引き上げたことによる。加えて、インドに対する世界の認識をかたち作り、いま享受している高い地位の獲得にも当然ながら貢献した。一言で言えば、印米合意は原子力協力に関する制約――防衛、デュアルユース技術、宇宙協力にも影響を及ぼす――を棚上げしようとするものだった。インドが例外化されることで、インドの対米感情は大きく変わった。

アメリカ側から言うと、アジアの重要性の高まりは民主主義と市場経済を採用するインドとの関係強化における主要なファクターだった。この問題をめぐるインド国内の論争はよく知られており、アメリカに対する政治的疑念、核開発計画の持つ意味、イランとの関係に対する圧力をめぐって展開された。このイニシアチブはラディカルな性格を帯びるものだったし、協力が立法化[46]を前提としていたことによってきわめて複雑な交渉が行われることになった。それにもかかわらず、インドは望ましい成果を挙げることができた。この合意は、原子力供給国グループ（ＮＳＧ）によるインド例外扱いにも道を拓いた。この例外化は、インドを重要な分野における「異常値」と見なす認識を払拭するのに役立った。この超大国との明らかな関係改善は、当然ながら他国との関係発展の要因にもなった。成果はすぐにもたらされたのだが、それはヨーロッパ主要国とロシアがそれぞれの理由から支持を表明していたからだった。当時、中国の対印・対米関係はかなり良好で、ＮＳＧのインド例外化決定を支持するほど協力的だった。だがその数年後、国際関係の変化によって、大きく異なる結果がもたらされることになる。

印米原子力合意がバランシングによって得られる成果を明確に示したものだとすれば、その後の展開は合意がもたらした課題を明るみに出したと言える。バランシングをするには、一つの成果を別のところでも成果を挙げるために用いられるよう、主要国との関係がいずれも良好な状態に保たれている必要がある。しかしその成果が減じると、すぐさま双方にとって制約要因となってしまう。二〇〇五年には、野心的な防衛枠組み協定やオープンスカイ協定[47]、ビジネス面の積極性を通じた原子力合意実現のための地ならしが慎重に進められていった。ところが合意達成後には、原子力賠償法をめぐる問題、防衛分野に関するアメリカ側の過度な期待[48]、両国間の貿易摩擦によって、楽観主義的な空気は消え去ってしまった。オバマ政権のアフパク地域[49]に対するアプローチやインド人外交官の不当な逮捕をめぐる対立[50]も重なり、印米関係は対立一色となった。わたしは駐米大使として二〇一三年十二月に着任したが、ブレークスルーを強固なものにするというよりは、ダメージコントロールに多くの時間を割かなくてはならなかった。雰囲気が変わったのは、インドで政権交代が起きてからだった。だが、ここでの教訓は、相手国に配慮することの重要性にほかならない。それは双方に当てはまることは言うまでもない。

二〇一四年にバランシングが困難になってしまった原因は、対米感情の悪化だけではない。二〇〇八年から〇九年にかけての国際金融危機によって、きわめて深刻な構造変動が生じていたのだ。バラク・オバマの大統領就任は希望をもたらしはしたが、イラク撤退、それにアフガニスタンからも将来同様の対応をとるとしたことは、アメリカのパワーの減退を示すものだった。時の推移とともに、もはやアメリカはかつてのようにグローバルな課題に対処していく意向を持っていないことが明らかになっていった。それがもっとも如実に示された地域がアジア太平洋だ。わたしは二〇〇九年から駐中国大使を務めていたので、中国の指導部が自国の発展ペースに自信を強めているのを間近に目撃することができた。中国の指導者交代は新時代の幕開け――同国にとっても世界との関係という点でも――を示すものだった。まさにこの時期、インド自身にとっても対中関係が複雑さを増した。ホチキス止めのビザをめぐる対立、防衛交流、国境での侵入事案[51]はいずれも新たなフェーズの到来を予感させるものだった。このときは、インドの近隣地域における中国のプレゼンスがそれまで以上に鮮明になった時期でもあった。米中による「G2」の可能性をめぐる憶測が続いていたが、アメリカは提供できるものが減っていき、一方で中国は多くのものを要求するというのが現実になっていた。こうしたなか、インドでの政権交代もこの関係における新たなファクターとなった。

二〇一四年までには、グローバルな状況によってインドは自国の外交目標をそれまでとは異なったかたちで概念化する必要に迫られた。まず、国際政治を特徴づける多極化の進行と不確実性の拡大を認識するところから始めなくてはならなかった。各国は広範なアプローチをとるというよりも、限定的な問題をめぐり結集するようになっていた。かなりの部分、先入観は後退し、取引が増加するグローバルなマーケットプレイスのように国際政治は変貌を遂げた。

こうした背景のもと、インドは国際的な評価を向上させる試みを意図的に開始した。意識的に国際会議や国際交渉の方向性に影響を与え、ハイレベルの接触を意図的に増やし、連携やコネクティビティの構築に積極的な投資を行っていったのである。その主要な目標は、アジアでの地位を確固たるものにすることだった。だが、同時にインドはアジアだけにとどまらない思考を展開しようともした。アジアにおいては、当然ながらまず重視されたのは近隣地域で、二〇一四年のモディ首相就任宣誓式に各国首脳を招待するという、まさにその行動が変化のメッセージを明確に送るものだった。南アジアにおいてインドは今やポジティブな地域主義の信奉者であり、コネクティビティと開発プロジェクトへのコミットメント強化を通じてその考えを表明している。地域の辺境にはアイデンティティ・ポリティクスが深く根を下ろしていることは承知しているが、長い目で見れば、構造的リンケージによって相殺することが可能である。域内諸国の大半が民主主義であることを踏まえれば、選挙のサイクルと政治的競争による圧力もマネージしていく必要がある。

想定内のことではあるが、パキスタンは越境テロの継続という点でとりわけ重要な課題を突きつけている。コネクティビティ強化への抵抗も相まって、同国は他の南アジア諸国と認識が異なっていることは明らかだ。自信を強めたインドは、二つのかたちで大胆さを示してきた。一つはモディ首相による電撃的なラホール訪問[52]が印象づけた、パキスタンへの関与の意思だ。そしてもう一つは、必要とあらば管理ライン（ＬｏＣ[53]）や国境を越えて行われる攻撃を実施する決意である。アフガニスタンは、政治的にも心理的にもはるかに近い存在になった。チャーバハール港開発プロジェクト[54]の実施とアフガン警察に対する治安支援[55]は、こうした新たなアプローチを反映したものと言える。

拡大近隣地域に対しては、利益と成長の希求が高まっている状況を踏まえ、これまで以上に強い関心が注がれている。東南アジアについては、当初の「ルック・イースト」政策はプロジェクトの重点的実施を通じて中身を伴ったものになり、「アクト・イースト」に発展した。これは明確な決意のもとで行われているインド北東部開発と合致したものであり、バングラデシュとのアクセスおよびコネクティビティの向上とも調整が図られている。二〇一八年の共和国記念日パレード[56]にはＡＳＥＡＮ全加盟国の指導者が出席したが、これは東南アジアの安全保障面での重要性が増し、政治的位置づけが高まっていることを如実に示すものだ。これに対し、比較的限られていた湾岸諸国との関係[57]は、かつてはエネルギーとインド人コミュニティが主な要素だったが、ここでも安全保障と政治の側面が加わった。湾岸諸国内の対立や各国のイランとの問題を踏まえ、ここではとりわけ巧みな外交が要求された。

これと同じ目的意識のもと、海洋分野でも統合的なアプローチが用いられた。これは二〇一五年三月の「ＳＡＧＡＲ《サーガル》ドクトリン[58]」で詳しく示されており、インド洋島嶼国およびその他の国々と活発な協力を推進するための基盤となっている。

近年、インドは一七の国と「ホワイト・シッピング」協定[59]を結び、このうち八カ国には沿岸監視レーダーの提供を、六カ国には海軍への支援を行ったほか、海洋状況把握（ＭＤＡ）のための統合型融合センター[60]を設置した。インドは一一カ国に対し防衛分野を対象とした低利の信用枠《クレジットライン》[61]を提供したほか、これも一一カ国に研修チームを派遣し、多くの外国軍に能力構築研修を行った。インド洋の五カ国とは海洋協力を行っている。三回にわたり行われた年次人道支援・災害救援（ＨＡＤＲ）共同訓練は、過去五年で七回の本格的な作戦の実施に役立ち、カバーする範囲はフィジーからイエメン、モザンビークに及んだ。現実には、海洋政策においてもインドは限られたリソースで大きな成果を挙げられるということだ。自軍の足跡を残さない《ライト・フットプリント》方針[62]、テクノロジーの適用、パートナーシップの支持、簡素さを求める傾向といった要素が重ね合わされた。外国のパートナーとの協働は複数の効果をもたらすという点で、こうした取り組みによる全体的インパクトはきわめて大きいものがある。

アフリカも「水平線のかなたの近隣地域」として扱われるようになった。二〇一五年十月の「インド・アフリカ・フォーラム・サミット[63]」には、アフリカ五四カ国すべてというかつてない規模の参加があり、このうち四一カ国は首脳級が出席した。インド政府高官によるアフリカ訪問は急増し、開発援助や研修活動はより着実なかたちで実施されている。アフリカの一八カ国で大使館を新設するという決定は、この地域に付されているプライオリティを物語っている。ラテンアメリカ、カリブ海諸国、太平洋諸国、オセアニアへのアウトリーチ強化も今では鮮明なかたちで展開されている。インドが今後のチャンスをどこまで活用できるかは、かなりの部分、こうした幅広い関与にかかっているのだ。

他の大国と同様、インドも開発パートナーシップを外交政策における重要なツールとして活用してきた。そしてわれわれは、インドならではのユニークなスタイルで開発援助を展開している。全体で見ると、六四カ国に対して三〇〇件の信用枠を供与し、対象プロジェクトの数は五四〇件にのぼった。信用枠供与とプロジェクトの大半はアフリカへのもので、現在二〇五件の信用枠が設定され、三二一件のプロジェクトが対象となっている。加えて、インドはアジアで一八一件、ラテンアメリカおよびカリブ海諸国で三二件、中央アジアとオセアニアでそれぞれ三件のプロジェクトを実施中だ。こうしたイニシアチブはこの数年で量的な拡大を見せており、信用枠の額やプロジェクトの詳細さという面で顕著に表れている。その企画や執行も、統合されたアプローチと強力な監視によってさらに効果的になった。無償資金協力の供与対象は信用枠よりさらに広く、世界の発展途上地域のほぼすべてをカバーしている。そのなかでとくに重視しているのがアフリカで、これは共通の闘争に由来する連帯を反映したものであるとともに、アフリカの台頭が世界の多極化を促進するという戦略的側面もある。他国の例がすでに示しているように、こうした開発パートナーシップは長期にわたる関係の基礎をなしている。

インドの支援で行われているプロジェクトは、主に以下のものがある。スーダン、ルワンダ、ジンバブエ、マラウィでの電力セクター、モザンビーク、タンザニア、ギニアでの水資源、コートジボワール、ギニア、ザンビアでの保健、エチオピアとガーナでの砂糖工場、ジブチとコンゴ共和国でのセメント工場、そしてガンビアとブルンジでの政府庁舎だ。いくつかのアフリカ諸国では、インドの支援で設置された製造工場はそれぞれの分野でまったく初というケースもある。このようにインドの利益はアフリカで着実に拡大しているが、これは対象の拡大と関与の深化というかたちで示されている。アフリカの五四カ国中五一カ国でインドの支援によるプロジェクトが行われており、研修協力の対象は年間で一万人にのぼっている。アフリカでは、「eヴィディヤ・バーラティ遠隔教育」と「eアーロギャ・バーラティ遠隔保健」(64)という、二つのデジタル・イニシアチブが試験運用中だ。一連の協力そのもの以上に、インド外交のこうした側面は、グローバルな舞台で自国が進歩的な存在感を発揮しているさまを明確に示している。

過去の教訓は、五つの問題カテゴリーから汲み取ることができる。一番目は、政策においてリアリズムを拡大する必要性に関わるものだ。とくに楽観的非同盟のフェーズにおいて――その後も同様かもしれないが――は、外交面の認知度向上に注力したことで、伝統的な安全保障が突きつける厳しい現実の軽視につながることもあった。初期の段階でパキスタンの意図を見誤ったのは、経験の欠如として説明可能かもしれない。だが、それから一〇年経っても、国境の安全確保を最優先することに乗り気ではなかった。これを正当化するのは、どう見ても困難だ。一九六二年の印中国境紛争という試練が予期されていなかったわけではない。むしろ問題なのは、当時のインド外交が注力していたのは国際政治で、もっとも重視されるべき問題についてしかるべき対応をしてこなかったという点にある。国際社会におけるインドの高潔な地位が世界の激流や政治的競争から十分に身を守ってくれるという、曖昧で凝り固まった思い込みがどこかにあったのだ。このため、われわれはある程度の対価と引き換えに、結果というものは会議だけでなく、現場でも決まるものだということを知るに至ったのである。このことは、世界がより制約度の高い状況に入ったにもかかわらず、今でも重要なポイントだ。

興味深いことに、インドは必要とあらば武力行使をためらわなかった。一九四八年のハイデラバードと六一年のゴア(65)はそれを明確に示すケースであり、カシミールがパキスタンから攻撃を受けたときも同様だ。だが、慎重な国というイメージをあまりに強く構築してきたことで、われわれは自ら作り上げたストーリーに影響されることにもなってしまったのである。

このため、われわれは多くの競合国が示したような使命感をもって安全保障情勢に備えるということもめったにしてこなかった。ハードパワーに対する不快感は、軍との十分な協議の欠如として反映されており、これがもっともよく表れているのが一九六二年の印中国境紛争だ。それから半世紀を経て「国防参謀長」ポストが設置されたことは、[66]われわれがどれだけ歩みを進めてきたかを示している。安全保障面の影響を軽視した過去の判断も、検討に値する。外交の過剰な重視も、他国の行動に関する理解の欠如につながった。冷戦の現実は容赦なきパワーの行使だったにもかかわらず、インドでは論争として受け止められていた。一九五〇年代には、われわれは北方にいる百戦錬磨の敵と相対しているという現実について、ほとんど意識していなかった。パキスタン占領下のカシミールが持つ戦略的重要性についても同様だった。

国際情勢に対するこうしたアプローチは、その後もなお続いた。したがって、一九七二年のシムラ会議でも、インドはパキスタンについて楽観的な方向性に賭けることにした。だが、それによってもたらされたのは、パキスタン側の失地回復主義であり、ジャンムー・カシミールでの問題の継続でもあった。インドがパキスタンとの対話をテロの放棄とリンクさせるようになるまで非常に長い時間を要したことは、この姿勢を物語っている。この議論を誇張することはせずとも、国際関係に対してインドはより地に足の着いたアプローチをするべきということは当然指摘できるだろう。

経済についても同様の懸念があり、これが第二の問題カテゴリーを形成している。一九四五年以降の主要な成長ストーリーを一つひとつ検討すれば、国際環境を梃子《てこ》にして国を発展させていくことにとりわけ大きな注意が向けられていたという特徴が浮かび上がってくる。中国は、まずソ連と、次いでアメリカおよび西側との間でこれを実践し、絶大な成果を挙げた。アジアの「虎」も同様で、日本、アメリカ、そして今では中国を活用して自国の経済建設を進めてきた。インドも過去七〇年間にわたりさまざまな国にアプローチを試みてきたが、他国と同じように常に一つの対象に集中するというわけではなかった。とはいうものの、インドの工業化や他分野の能力向上は、外交が可能にした連携の直接的成果と言える。鉄鋼、原子力、高等教育、コンピュータはその代表例だ。これは、九一年以降の改革期において、またインド経済の重心が東にシフトしていくなかにおいても当てはまるものだった。

だが、外交、戦略、経済力の相互連結は常に自明というわけではない。安全保障の場合がそうであるように、原因と結果を分けて考えることが重要だ。経済が外交を動かすのであって、その逆ではない。一九九〇年代の改革と対外開放の拡大が数年にわたりインドに利益をもたらしたことに異論を挟む者はほとんどいないだろう。しかし、それをもとに東南アジアおよび東アジアとの自由貿易協定について考えると、その見方には疑義が生じてくる。構造的な硬直性、限られた競争力、チャンスの不十分な活用、あるいは単にアンフェアな慣行。問題の原因をどれに求めるにせよ、貿易赤字の拡大は厳然とした事実なのだ。より重要なのは、国内産業に対するネガティブな影響は否定できないという点だ。そして中国について言えば、たとえ自由貿易協定がない状態でも、当然ながらきわめて重要な貿易上の課題を突きつけている。

いかなるかたちであれ、オプションを最大化し、空間を拡大しようとする試みは複数のプレイヤーとの関与が必要になる。概念的には、この三番目の問題カテゴリーはインド外交において既知の事実と言える。というのは、インドの独立を維持するに当たっては基本的なコンセンサスがあるからだ。二極世界の最初の一〇年ではうまく立ち回ったが、どの収支でも赤字になってしまうという複合的な危険性があることにも気づいた。一九六二年にインドが目の当たりにしたように、東西両方の陣営から最大の利益を引き出すのは、言うは易く行うは難しなのだ。その後の時期では、一つの極から距離を置いても、もう一方の極によって自動的に埋め合わされはしなかった。グローバルな状況がインドに一方の側に傾くことを強いること——一九七一年がそうだ——ことがあり、それは中国でも一九五〇年と七一年に起きた。[67] 通常、国際システムからより多くのものを引き出せるかどうかは全体的な状況に左右されるものであり、ゼロサムゲームは前提にはなり得ない。事実、インドや中国のような国が一九六〇年代に直面したきわめて不快なシナリオは、超大国が共通の利益を見出すという可能性だった。それから数十年後に「G2」をめぐる議論がさまざまな方面できわめて大きな不安をかき立てたのは、このためだ。かつての非同盟や戦略的自律であれ、将来における複数国への関与であれ、ヘッジをかけることはデリケートな行為だ。だが、多極世界においてはそれから逃れるわけにはいかない。これは他国よりも先んじて行うべきゲームであり、それに当たってはある方面での成果が他のすべての方面でも成果を強めることを理解しておくべきなのだ。

経験が不足している者や時代錯誤的な思考の者にとっては、一見矛盾する複数のアプローチを追求することは不可解に見えるかもしれない。モディ首相が「ハウディ・モディ」集会[68]に参加する一方で、マーマッラプラム[69]での印中首脳会談やウラジオストクでの印露首脳会談に臨むのをどのようにとらえればよいのか？　あるいは、ＲＩＣ（ロシア・インド・中国）とＪＡＩ（日本・アメリカ・インド）の枠組みについてはどうだろうか？　さらに、「クアッド」と上海協力機構についてはどうだろうか？　対イラン関係に取り組む一方で対サウジアラビア関係も進め、対イスラエル関係に取り組む一方で対パレスチナ関係も維持することについてはどうだろうか？　これらの問いに対する回答は、定説にとらわれずに広く目を向け、見解が一致する点で協力を図っていく、現実の世界に関与していくというものだ。単なる「算数」ではなく「数学」として考える、という言い方もできる。こうした新たなかたちの国際情勢への対処は、実務者にとってもアナリストにとっても試練だが、前進するためにはマスターしなくてはならない。

リスクを取る行為は外交に本来備わっている側面であり、大半の政策判断はこの仕組みを中心に展開するものだ。これは、ヘッジをかけることに伴って当然生じるものでもある。この第四の問題カテゴリーに目を向けると、ローリスク外交は限られたリターンしかもたらさないことが多い。インドが過去にこのモードから脱却したときには、リスクを取ることで成果をもたらしたこともあれば、そうでないこともあった。われわれはすでに一九四六年には幅広いアプローチを開始し、時の推移とともにそのフレームワークを発展させていった。インドは一九六二年と七一年に圧力にさらされたとはいえ、本来しなければならない妥協をできるだけ限定し、状況が許せば元の状況の回復を試みた。発展のプロセスの中で、インドはそれまでの概念や定義を必ずしも捨て去ることなく、新たな課題に対処するなかで新たなアプローチを導入していった。結果、これらが蓄積することで、インドの影響力が拡大するなかで、中身の充実した着実かつ中道的なアプローチという印象がもたらされた。とはいうものの、グローバルなヒエラルキーを上っていくには大胆な決断――通常兵器であれ核兵器であれ、政治面であれ経済面であれ――が間違いなく必要なのも事実だった。すべてのリスクが必ずしも劇的というわけではなく、多くは自信に基づいた判断と日々の政策マネジメントにおけるしっかりとしたフォローアップが必要とされるだけだ。その全体的インパクトによって、グローバルなヒエラルキーの中でインドの地位の飛躍的な上昇という結果がもたらされる。一定程度ではあるが、これが実際にいま生じているのをわれわれは目の当たりにしている。

第五の問題カテゴリーは基本に立ち返ること、すなわち世界の趨勢を正しく判断することだ。どの国でも、外交政策はグローバルな矛盾の中で展開されている。そこには、チャンスと制約要因、リスクとリターンについての評価が反映されている。たとえ目の前の状況を正しく把握できたとしても、全体像を見誤ってしまえば高い代償を払うことになる。インド自身のケースについて言えば、ジャンムー・カシミールに関わることを国連に持ち込んだのは、英米同盟の意図と冷戦の深刻さを明らかに見誤った結果だった。その後、中ソ対立の深まりに対する当初の見通しも、予想されたタイムスケジュールどおりには展開しなかった。一九六〇年代と八〇年代、そして二〇〇一年以降でも、われわれはアメリカと中国のグローバル戦略におけるパキスタンの重要性を過小評価していた。

これは、インドが成功を手にできなかったと言おうとしているわけではない。印ソ関係およびのちの印露関係は、インドのグローバルな戦略立案の中で生まれた成果だ。一九九一年以降、対米政策における調整も成果と言える。印ソ平和友好協力条約も印米原子力合意も、国際情勢に対する全体的な判断に基づく結果なのだ。七一年の米中両国との分断を乗り越えるべく、七三年にアメリカと、七六年には中国との関係で実施された矯正措置も、これに当てはまる。国際政治の構造からもたらされたチャンスが何なのか見極めることも、リスク低減につながる。たとえば、九八年の核実験後、フランスの対応に際してこれが実践された。今日、国際政治を把握するに当たっては、米中対立、多極化の進行、多国間協調主義の後退、経済および政治における全体的なリバランス、地域大国の活動空間の拡大、そして利益が一致する点に基づいて動く世界といった要素についての適切な理解が必須だ。それぞれが、今の時代における政策イニシアチブを導くファクターである。湾岸地域へのアウトリーチであれ、インド太平洋構想の推進であれ、ヨーロッパとの精力的な関与拡大であれ、これらはいずれも全体的な再調整の側面を表すものと言える。

では、目下進行中の第六フェーズの展望はいかなるものだろうか？ 取り残されることを望まない国にとって、変化する世界は幅広い活動の余地をもたらすものと言える。まず、時代に合った思考が必要になる。次のステップは「利益」を明確に定義し、それを断固として追求していくことである。この点については、たとえば海洋の地理やＳＡＧＡＲドクトリンについての深い理解の中で見出すことができる。安全保障上の課題に直面した際、インドは新たな気概を示す対応もしている。気候変動、テロ対策、コネクティビティ、海洋安全保障についての国際的な議論をかたち作っていこうとする熱意は、すでに効果が表れつつある。イエメン、ネパール、イラク、スリランカ、モルディブ、フィジー、モザンビークで行った救援活動は、責任感だけでなくそれを実行する能力があることの表れでもあった。国際機関での選挙の実績もまた、その重要な表現方法だ。開発援助が拡大するなかで、プロジェクト執行状況の改善が伴うようになっている。近隣諸国とアフリカは、この変化が本物であることを証言してくれるだろう。インドのブランド構築は以前にも増して強力になっており、それは「国際ヨガの日」[70]や「国際太陽光同盟」[71]、より最近では「災害に強いインフラ構築のための連合」[72]を通じて行われている。

外交における過去のフェーズはどれもわかりやすい説明があるが、現在のフェーズをカテゴライズするのは容易ではない。そこでの課題の一つは、われわれは今なお大きな移行の初期段階にあるという点である。近未来の輪郭はまだはっきりとしていない。一つの解決策は、未来をインドが求めるかたちに基づいて構築していくとともに、大国として台頭するという目標を発信することだ。問題は、これを将来の目標というよりは、到達点を示すものととらえられがちなことにある。インドが非同盟から離陸するなかで、「多角連携」について語ることは意味のあることかもしれない。棄権や不関与というかつての姿勢と比べて、インドはエネルギッシュで、参加することに積極的と映っている。難しいのは日和見主義的のようにも見えてしまう点だが、インドが実際に求めているのは戦術的な利便性ではなく、戦略的な利益の一致なのだ。「インド・ファースト」の実践は、強力かつプラグマティックな政策の方向性を確保するもう一つの方法と言える。これは、自国優先的な傾向の強化を選んだ他の国と比較されることを余儀なくされる。実はインドの場合、ナショナリズムは国際主義の拡大をもたらしているのだ。「繁栄と影響力の推進」は正確な描写かもしれないが。これこそがキャッチーなフレーズというものではない。先行き不透明な世界の中で、今のインドを一言で言い表せるフレーズは今のところ見当たらないことを受け入れる必要があるかもしれない。

インドが次のレベルに移るべく態勢を整えているなかで、そうすることで貴重な時間を失ってしまったのではないか、という問いが投げかけられることがある。そうした疑念は往々にして後知恵からくるものであり、文脈から外れているものもある。とはいうものの、これらは熟考すべき問題であり、状況ではなく決断がもたらした結果について議論するのであれば、なおさらそうだ。こうした議論をするに当たり、まず対中関係から始めるのが自然だろう。たとえば、以下のような問いが考えられる。インドは一九五〇年に自分から国境問題を前面に押し出すべきだったのではなかったのか？一九六二年の国境紛争は、六〇年に周恩来が訪印した際[73]に妥協を図ることで回避できたのではないか？　対米関係では、初期の頃の文化的反発が距離感を広げることになってしまったのではないか？　経済問題については、インドもＡＳＥＡＮや中国の例に倣い、実際よりも一〇年早く自由化に踏み切るべきだったという点に関しては、コンセンサスがあるようだ。戦略的側面については、七四年に核兵器保有宣言をせず、九八年まで遅らせたのは最悪の対応だった可能性が高い。二〇〇五年の原子力合意を破綻寸前まで至らしめたときに見られたように、われわれはメディアによってがんじがらめにされているのだろうか？　パキスタンについてはよく知っているはずだが、その国との関係の対処についても多くの疑問が生じている。

これらはしっかりとした理論的状況についてのものではなく、大国として台頭するには大胆なプラグマティズムが必要であるという主張を強調するために示したものだ。これは、相違点の調和を図るのに役立つような洗練されたストーリーによってさらに強化することができる。結局のところ、われわれが主権を強調するからといって、国境を接する地域での人権状況への対応ができなくなるというわけではないのだ。インドが自国の一体性を確保し、地域の安全を促進するためにとってきたステップ——ハイデラバードであれ、ゴアであれ、スリランカであれ、モルディブであれ——によって、多国間の取り組みへの関与が低下したということもない。

より長期にわたる課題に対しては、当然ながら確立された見方がきわめて有効である。インドのケースでは、これはほとんどの場合、パキスタンに関わるものだ。思考に生じた変化は論争を巻き起こすものだし、実際に過去数年にわたりそれが起きている。現実には、本当の問題は越境テロを食い止めることになっていたにもかかわらず、焦点は主に対話に向けられるべきとする主張が広まるのを許してきた。教条的な思考のもとでは、あらゆる新しいアプローチは正当化できない逸脱と見なされてしまう。だが、過去五年間でそれまでとは異なる常識が形成され、越境テロに関する国際的な協議は真剣さを増している。この指摘の正しさを示すものとしては、ＦＡＴＦ[74]に目を向ければ十分だろう。インドがジャンムー・カシミールでの分離主義に対し毅然とした態度で闘う姿勢を強めていくなかで、問題の国際化や対パキスタン関係の「ハイフン化[75]」についての議論もある。これは過去を引きずった思考であり、インドの力、国民の雰囲気、政府の決意のいずれをも反映するものとは言えない。インドの国内事情に関する海外の無知なコメントは、国際化でも何でもない。それに、インドとパキスタンの差異――巷間言われるものも、本当にそうであるものも含め――は、いかなるハイフン化の試みをも不可能にしている。現実には、これらを恐れることは、対応をとる必要はないという主張を取り繕ったものにすぎない。意識的なものかそうでないかは別として、歴史によってとらわれたままの現状を正当化しようとするのが彼らの意図なのだ。

七〇年を経たインド外交のバランスシートは、多くの要素が入り交じった見取図を示している。いかなる評価においても、国の発展はその中心に位置づけられる。その点で目を瞠るべき進展があったことについて異を唱えるのは難しいだろうが、それで十分というわけではない。同時期に中国が達成した実績と比べてみると、インドの成果はけっして満足のいくものではない。全体像を正しく理解し、その国際環境の中で活動を行っていくことで、もっとうまくやることは可能だった。そうする代わりに、以前からの外交原則のお題目によって、外交成果の率直なレビューやタイムリーな修正を行う機運が削がれてしまった。不断の努力と議論は、向上心を持つプレイヤーとして十分なレベルで厳密に行われることもなかった。歴史がもたらす躊躇とも相まって、こうした姿勢からは検討されない方向性や実現されることのない結果がもたらされていった。

インドは今、変化の入口に立っている。自信を強めつつ、一貫しないかのように見える目標を追求し、矛盾を超越する試みがまさに進行中である。リスクを取ることなしには、目標の実現はできない。大国になることを望む国であれば、国境を未画定のままにし、地域統合を放置し、チャンスを十分に活用しない状態をいつまでも続けるわけにはいかない。何よりも、変化する国際秩序にアプローチしていくなかで、教条的であってはならないのである。来るべき世界のもとでは、新しい思考だけでなく、いずれは新しいコンセンサスも求められることになるだろう。教条的な考えを脇に置くことが、その道を歩んでいくための出発点なのである。

第5章

官僚と大衆——世論と西洋

「母なるインドは、多くの点でわれわれ全員にとっての母でもある」
——ウィル・デュラン

外交官にとってはのみ込みにくいことかもしれないが、海外のチャンスとリスクをどう評価するかということにかけては、ラッチェンスのデリー[1]よりもインドの路上のほうが鋭い直感を示すことが往々にしてある。そこでの人びとの地政学に関する理解は、フォーマルなものとは言えないだろう。だが、彼らは取引相手や渡航先の選定について、直感的に正解を知っているのである。移住先や留学先についての選択は、インド外交の政策転換よりずっと先を行っていた。アメリカ同時多発テロのような状況を一変させる事件が起きたときの対応は、それを物語っている。人びとの外国に対するクリアなイメージは、外交の複雑さをもとらえている。さまざまな意見があるかもしれないが、ロシアについてであれ、アメリカや中国、パキスタンについてであれ、インドの路上には研ぎ澄まされた直感があるのだ。

だからといって、国家統治についての慎重な議論が社会の感情よりも重要ではないと言おうとしているわけではない。だが、入手可能な情報の増大やテクノロジーの利用を可能にするツール、文化的アイデンティティが現代のナショナリズムを突き動かすという、新たな時代が到来したこともまた事実なのだ。民主化が進み、より地に足の着いた政治が前面に出されるようになったことも、このプロセスに貢献している。したがって、政策の形成や蓄積された経験の重みから、社会の要求に応えていくことに困難を感じることがある。世論の関心が高い問題についてはなおさらそうだ。今日直面している課題は、社会のダイナミズムと政策決定のメカニズムのバランスをいかに適切にとるかということになる。もはや官僚は大衆に無関心であってはならないのだ。

この二つの要素を一致させることができなければ、政治的信頼性の低下を招くのみであるが、これは非常に多くの国で見られる現象だ。インドがこのパラダイム・シフトの影響から無縁ではないことは明らかで、この言説の変化は独自の促進要因を伴いつつ、新たな時代の到来を反映するものと言える。インドのナショナリズムを政策的観点からとらえるのは複雑な任務で、それと同時に、歴史、アイデンティティ、利益、政治といった課題についての説明を行わなければならない。在外インド人の繁栄も、このマトリックスと無関係ではない。これらすべてを、中国の台頭と関連づけるのと同じように、西洋と古い秩序に関連づけることも同様の問題だと言えるだろう。

自信過剰な時代の中で非常に傲慢な主張が展開されたが、そのなかの一つに「歴史の終わり」[2]がある。この論で示された自己満足は、ヨーロッパ中心主義的かつアジアで起きていることを無視した分析という限界と対をなすものでしかない。それにもかかわらず、われわれはアメリカ主導の普遍的で揺らぐことのない、グローバル化された秩序を見ていたはずだった。しかしその後、恒常的なかたちで見えてきたのは、過去の歴史上の大国がそうであったように、アメリカによる束の間の一極体制だった。大規模な競争と政治的競合が進んだことで、世界はより自然な多様性を取り戻していった。このプロセスでわかったのは、ファッションがそうであるように、政治の世界もサイクルがあるということだった。政治的に正しく、経済的に不可避であると喧伝されたグローバリゼーションが数十年にわたり続いた後、われわれは、世界各地でナショナリズムが劇的な復活を遂げているさまを目の当たりにしている。なかにはわかりづらく、段階的なものもある一方で、予想外かつ大きなインパクトをもたらすものもある。それらはいずれも異なる性質のものであり、個々の国に限定したかたちで生じているが、それでいて文化的信条の発露の一部をなすものでもある。

二〇一八年九月に国連総会の場でドナルド・トランプがグローバリズムを拒否し、代わりに愛国主義を訴えた際、彼はよくするように、自分の主張を誇張して述べたのかもしれない。だが、そこで強調された現実を消し去ることは困難だ。世界各地の選挙結果でも確認されているように、今日の潮流からは、強い文化的アイデンティティと、よりナショナリスティックな言説が指し示されている。希望を抱くにせよ不安を抱くにせよ、われわれは「歴史の終わり」ではなく、「歴史への回帰」を目の当たりにしているのである。中国のようなケースでは、それは新たに構築した国の能力によってもたらされた結果である。だが、ロシアやトルコ、イランといった国々が、各国が置かれた状況に客観的な違いがないなかで影響力を行使してもいる。こうした状況のもとでは、ナショナリズムこそが未知の要因のように見える。こうしたグローバルな潮流は、コスモポリタニズムがアイデンティティだけでなく生計の手段すら奪ったとする国内の議論に表れている。そしてたしかに、概念としてのナショナリズムがどう受け止められているかは、その社会について多くのことを教えてくれる。

ナショナリズムを経済発展の当然の帰結と見なしていたアジアに比べ、全体的に言って西洋はこれに居心地の悪さを感じている。もちろん、これはトランプの登場によって変化が生じ始めている。だが、ナショナリズムをめぐっては、ドイツや日本が消極的な姿勢を示す一方で、ロシアやトルコはそれを誇示しており、それを示す具体的なプロセスが各国で進行している。中国はこのゲームに遅れて参戦してきたが、当初からナショナリズムを外交ツールとして活用してきた。だが、発展途上国の多く、とりわけ植民地支配から脱して独立を再獲得した国々にとって、ナショナリズムは独立の主張と同義語なのだ。楽観的かどうかは別にして、さまざまな苦境の渦中にある各国の政府は、今やその道を歩んでいる。「中国の夢」しかり、イギリスのEU離脱しかり、アメリカ第一主義しかりだ。グローバリゼーション、政府に対する信頼性、それに歴史への回帰がリンクしていることは間違いない。

このナショナリズムの復活に関する本当の真実は、実は社会を組織していくなかできわめて丈夫な基盤であり続けてきたという点だ。さまざまな時期において、対立するイデオロギー――支持の幅が広いものも狭いものも――を打ち負かしてきた。多民族からなる帝国はナショナリスティックな感情への対応に苦慮し、総じてどこも破綻した。だが、国の政府《ナショナル》と地方《サブナショナル》の間に見解の相違が生じた際は、通常前者が勝ってきた。西洋帝国主義は、次第に旧植民地で形成されつつあったナショナリスティックな感情によって解体されていった。その次にグローバルな規模で国境を越えて広がったイデオロギーは、共産主義だった。これも、社会主義が国家の特徴になっていくなかで、失敗に終わっていった。ソ連と中国の分裂、のちには中国とベトナムで生じた分裂は、ナショナリズムがしぶとく魅力を保っていることを示すものだった。

宗教に基づいた運動も、国境をまたいだ試みが展開されている。こうした運動は、パレスチナのような大義を持ち出したり、ボスニアやアフガニスタンのような個別の目的に向けた取り組みというかたちをとったりすることもある。「ダーイシュ（イスラム国）」の台頭は、このモデルの改良版と言える。高揚感と例外的な状況がもたらした結果としてのナショナリズムは、こうした宗教運動を元の場所に追いやっていくことになる。

われわれの時代のグローバリゼーションは、現代政治についての凝り固まった組織原則を超越しようという試みを示すものでもある。だが、それは深く根を張ったテクノロジー的基盤と強力な経済的利益に基づいているため、ナショナリズムとの対立は予見しうる将来において継続していくことだろう。これほど強い力を持つ二つの合理的主張の間で競争が繰り広げられるのは、不自然ではない。したがって、両者いずれについても一時的な事象としてイメージするのではなく、歴史の潮流ととらえるべきなのだ。

規模や形態はさまざまだが、ナショナリズムは自己主張的だったり受動的反応だったり、あるいは単に表現をするだけだったり、ということもある。この自信に満ちたイデオロギーには、世界の権力構造における変動がもたらす現実かつ心理的な影響が反映されている。それは中国やインドのような国々の台頭、アジアのような大陸規模での台頭、その結果生じる国際秩序のリバランスによって示されている。この点は、国際的な議論の中身からも傾向からも明らかだ。大半の重要な会議や交渉でも同じものを見て取ることができる。実際のところ、重要な世界の指導者が誰かという認識そのものに加え、G20やBRICSのような新たなフォーマットは、こうした進化を際立たせるものである。それだけにとどまらず、グローバルなアジェンダ自体が変化を経ており、以前よりも多様な利益が反映されている。気候変動に関するパリ協定のように、主要な国際交渉の結果にも、この新たな現実は反映されている。アジア・インフラ投資銀行[3]や国際太陽光同盟のような新たな組織の創設も同様である。国際通貨基金（IMF）のような機関で公平な代表権の要求や国連改革を求める継続的な圧力も、こうした主張の表れだと言える。この点において変化を求める重要な存在になるのは中国である。というのは、日本や韓国、ASEANと異なり、同国の台頭は旧来の枠組みの中には収まらないものだからだ。インドの台頭によって、変化を求めるこの圧力はよりいっそう強まっていくことだろう。インドと中国の間には数々の相違点があるが、それにもかかわらず、より現代に即した国際秩序の要求という点で、両国は同じ立場をとっている。

ナショナリズムの拡大をもたらす第二のファクターは、完全な対極にあるものだ。それは、より恵まれた立場にある国からのリバランスに対する反応である。製造業の海外へのアウトソーシングや幅広いグローバルなサプライチェーンの構築は、当然ながら西洋にインパクトをもたらした。この結果もたらされた反発は、一部の者がグローバルな貿易システムから不当に利益を得ているという見方によって、さらに厳しいものになった。移民の流入が拡大するなか、これもまた特定の収入グループに対し、力が低下したという感覚を強める結果をもたらしている。皮肉なことに、ヨーロッパでの最近の危機(4)はこうした事態によるものと言うよりは、西洋自身が責任を負うべき紛争が生み出した難民によって引き起こされたものなのだ。それはともかく、その結果もたらされたのは、やはり経済と文化にまたがるハイブリッドな保護主義であり、政治の世界でも支持を高めている。

第三のカテゴリーは、先鋭化した文化的アイデンティティ同士が世界中で相互に刺激を与えているなか、それが蓄積したことでもたらされるインパクトについてのものだ。この震源地は西アジアであり、他の地域はそれに対して徐々に反応を示していった。このプロセスの原因と影響は常に議論の対象となるが、人びとが自らをいかに規定し、他者をどう受け止めるかについて変化が生じているという事実がある。その結果、大きな意味でのアイデンティティを構成する諸概念の多くが、批判にさらされている。こうした潮流が結合していくなかで、経済、政治、文化、宗教、アイデンティティの間のバランスが阻害されてしまっている。もちろんこれは国によって状況が異なるだろうし、展開の仕方もそれぞれだろう。グローバリストとナショナリストのいずれも勝者にはなり得ないなかで、われわれは両者が不安定なかたちで共存し、均衡関係が変動していく事態を想定しておくべきである。なお、それによって生み出される世界は、対立の度合いが大きく増したものになるだろう。

ナショナリズムの高まりをもたらしたこの全体的な流れの中で、インドもまた例外ではない。一般の人びとは、国の発展と集合的な意味での将来に対して強い思いを抱いている。国民はウリやバーラーコートのような限定攻撃や国境での対峙事案に反応するだけではない。原子力供給国グループ加盟や国際機関での理事国選挙のような、専門性の高い問題についても反応を示すのだ。経済の着実な成長、それに世界に容易にアクセスできる希望に満ちた世代の登場によって、このプロセスは加速している。インドの権力構造がこの数年で拡大を遂げ、より広範な多様性をカバーし、強力な基盤を反映しているなかで、活動を展開している社会的勢力の存在もある。

感情の観点から言えば、ナショナリズムが団結心の強化に貢献しているのは間違いない。政治の観点では、地方《サブナショナル》と超国家《スープラナショナル》による挑戦の両方と闘う強い決意を象徴している。政策の観点では、国の能力と影響力をいかに最大化するかに焦点を当てている。インドの現状では、これは安全保障に特別な関わりを有している。全体としては、ナショナリスティックな外交方針は、より大きな自信と強いリアリズムのもとで世界へアプローチを試みるものになると見られる。インドの場合は、ナショナリズムの意識は「われわれvs世界」というメンタリティに転換していないことが他の多くの大国と異なる点だろう。インドには、固有の多元主義に由来する理由により、ナショナリズムをグローバルな関与と調和させるという伝統がある。被害者意識によるものではないかたちで、インドは確立されたこれまでの秩序と新たに形成される秩序の懸け橋となるポテンシャルを持っている。

ナショナリズムは政治とアイデンティティの産物だが、インドはこと辺境地域に関しては、両方の要素への対処を余儀なくされてきた。インド文明の影響力は、現在の政治的境界よりもはるかに広い範囲に及んでいることは明らかだ。だが新たなナショナリズムは、そう簡単に古いつながりに基づいて構築されるわけではない。その結果、直接の隣国や拡大近隣地域との連携は大きく損なわれてしまった。したがって、ここでの課題は分裂した地域の再建を図るとともに、その先にある地域とのつながりを再構築することになる。この二つの目標は、それに向けたプロセスがともに順調に進めば、両方が実現に近づくことになる。だが、どちらかが行き詰まることになれば、かなり厳しい状況になってしまう。

南アジアの関係では、共有された歴史と分断された社会が、当然ながらセンシティブな要素を生み出した。その結果もたらされた慎重姿勢は一目瞭然なものもあり、とくにエリート層の姿勢でそれが顕著だ。インドは各国の社会全体と理解を深めながら、この問題を解決していかなければならない。そのためには、安心を感じられるための働きかけに加え、緊密な協力に応じてくれるためのインセンティブをさらに提供していく必要がある。インドのような国は、自国の繁栄を地域全体の状況の引き上げに活用するという良識を示すべきだろう。それは、これまで以上に地域に注目するとともにリソースを割くことを意味し、「近隣第一政策」にも含められている。

どこの地域でも隣国は課題をもたらすものであり、インドも相応の事態に直面することから逃れはしない。そうした関係を着実な状態に保つため、インドは構造的な連携《インターリンケージ》の拡大にリソースを投入するべきだ。それによって、その時々でどうしても生じてしまう事態の改善を進めることができる。このことを認識したうえで、現実の問題がある場合は、それを避けないことも重要だ。寛大さと毅然とした姿勢は、相互に関連させながら示していくものだ。過去数年、インドは自国の利益を明確に規定し、自らの直感が正しいと確信した分野においては成功を収めてきた。またインドは、南アジアについて世界から見解が示されるときに、マグネットのように関心を引きつける存在にもなっている。インドへの関与をもっと深めようとしている隣国に対して、ポジティブな姿勢で応じたことも歓迎すべき展開だ。

大半の国が利益というものを狭くとらえて追求しているなかで、より広いかたちで世界を見ていることはインドの優位な点だと言える。困難な状況で前に歩んでいくことで、インドは自国の能力と自信を強調できるだけでなく、「寛大な大国」としてのユニークなブランドを構築することもできる。このイメージは、インドの思考に特有な「世界の受容」にぴったりと合致するものであると同時に、分断をつなぎ止めることができる大国としての位置づけを強めるものでもある。

このアプローチは、過去数年のなかで実践されてきた。とくにこれが示されたのは、自然災害に対応する際のイニシアチブである。そうした活動は、南アジアで危機的な状況が発生した際に真っ先に反応する国として準備をしておける態勢の構築につながった。インドはグローバル・コモンズが試練にさらされた際に、それを確実かつ着実に擁護してきた。実体としてのインドの存在は、国際法と規範に対する尊重の表明によって下支えされており、その姿勢は紛争解決において模範例となっているという点で信頼を勝ち得ている。グローバル社会に貢献するナショナリズムは、ブランド構築にとって強い力を持っているのだ。

歴史を踏まえれば、各地でのナショナリズムの台頭が世界の西洋化に影響を及ぼすことは自然なことだと言える。われわれの世界は、基本的に西洋の概念と規範による枠組みの中で動いている。少なくともアジアにおいては、経済発展と、それによってもたらされる文化面の自信とを併わせて論じることができる。他の地域は、これとはほど遠い状況にある。アジアの中ですら、その全体像はさまざまな妥協や主張があるという点で非常に混沌としている。どこまでが外から導入したもので、どこまでが自前のやり方を保持してきたものなのかという点で、インド、中国、日本を比較すると興味深い。各国とも西洋との関係を十分すぎるほど多様なかたちで描き出しているが、決定的なファクターは常にその時々の政治だった。

近代化の各段階において、こうした国々は西洋とのバランスのとり方について、繰り返し検討を行ってきた。だが、グローバルな舞台でアジアの影響力がより大きく感じられるようになるにつれて、各国は独自の主張を抑え続けるわけにはいかなくなってきた。政治面では限定的な主張しかしてこなかったのが、社会や歴史といった幅広い分野について見解を表明する方向に移りつつある。こうしたブランド構築がどこまで進展し、グローバルなレベルで共通点を見出していこうとするうえでいかなるインパクトを及ぼすかは、予想困難だ。

西洋と接していく際、中国人は自分たちの現在の立場を正当化するために、一世紀にわたる屈辱の歴史を持ち出してくることがよくある。だが、もし異議申し立てをする資格があるとすれば、それは二世紀——一世紀ではなく——にわたりヨーロッパによる蹂躙と略奪を経験したインドであるべきだろう。当時の経済大国を襲ったこの略奪は、未だ幅広く理解されているとは言えない。二〇一八年に行われた調査では、インドから流出した富は、イギリスに持ち出された分だけで、現在の価値に直すと四五兆ドルにもなると推計されている。(5)

この数字は、西洋のストーリーでは控えめにしか記されていない、組織的な略奪の規模を際立たせる効果をもたらしている。それを示す証拠は誰にとっても明らかであり、インドから直接持ち出された資産はとくにそうだ。にもかかわらず帝国主義は、イギリスによる統治はさまざまなかたちでインド人に恩恵をもたらしたという、今日ですら多くの方面で受け入れられている言説をもたらした。もちろん、実際に起こったのは、大規模な貧困、アヘン交易、奴隷化、飢饉の創出だった。この歴史の暗黒のチャプターに対する悔恨の念は、今でも限られたものでしかない。その代わりに、この時代の美化は主流のストーリーの座を今でも占めており、博物館では自分たちのものではない芸術品が誇らしげに展示され続けている。

しかし、こうした略奪行為に対する関心が高まっているにもかかわらず、インド人のあいだに怒りがほとんど見られないのは驚くべきことだ。インドを一九五〇年代から六〇年代にかけての中国や三〇年代の日本とは異なる存在にしているのは、国内で反西洋感情に基づいた大衆の動員という手段に訴えることはけっしてなかったという点である。西洋とインドの関係は総じて摩擦がなく、それでいて常に友好的というわけでもなかったという点で、特筆に値する。インドが歴史を脇に置き、政治を中心に据えると、インドと西洋の間で利益や価値観の一致が形成され始めた。結局のところ、自由で民主的な政治モデル、統治慣行の類似性、信頼度の高い市場経済、法の支配へのコミットメントといった、双方が共有する要素はたしかに数多く存在している。独立後のインドが英語圏との緊密な関係の継続を選んだことは、重要な結果をもたらすことになる政治的・文化的決断だった。その後の年月のなかで、政治、安全保障、貿易、投資、サービス、イノベーション、教育、開発援助といった分野をカバーする、非常に中身の充実した関係が構築され、とくにアメリカとイギリスの間ではこれが顕著だった。これは、幅広く行われている民間や組織間の交流にも表れている。多くの西洋諸国にいる大規模なインド系移民は、この紐帯を強固なものにした。

インドの現代史における試練の瞬間において、西洋からの経済的・軍事的支援が重要な違いをもたらした。これがとくに表れたのは、中国との国境紛争を経て、飢饉が広まっていた一九六〇年代だった。インドは西洋諸国、それにこうした諸国が支配する国際金融機関による開発援助の最大の受益国だった。インドが三〇年前に経済自由化に乗り出し、高成長に転じたときも、西洋はこの路線を支持してくれた。こうした国々は、印米原子力合意やさまざまな輸出管理レジームへの加盟に見られるように、国際システムの中でインドの政治的利益を増進することもしてくれた。テロや海上安全保障、コネクティビティといった今日の主要な国際問題については、かなりの部分で見解の一致が見られるようになっている。とくにアメリカ同時多発テロ以降、この関係は世界情勢の中でますます実感されるようになっている。

欧州連合（ＥＵ）、イギリス、アメリカは、最大の経済パートナーに含まれるとともに、インドの現代化に必要な資本、テクノロジー、ベストプラクティスの提供元でもある。関係の成熟化は双方向の流れにも反映されており、インド企業が西洋諸国で重要な外国投資家として注目されるようになっている。こうした関係では、政治的側面も歩調をそろえて進展している。とくに印米関係が近年花開く一方で、戦略問題でヨーロッパが長年体現してきた「第三のオプション」の重要性も増している。こうした展開が蓄積したことで、今日ではインドと西洋の間で高いレベルの快適な関係が形成されている。

現在の到達点は歓迎しつつも、われわれと西洋の関係が常にこのような状態であったわけではないことも理解する必要がある。その実態について述べるなら、インドの影響力を大きく低下せしめたインド亜大陸(6)の分割から話を始めるべきだろう。インドとパキスタンの人為的な誕生は意図的にもたらされたものであり、一九七一年になってようやく断ち切ることができた。インド社会に政治的な亀裂を走らせることで利益を得ようとする試みも長年にわたり存在した。こうした姿勢は、民主主義の自由を理由に挙げて分離派の活動に対しても及んでおり、厄介な問題になっている。

数年前まで、インドの近隣地域における西洋諸国の関与は、インドから距離を置こうとする政治勢力との関係構築であることが多かった。インドの民主的価値が今では称賛の的になっていることを考えると、これもまた、必ずしも事実というわけではなかった。その反対に、過去、インド亜大陸の軍事政権は効率性の例として支持を受けてきた。全体的なアプローチは、インドとの関係を継続しつつ、同時に監視も怠らないというものだった。不安定ないし弱体化したインドは、強力で支配的なインドと同じくらい望ましいものではなかった。本質的には、これはインドというお粥に対するゴルディロックス的アプローチ、[7]つまり熱すぎず冷たすぎず、絶妙な状態にしておくために注意を払う、ということを意味した。そしてこれこそが、大半の西洋諸国の外務省が遂行したインド政策だったのだ。したがって、インドが一九六二年の国境紛争後に意気消沈していたときには支援の手を差し伸べ、七一年のバングラデシュ誕生後に自己主張を強めたときには押さえつけにかかるというパラドックスが存在する。この二つの間にあるフェーズは、堅実な関与をしていくが、注意深く行っていくというものだった。工業化、防衛・核・宇宙分野の能力構築、国際的影響力の確保に対するインドの希求は、発展に対する広範な支持があったときですら、慎重にしか対応してもらえなかった。

こうした対応の多くが、インドは非同盟政策を遂行しており、冷戦構造において西側にはついていないという主張によって正当化された。当然ではあるが、インド側のストーリーは大きく違っており、パキスタンに対する西洋の傾斜は、インドがソ連ブロックに接近していく要因になった。だが、これはすべて大きく変貌を遂げている。そして、これによりインドの西洋諸国全体との関係、とりわけ主要国との関係も本当に変わったのである。

だが、双方で政策の継続を試みようとする、対立をはらんだ問題は依然として存在する。経済や社会に関する幅広い問題をめぐり、インドと西洋の利益は大きく分かれている。その多くには、何百万ものの人びとの幸福が左右される政策も含まれている。また、インドは平等や公平性が関わってくるときには、開発途上国全体の代弁者たらんとしている。こうした西洋との相違は、貿易、気候変動、知的財産に関する姿勢に反映されている。双方が自国に有利なかたちで問題の位置づけやプライオリティの設定を試みるなかで、見解の対立は続いていくだろう。インドは台頭著しいときにおいても、グローバル・サウスに強い支持基盤を置いており、関係を育んでいく必要がある。西洋が期待する以上に、インドは「南」と「西」にまたがる大国としての性格を強めていくことになりそうだ。

安全保障と政治の世界において、インドは西洋によるイニシアチブから派生するダメージを被ることがある。その典型例は、一九八〇年代のアフガニスタンでのジハードであり、これによってジャンムー・カシミールでのテロが激化する結果がもたらされた[8]。アフガニスタンと西アジアの発展は、今日でも懸念材料のままだ。到達すべき地点が異なる場合、問題への認識やプライオリティも大きく変わってくる。核拡散の問題について言えば、米欧はイランと北朝鮮に注目するが、これはパキスタンとA・Q・カーンによるネットワーク[9]の信じられない作り話を見て見ぬふりをしているのとは対照的だ。市民的自由や人権の問題をめぐっては、インドの東に位置する軍事政権——つまりミャンマーのこと——が制裁を受ける一方で、まさに同じときに西に位置する軍事政権——つまりパキスタンのこと——は同盟国として称賛された。中国の飢饉であれバングラデシュやカンボジアの大量殺害であれ、われわれの時代に起きた深刻な悲劇をめぐっては、米欧の戦略的判断が世論の怒りに勝ってきた。国連平和維持活動に兵士を派遣する国々[10]がなぜ自らの任務についてほとんど発言権がないのかについては、以前から続く慣行によって説明することができる。アイルランド沖で起きたエア・インディア機爆破事件[11]の扱いが、その四年後にロッカビーでパンナム機に起きた同様の事件と大きく異なっていたのも理由は同じだ。言論の自由の名のもとにテロの称揚に目をつぶりながら、自国の安全が脅かされる状況になると容疑者の移送を行う例[12]をわれわれは見てきた。

こうした例からインドと西洋が汲み取るべき教訓がある。世界で起きたもろもろの変化にもかかわらず、インドは西洋が依然として保持している影響力を過少評価するべきではない。西洋の側について言えば、インドは自分たちとは違った場所にあり、違った歴史を持っていることを理解すべきだ。共通の基盤は拡大していくが、それでも一定の見解の相違が残ることは不可避だろう。

今日に至るまで西洋が力を持続できた鍵は、支配的な立場にあった時代に先進的かつ強固に確立した一連の制度と慣行にある。人類の活動において、何らかのかたちでこれによって形成されたり規制されたりしていない分野は、ほぼないと言っていい。ルールは世界全体を対象としていることに加え、グローバル・コモンズに対しても設定されている。これを支えるのは西洋の利益に資するストーリーであり、その一方で競争者を減らすことも行われている。制度、レジーム、規制、合意の総体はクモの巣のようにきわめて複雑であり、代替物を作り出すのは相当に骨の折れる課題だ。とはいえ、世界におけるパワーの再配分が進行していくなかで、それが現実のものになるのは不可避だと言える。

新興勢力が従来の勢力と妥協を図らなくてはいけないとしたら、そこで問題となるのは内容や性質だけではない。より重要なのは、どの国との間でそれを行うべきかだ。中国については、米欧が関与する際のロジックは主に経済的な相互利益に基づくものである。もし両者の関係に緊張が生じているとしたら、それは互恵性に疑問符が付くようになったためだろう。しかし、インドのケースは違う。なぜなら、経済面のロジックに加えて、政治面でも重なり合っているからだ。多元主義という特徴や民主主義体制は、西洋のそれに近い。その結果、インドの経済成長と政治発展は大きな意味を持つようになっている。インドの台頭への貢献は、世界で起きている新たな戦略的バランスの形成の一部をなしうる。インドも歴史を振り返る際に想起できるよう尽力するだろうし、全体的な判断を反映して他国と連携することにした国もある。

これは単にインドの能力だけでなく、変化しつつある西洋の相対的な比重に関わるものでもある。全体としては西洋、具体的にはアメリカの優位が失われつつあるとしたら、それはイスラム教の国と中国の双方について誤算があったことによる。加えて、かねてから形成されつつあった経済、社会、人口、政治といった分野の潮流がもたらす問題もある。西洋では、社会の潮流もナショナリズムの拡大やさらなる孤立を促進する要因となっている。移民問題は、収入格差を拡大する政策とセットでとらえられることで、反グローバリゼーションの主張を激化させた。文化的なナショナリズムが急速に高まるなかで、ヨーロッパに対するイギリス、同盟のコミットメントに対するアメリカの姿勢のように、西洋では自らの状況にも目を向け始めている。

ヨーロッパとの関連では、何と言ってもユーロ圏での危機[13]以降、グローバルなプレゼンスの縮小傾向が続いている。俯瞰して言えば、ヨーロッパはアジアから政治的に撤退し、主に経済面に絞って利益を規定した。しかし、過去一〇年の変化のスピードはあまりに速く、自分たちの勢力圏ですら守勢に立たされていることに気づくまで時間はかからなかった。大西洋同盟[14]によって長期にわたりもたらされた安定にも、今では疑問符が付くようになった。したがって、われわれの前には混乱と無秩序が広がっているのである。アメリカとヨーロッパのギャップも多くの課題で明白になっているし、ヨーロッパ自体も長年にわたる域内の統合推進を経て、今では立場が分かれてしまっている。実際には、「団結した西洋世界」という考えがはたして維持可能かと問わざるを得ないところまで事態は進んでいる。この枠組みを一つにつなぎ留める接着剤の役割を担ってきたのはアメリカだった。だが、そのアメリカが内向き姿勢を強めるなかでは、剝がれ落ちてしまいかねない状況にある。このため、われわれがこれから目にするのは、西洋内部での多極化ということになるかもしれない。そのような西洋がインドに関与する、あるいはその逆の場合でも、西洋の連帯が強力だった時代とはありようが異なるものになるだろう。

インドは新興大国になるかもしれないが、そこに至るまでは明らかに長い道のりがある。だが、踏まえておくべき現代史からの教訓がある。それは、過去一五〇年できわめて優れた成果を残した成長ストーリーには、いずれも西洋の参加があったという事実だ。これは十九世紀と一九五〇年以降の日本しかり、六〇年代の韓国しかり、七〇年代のASEANしかり、八〇年代の中国しかり、その後に続いた国もしかりだ。ソ連ですら、二〇年代にはドイツが急速な工業化を進めるための重要なパートナーとして存在した。中国の場合は、二重のリスクから二重の利益を得た。最初は五〇年代にソ連と組み、その後八〇年代に西洋に切り替えたのである。西洋の側も、自らの目的があってそうしたのは言うまでもない。だが西洋のパートナーにとっては、課題はそのオプションを活用し、もたらされる結果に対処することだった。

インドが得ようとしているものは、きわめて明白だ。西洋との強力なパートナーシップは相応の政治的利益と経済的利益につながるが、いずれについても、競合する国々のなかでインドは公正な姿勢によってバランスをとる必要がある。水平線のかなたに目を向ければ、テクノロジーの応用や人的資源の最適化という観点から活用可能なチャンスもきわめて多くある。グローバリゼーションはねじれの影響で圧力にさらされているが、アップデートされたうえで再度姿を現すだろう。経済、テクノロジー、人口動態のコンビネーションによってインドと西洋の結びつきが強まることはある程度の自信を持って言うことはできるが、本当の変化は政治と価値によってもたらされるだろう。それがかなりの程度まで成功を収めるためには、インドと西洋はそれぞれの世界に対するスキームに適合していく必要がある。その出発点は、インドの成長を西洋の全体的利益の中で戦略的発展と位置づけることだ。こうした思考はアメリカと日本では受け入れられており、ヨーロッパにもさらに浸透させていく必要がある。

経済的観点からは、世界で拡大する需要と供給の源としてインドが急速に台頭することは西洋にとっても利益になり、その結果、一つの国への過度な依存を減らすことにつながる。これは、われわれがテクノロジーへの依存を強めていくなかで、とくに重要な点になるだろう。リソースとコストの最適化がビジネスの指導原則であり続けることを踏まえれば、グローバル経済の中でインドの人的資源が持つ突出した特徴は、時とともに魅力を増す一方だろう。市場経済体制と責任あるガバナンスの存在は、契約の作成や製造業においてインドを安心できるパートナーにしている。

西洋にとっては、インドの成功を実現することで、より大きな原則を証明することもできる。民主主義体制と経済の高成長は相互に排他的ではないことを示すことができるのである。インドの多宗教社会も、世界の安定にとって多大な貢献になる。実際のところ、これはインドの西方と東方からの原理主義と過激主義の拡散を食い止めるファイアウォールの役割を果たしているのだ。だが、西洋世界にとって重要性を増しつつある、行動主義的な側面もある。インド洋の海上安全保障やアジアのコネクティビティ整備といった分野において、インドの貢献は変化をもたらすことができる。人道支援・災害救援（ＨＡＤＲ）でさらなる責任を担おうとする姿勢は、過去数年ですでに明確に示されている。機微技術を扱う輸出管理レジームは、インドが参加することによっていっそう強化を図ることができる。また、インドのプレゼンスはさまざまなグローバルなイニシアチブや交渉の信頼性を高めるだけでなく、気候変動に関するパリ協定交渉のときのように、多くの場合で結果を出すことにもつながっている。力を維持するために再編が必要な西洋のシステムにとって、インドはパートナーとして最適な選択肢なのだ。

これらがすべて機能するためには、多くの重要な関係をそれぞれ自立したかたちで結集させる必要がある。そこに含まれるのは、インドとアメリカ、イギリス、ヨーロッパ、日本との関係である。アメリカについて言えば、インドは最近の年月のなかで、継続的なかたちで歴代政権と関係を強固にしてきたことは特筆すべき点だ。今後求められるのは、双方に響く共通性を見出していくことである。クリントン政権とは、多元主義とビジネスだった。ブッシュ政権との場合は、民主主義とグローバル戦略だった。オバマ政権とは、気候変動と過激派対策だった。トランプの大統領就任後は、二国間主義、貿易および安全保障上の共通利益だった。現在のアメリカ大統領が、過去の政権や長きにわたり新たなパートナーとの関係進展を阻んできた通説にさほどとらわれていないことは、インドにとってアドバンテージである。トランプの世界観では、同盟国はアメリカを落胆させ、競合国は自分たちを騙してきたととらえられている。幸いなことに、インドはそのどちらでもない。

西洋に対するインドのアプローチのなかで、その中核にあるのが印米関係であることは明らかだ。初期の段階では、全体的な政策を立案するなかでイギリスとの関係が突出して大きな位置を占めていた。その結果、分離独立後に行われた考慮の多くが外交上の姿勢に入り込むことになった。だが、時とともにアメリカとの関係が独立した基盤を形成するようになり、折しもインド自身の東方との関係拡大によって生まれた利益とも重なり合うことになった。今日においても、インドから見た西方と東方の見解の差異は明らかだ。これがどこまで縮小していくかは、西洋がインドに対してとる距離の近さを反映するものになるだろう。

アメリカとのゴルディロックス時代が終わりを告げるなか、関係拡大を図る取り組みは成果を出している。接触の幅の広さと協議における親密な雰囲気は、一五年前には想像もできないものだ。関係の強固さは、G2G（政府間）、B2B（企業間）、P2P（コンピュータ同士）、あるいはT2T（テクノロジーからテクノロジー）といった諸側面で検証することが可能だ。四〇年にわたりアメリカから防衛装備品を購入してこなかった国が、今では複数の同国製プラットフォームを運用している[15]。民間の交流はとりわけ密接で、多数のインド人留学生の存在によって支えられている。両国で互いに対する国民感情はきわめてポジティブであり、インド系アメリカ人はきわめてすばらしい懸け橋になっており、とくにアメリカ連邦議会にも影響を及ぼしている[16]。

この関係がわれわれの世代で生じた一大転換を表すストーリーであることは疑いないが、課題がないわけではない。これは国際関係にビルトインされているもので、地政学上の観点の違いから生じるものもあれば、国内の要請からもたらされるものもある。現在、最大の注意を要するのは貿易摩擦と人の移動に関する懸念だ。だが、それ以上に、この関係で継続的に存在する傾向という、より大きな問題がある。地政学であれ、共通の課題であれ、マーケットとしての魅力であれ、テクノロジー面の強みであれ、責任の分担であれ、インドはアメリカで自国が重要であるというストーリーを維持していく必要がある。また、それをその時の大統領に合わせてカスタマイズしていかなくてはならない。アメリカ政治の非継続性を踏まえ、大統領の関与は、その都度アップデートされるプライオリティと、そこから生じる課題を常に考慮に入れているという点も重要だ。

世界はたしかに大きく変わったが、経済の基礎的諸条件《ファンダメンタルズ》が完全に覆されたわけではない。アジアがめざましい台頭を遂げ、西洋が経済的にも政治的にもそれまで占めていた場所を明け渡すようになったのは、当然ながら事実である。だが、西洋――アメリカは言うに及ばず、ヨーロッパも――を軽視するのはとてつもなく愚かな行為だ。拡大するアジアのGDPがすぐに戦略的影響力に転換するという指摘は、妄想でしかない。こうした経済的決定主義は動機づけの作業としては効果的かもしれないが、政策決定のベースにはなり得ない。実態は、現時点では主要なマーケットは依然として西洋にあり、さらには成長に必要な資本も同様なのである。さらに重要なのは、リードの幅は縮まっているとはいえ、西洋はテクノロジーとイノベーションの主要な創出源であり続けているという点だ。世界の制度は西洋の歴史的慣習《モーレス》に基づいて構築されており、基準も概ねそこで形成されているのである。グローバル・コモンズは概ね西洋によって規制され、その表には出ない影響力はおそらく目に見える影響力よりもさらに強いとすら言えるかもしれない。

したがって、近い将来に西洋が没落すると宣言するのは、控えめに言っても時期尚早だ。軍事バランスは、現実をよりクリアに突きつけている。世界の国防費は西洋諸国の支出が大きな比重を占めており、アメリカの分を除外してもそれは変わらない。過去二五年で闘われた戦争について考えてみてほしい。ユーゴスラビア、アフガニスタン、イラク、リビア、それにシリアである。原因や結果が何であれ、すべてのケースで西洋は武力を行使し、著しく改良されたテクノロジーとその適用を実践し、政治圧力をかけるという明確な姿勢を実行に移してきた。米欧は依然として兵器とデュアルユース技術の主要供給源である。世界のかなりの場所で西洋のプレゼンスがあり、自分たちの利益が関わるときには真っ先に反応することが多い、そして、偶然というわけではないが、彼らはいかなる地域の交渉においても主要な仲介役となっている。

西洋との合意の達成について論じる際、インドでは困難な歴史的経緯を反映して、慎重姿勢を示す議論が出てくるのは理解できる。二〇〇三年のイラク戦争や一九七九年以降のアフガニスタン情勢といった、より近年の展開も考慮すべきファクターであり、インドの隣国での西洋の行動に関する記憶も同様に考慮を要する。だが、インドが構造的に緩やかさを増す世界で台頭していくのに際して、これは過去の問題になりつつある。こうした懸念は、インドが弱く、西洋とのギャップがはるかに大きかった時代に端を発している。国際秩序の極を担っていたのは他の国々で、われわれの任務はダメージを最小限にとどめながら関係をマネージしていくことだった。インドが非同盟路線を選択した一九五〇年代には正しかったかもしれないことが、今ではそうとは言えなくなっているかもしれない。当時からリスクは変わっていないという姿勢を維持するのは、インドが九〇年代以来成し遂げた相当な成果を無視してしまうことになる。それはまた、世界の中でインドの地位がめざましく向上したことについて過小評価することでもある。

過去において、CTBTあるいはTRIPS協定といった国の命運を左右する問題に対し、われわれは一線を画した対応をとってきた。今日、インドは必要なときには自信を持って西洋と協働する力を持つとともに、自国の利益上の要請がある場合には西洋と意見を異にする力も手にしている。アフガニスタン、イラン、ロシア、気候変動、コネクティビティ、テロ対策は、それを示す例だ。また、アフリカのような地域で必要な状況が生じた際には、自ら方針を示すことをためらいもしなかった。自国の近隣地域では、明確な姿勢を積極的に示すだけでなく、そうすることで国際社会に影響力を発揮しようとする力もある。これは時によっては居心地の悪い孤立を招くことになるが、それでも多軸化が進む世界の中で重要度を高めるパートナーであり続けている。

インド人は自信を持って将来を展望しているが、その先には克服すべき歴史という障害が控えていることを忘れるべきではない。インドは二つの世界大戦できわめて多大な貢献をなしたが、一九四五年の時点で主要国の座にあることはかなわず、それによる対価を今でも払い続けている。両大戦および戦後の平和維持活動で払った犠牲を強調することは、自国の主張をより強く押し出していく取り組みの一部である。より現実を反映した国際秩序構築の議論が高まっているにもかかわらず、既存の勢力が自らの特権をやすやすと手放しはしないであろうことは明白で、たとえその姿勢が国際システムの機能不全をもたらすとしてもその姿勢は変わらない。核不拡散条約（NPT）であれ、最近まで続いた国際司法裁判所（ICJ）の判事選出の枠[17]であれ、一九四五年に基づく慣行やレジームはネガティブなかたちでインドに影響を与えている。一九四五年体制について疑義を呈するのは重要だが、この作業は相当な繊細さをもって取り扱う必要がある。それは歴史上の結果を覆そうとする後ろ向きのステップだと見なされるのではなく、植民地支配を脱した国々にアピールできる、未来志向の観点に基づいて行われるべきだ。

インドがきわめて厳しい条件のもとに置かれながら機能する民主主義を確立したという事実は、国の性質に何らかの手がかりがあるはずだ。この多元主義が近年の政治的経験から生じたものなのか、あるいは文化に内在するものなのかは重要ではない。ルールや規範を尊重する姿勢が根づいていることを示す実績は豊富にある。もちろんこれは自己認識ではあるが、それ自体が強力な動機づけになっている。行動とメッセージの発出を通じて、インドは責任ある民主主義大国としての主張を慎重に構築してきた。未来の方向性が不確かな世界にとって、このようなインドの存在は財産にほかならないということに意義を唱える者はほとんどいないだろう。だが、インドという国の進化によって、自国の社会的特徴がいっそう際立つようになったという事実もある。インドが自国をより明確に定義しようとするなか、議論と調整の時期が来ることは不可避だ。二〇一九年、政治面で起きた展開[18]によって生じた議論は、このプロセスが容易ではないことを示している。しかし最終的には、すべてはリバランスに関わるもので、国際問題におけるナショナリズムが向かっている先もまさにそれなのだ。

現代における西洋との盟約の中核にあるのは、わが国の変化を理解してもらう必要性である。そのためには、西洋の鋳型から生み出されたエリートの妥当性はもはや失われていることを受け入れる必要がある。固定観念を超えた見方は今では広く受け入れられており、二〇二〇年のミュンヘン安全保障会議[19]が「西洋なき状態《ウエストレスネス》」に焦点を当てたのはそれを物語っている。インドについて言えば、この問題意識を最大限活用するとともに、西洋世界について微妙なところまで理解を深めていかなければならない。今やインドと西洋を結びつけるのは、慣行と文化以上に、価値観であり戦略なのだ。それがどう効果的に起きるかは、世界のあり方をかたち作っていくファクターの一つになるだろう。

第6章

ニムゾ・インディアン・ディフェンス——中国の台頭をどうマネージするか

「賢者は戦う前に勝つ。愚者は勝つために戦う」

——諸葛亮

インドと中国が協力して事に当たることができるかどうかが、「アジアの世紀」を決定づけることになる。一方で、両国の協力が困難であれば、逆にアジアの世紀が実現する可能性は低くなりうる。こうした可能性と試練のコンビネーションを踏まえると、両者の関係は疑いなく今の時代の中でもっとも重要な関係の一つだと言える。世界は中国の目を瞠るべき台頭を歓迎するだろう。だが、インドは国境を接する隣国としてこの国に相対しているという現実がある。中国は長きにわたりインドの戦略的判断のなかで重要なファクターであったが、今日ではその存在はさらに重みを増している。印中はいずれも文明を生み出した国で、近代国家になるための過程も似通っていたが、その道のりは摩擦なしにというわけにはいかなかった。中国を正しく理解することは、インドの未来にとってきわめて重要である。そして、それこそがまさに印中関係をめぐる議論を旧来の前提や型にはまったものではなく、それを超えたものにしなくてはならない理由なのだ。

歴史と地理は、印中関係に現実がもたらすさまざまな問題を突きつけている。はるか以前のことと比較的近い時代になってからのこと、近代史と現代の政治、セットでとらえられているが異なるタイプの台頭、そして来るべき将来、といった要素だ。これらが一体となって、世界が注目度を高める複雑なマトリックスが形成されている。印中関係のさまざまな側面のあいだのバランスは、その全体的な性格を決定づけていくだろう。

第一の現実は、何世紀にもわたる密接な知的、宗教的、そして商業的接触の伝統に関わるものだ。これは本物のシルクロードがあった時代の話で、相互に往来があり、多元的で、互恵的な関係があった。この往来は二大文明の中心地を結ぶ多様なルートで展開され、その推進力となったのは思想と貿易の強力なコンビネーションだった。この時代の大半において、多くの旅人を運び、ルートの各中継地に恩恵をもたらした原動力となったのは仏教だった。現在の新疆にあるクチャ（庫車）とホータン（和田）[1]は、インドから向かうときのハブで、当時の中国の中心地にかなり近い位置にあった。このルート沿いの王国の支配者はサンスクリット語の名前を持っており、インドとのつながりを示すものと言える。三世紀には、敦煌に多数のインド人家族が定住していたほどだし、ルート上に僧院があったことも特筆に値する。カシミールはもともと知の集積における中心地で、ナーランダという偉大な大学[2]の設立に道を拓いた。これが印中間の大動脈ではあったが、それがすべてではなかった。ブラマプトラ、チンドウィン、イラワジ川が作り出す渓谷は東の接続ルートだったし、探検家の張騫《ちょうけん》による記録は、四川からインドへと至る南方シルクロードの存在を証明している。トンキンを経て広東に至るという海上ルートもあり、インドの半島部と直接つながるものだった。インドの寺院が台湾の対岸にある福建沿岸という東方にまで広がっていたことは、印中の接触がいかに広範囲にわたっていたかを示すものだ。

　こうした深い文化的つながりは、敦煌の石窟や洛陽の白馬寺といった中国の主要な文化史跡にはっきりと反映されている。交流の伝統は、洛陽に仏典をもたらした迦葉摩騰《かしょうまとう》や竺法蘭《じくほうらん》のような僧侶から多くの仏典を漢訳した鳩摩羅什《くまらじゅう》や少林寺と関わりの深い菩提達磨《ぼだいだるま》まで、人的な側面にも当然ながら及んだ。法顕《ほっけん》と玄奘《げんじょう》という中国史上もっとも有名な旅人がいずれもインドを訪れたという事実は古代中国でインドが突出した位置を占めていたことを物語っている。この時代の交易は幅広い研究が行われているテーマになっており、異なるかたちではあったが当時も均衡をめぐる問題があったことは、一部の者にとって慰めになるかもしれない。六世紀にはインド音楽があまりに人気を博したことから、王朝から禁止令が一時的に出されたこともあると伝えられるほどだ。生産的な交流と互恵的な共存には長い伝統があると主張する者にとっては、こうした実績は当然自説を裏づけるものになる。だが、両国の文化が歴史の中でいかに影響を与え合ってきたかは、一般の人びとの話題からは完全に消え去ってしまった。

インド側では、中国に対する国民感情も両国のつながりに関する意識もとくに強くはなかった。いずれにしても、両国の紐帯について進んで語る者はほとんどいなかった。その一因は、他国との接触についてはほとんど記録を残していない口頭伝承にある。同時に、それは自己中心的な性格の強い社会の反映であるかもしれず、そこではインドから去っていった者に対する位置づけは低く、外から来た者についても末端にしか置かれなかった。インドのこうした対中姿勢は世界の多くの国とは対照的で、中国人には簡単に理解できないものだ。今日、インド映画の人気や観光の促進により、印中関係のこのフェーズに焦点が当てられていく可能性がある。

過去の中でも現在に近い時期では、当初は一定の期待もあった。偉大な学者であるP・C・バーグチー(*)が指摘したように、両国の国民は共通の過去をほとんど忘れてしまっていたが、第二次世界大戦の経験によって結びつきが強まったというのだ。興味深いことに、一九四九年以降の中国のエリートのほうは、こうしたインドとの関係史に精通していた。毛沢東主席自身が一九五〇年にインド大使に向かって、「現世でよき人生を送った中国人は来世はインドで転生することになる」という、人口に膾炙したことわざに言及したことは、それを物語っている。玄奘の有名な『西遊記』はもちろん、「極楽」の概念やブッダの生誕地であることは、中国社会に浸透している。同時に、インドの社会制

(*) P.C. Bagchi, *India and China: A Thousand Years of Cultural Relations* (New Delhi: Munshiram Manoharlal, 2008).

度は本質的に欠陥があり、まとまりを欠いているという説明も形成されていった。中国のナショナリスティックな感情からすると、インドは西洋の自由主義に理解を示し、対立するイデオロギーを模倣していることに無自覚でいると見なされた。

とはいえ、反植民地感情が当時の中国指導部によるインド独立に対する強力かつ一貫した支持につながったことは確かだ。それによって、中国は対英関係、とりわけウィンストン・チャーチルとの関係を悪化させてしまう事態まで引き起こしたほどだ。第二次世界大戦中にインドが担った後方基地として、またヒマラヤ山脈を挟んだ補給路としての役割[3]は、インドに対する親近感を高めることにつながった。この側面は一九四九年以降、主要な位置からは後退したものの、被害国同士の友情が生み出した別のエピソードがこの流れを引き継いだ。第二次大戦中に医療支援団を率い、そのさなかに命を落としたインド人左翼主義者のコトニス医師[4]の物語は両国で広く受け入れられている。インドの国民的詩人、ラビンドラナート・タゴールの訪問さえも、日本軍国主義への批判ゆえにポジティブな政治的象徴性を帯びることになった。実際には、当時の記録からはより複雑な受け止めが示されているとはいえ、歴史は政治によって飾り立てられることが往々にしてあるものだ。

第三世界の基盤を生み出し、バンドン会議に栄光をもたらすといった独立の名残があった時期は、このフェーズの頂点だったと言える。このストーリーが丸一〇年にわたり続いたのは、兄弟関係をアピールすることが両国にとって政治的に有利だったからだ。反帝国主義というメッセージは、西洋に対し自らの地位を強化しようとしたバンドン会議で掲げられたアジア・アフリカの連帯に合致するものだった。インド人に共産中国を実態以上に自由な視点で見てほしいと促す二国間の言説も同様だった。歴史において同じ側にあるという意識は、国際場裏での緊密な協力と、インドが西洋に対して中国を擁護する姿勢に影響を及ぼした。インドが中華人民共和国の国連代表権を一貫して支持したことは特筆に値する——ただし、その後、中国のほうはインドの安保理常任理事国入りに支持を示していないことを踏まえると、皮肉なことだが。インドは朝鮮戦争とベトナム戦争の両方で中国にとって有用な存在だった。朝鮮戦争でアメリカが参戦しようとしていたときに中国が警告を発したことがあったが、そのメッセージは北京駐在のインド大使を通じてアメリカに伝達されたのだった。日本との平和条約のような国際交渉に関するインドの姿勢は、中国を念頭に置いた判断を示すものだった。

一九五〇年代は間違いなく印中の蜜月期であり、両国の指導者が一緒になって撮影された写真はそれを明確に伝えている。もちろん、それは両国のなかで外交的により孤立していた中国のほうに、より大きな利益をもたらすものだった。全体としては、国境問題をめぐる見解の相違が拡大していたにもかかわらず、インドはこのフェーズにおいて中国を本心から信じていた。だが水面下では、両国が国民国家への移行を進めていくなかで、潜在的な対立が高まりつつあった。こうした対立は、その後の中ソ対立(5)の中で、共産主義者にしか理解できないかたちで中国指導部を突き動かす重要なファクターになっていく。このフェーズは、すべての問題が同時に行き詰まったことで幕を閉じた。

今でも政治的利益に資するポジティブな回想があるかもしれないが、それによってこの時期について定着した考えが拭い去られるものではない。中国のナショナリズムは、インドの社会には弱さをもたらす原因があるという歴史を対照させる見方をすでに作り上げている。そのうえ、民主主義には明らかに規律と団結が欠如しているという見方も今では加わっている。両国が別々に発展の道を歩むようになったなかで、こうした誇張された描写《カリカチュア》は安定的な均衡を実現するための基盤にはなり得ない。

しかし、二番目の現実のセットは、共通点を見出したいという願望が双方からあるときはいつでも呼び起こせるという点で、価値があるものだ。実際、BRICSや上海協力機構での結束は、この時期を髣髴とさせる。相互に対するあらゆる問題にもかかわらず、インドも中国も、西洋による既存の秩序に対抗するという感情を抱いていることが背景にある。印中は、活用できるときはいつでも、両国の歴史についてのこうしたポジティブなとらえ方を持ち出すことができるのだ。

今でも重要な意味を持つ歴史があるとすれば、それは近代の部分だ。そして、現実が示しているように、これは簡単に受け継げるものではない。最初の一連の関与が軍事的な安全保障と政治的競合に取って代わられるなかで、この三番目の現実のセットは印中関係の別の側面をカバーするものである。印中が独立国家となり国境を定めようとするや否や、両国が互いに折り合いをつける必要が生じたのは不可避だった。仮にこの問題がなかったとしても、妥協点を見出すのは至難の業だったことだろう。だが、国境問題が中国によるチベットへの対応や中ソ対立、国内の混乱とからみ合うなかで、状況は大きく転換することになった。

究極的には、この問題は国境問題について有利な主張をするのでも、歴史的エビデンスを持ち出すことでもなかった。さらに言えば、個別の事件もいかに深刻なものであれ、紛争の原因ではなかった。対立を招いたのはネルーに対する中国の評価などではなく、当時の政治——中国内部のもの、中印間のもの、中ソ間のもの——なのだ。ネルー自身も、中国との問題は領土以上に優位の確保をめぐるものだと率直に認めたように、部分的にせよこの点を認識していた。彼が過小評価していたのは、武力行使を躊躇しない国からの反応の激しさだったのではないか。あるいは、自由な議論が可能な社会ではまったくもって理解できない、「既成事実化」アプローチもそうだったかもしれない。

国境紛争に至ったこの時期の判断は、それ自体が一大事業と言えるほど大きな問題だ。だが、より詳細な検証が必要な側面は、一九五〇年の段階で国境交渉をしていればインドにとって有利な結果になったかという点だ。あるいは、一九五四年のチベットに関する協定[6]は、はたして計算よりも期待が上回った結果なのかという点もそうだ。いずれの分析を採用しても、六〇年前に下された決断が今でもなお影響を及ぼしていると言える。

インドの視点から言うと、この時代の政治・軍事的事態が中国に対する全体的な不信につながった。それは今でも国民の認識に色濃く影響を残しており、この国境紛争の記憶は、新たな問題が起こるたびに想起されるのである。過去二〇年でパワーの差が拡大するなか、こうした見方が印中関係にふたたび広がろうとしている。一九六二年の国境紛争がインドの世論に及ぼしたインパクトがいかに長く続いているか、おそらく中国人は認識していないのだろう。インド人の思考には、中国人がロシアやベトナムとの紛争で示したのと同じような、前に進む能力が備わっていないのだ。国境紛争の敗者はインドだけでなく、印中関係そのものだと言える。国境で新たな対峙事案が起きるたびに過去の記憶がよみがえるなか、世論の関心から消えていくべきものが、実際にはそこに残り続けているのだ。

現代における印中関係の問題のなかには、中国のチベットに対する扱いとインドの反応に対する解釈からもたらされるものもある。チベットをめぐる情勢は双方いずれも予見しなかったかたちで展開していったことを示すエビデンスがあり、パブリックドメインに属するものですらそれを証明するものがある。その後に生じた懸念が国境問題についての姿勢の硬化に影響したことは疑いがない。そのとき以来、この問題に関わる当事者たちは、彼ら自身は期待していなかったであろうが、相手の忍耐を目にしてきた。

国内政治が印中関係にもたらす複雑なインパクトは、中国側だけに限ったものでないことは明らかだ。インドでも、国民や政治家の感情が高揚するなかで、外交上のオプションに対する制約は強まりつつある。今の世代は、国民感情が紛争に至る前の段階の政策決定に与えた影響の大きさに驚くことだろう。一九六〇年に行われた周恩来首相の訪印は、それをとくによく表している。

この時期のストーリーを形成するもう一つの重要な問題は、中国の対パキスタン関係だ。この友好関係の原点はあらためて検証する価値がある。というのは、過去を理解することで、将来への洞察が得られるからだ。中パ関係についての権威と言える書(*)では、文化的な親密さや共通の価値観——通常であれば同盟の基礎になる要素——を欠いている関係がなぜ時間の試練や世界の変化を乗り越えて存続してきたのかという疑問が提起されている。その答えを考える作業には意義がある。パキスタンにとっては、インドとのパワーバランスが不利な状況を解消してくれる存在として、中国は不可欠の存在だ。これは、西洋の大国がこの目的に協力する熱意を低下させるようになって以来、より大きくなっている。逆に中国にとっては、地域大国からグローバル大国に移行するなかでパキスタンは有用な国だと言える。パキスタンの存在があることでインドを南アジアという箱に閉じ込めておけるだけでなく、イスラム圏にアクセスする際のルートとしての役割も担っているのだ。時が経つにつれて、中パ関係を現代においてさらに重要なものにする新たな要因が浮上していった。一つはアフガニスタンにおける共通の利益で、もう一つは海洋進出だ。

インドがこうした事態を発生の段階で受け止めていなかったとしたら、それはバランス・オブ・パワーの基本原則よりも「よりよき世界」という崇高な目標が優先されたためにほかならない。一九六二年のインドとの国境紛争勃発が迫るなかでさえ、中パが関係強化を図ろうとしていたことは指摘しておく価値がある。ひとたび関係強化が始まると、中パはインドがジャンムー・カシミールで不完全な対応しかできなかったことで生じた境界の共有をフル活用した。こうした関係の急速な展開を理解するものとして、インドと中国の間で初めて大規模な衝突が発生した一九五九年の時点[7]では、アユーブ・カーン大統領[8]も中国による境界侵犯の撃退について言及していた。ところが、一九六二年初めになると、中パは事実上の妥協点について協議するようになり、実際、六三年にパキスタンはインドの領土を中国に割譲したのだ[9]。当時、パキスタンは東南アジア条約機構[10]と中央条約機構[11]という、西洋主導による二つの同盟機構のゴールドカード会員だった。同国はペシャワール[12]にアメリカ軍の基地を受け入れ、西側のインテリジェンス活動にも深く関与した。中パの同盟は次第に重要な性格を帯びるストーリーと大胆な政策オプションになった。だが、六三年に起きた転換は、それ以降、中国の思考を根本から形成していくことになった。協力は密になり、六五年と七一年にインドと戦争が起きた際には、中国が支援してくれるのではないかという誤った期待をパキスタンが抱くまでになった。

中パ関係の現在のフェーズでは、先述した課題の多くがさらなる進化を遂げた。インドでは、自国が中国からどう受け止められているかをめぐる議論がずっと前から続いている。このテーマについては、パキスタンの存在が答えになっている。だが、この問題は一九八〇年代末に印中がそれまでの不和の修復に乗り出したことで重要度が低くなった。六二年に国境紛争が起きてから、大使の交換が復活するまで一四年の歳月を要した。そのとき以来、インドのラジーヴ・ガンディー首相が一九八八年に訪中するまでは、さらに一二年間待たなければならなかった。このときの焦点は関係の正常化と国境地域の安定化で、この目標は次の一〇年で概ね達成された。九三年と九六年に署名された平和と安

(＊) Andrew Small, *The China-Pakistan Axis: Asia's New Geopolitics* (London: Hurst, 2015).

寧の維持に関する協定[13]は、そうした目標を実現するうえで当然必要になる作業だった。

両国にとって、一九八八年のガンディー首相訪中に至る展開はかねてから待たれていた軌道修正だった。インドは八〇年代に対米関係を改善し、ソ連のアフガン侵攻がもたらしたネガティブな影響に懸念を抱いていた。パキスタンがアメリカとの同盟関係を復活させたこと[14]は、インドの利益にとっては大きなダメージになった。中国はアフガニスタンのジハードに密接に関わっていたが、同時にソ連がおとなしい指導部のもとで弱体化しつつあることを注視していた。この段階では、いずれの側も相手を主要な懸念とは見なしていなかったことから、二国間関係の改善は印中双方にとって利益になるものだった。経済的には、両国は同じ水準にあった――ただし中国のほうは、まだかたちにはなっていなかったものの、もともと備わっていた強みがあったのだが。政治的には、中国はもちろん大きく先行していた。一つの要因は六二年の国境紛争の結果だが、もう一つは米欧との連携が実際に効果を出すようになっていたからでもある。それでも、冷却化し対立を抱えていた両国にとっては、かなりの期待を感じさせる接近だった。その後に起きる事態からは、ここでもインド側による致命的な読み誤りがあったことが明らかにされていく。

一九六〇年代初期の事態は印中関係に地政学的性格をもたらし、それはイデオロギー面の対立によっていっそう際立ったものになった。中国は対印関係の対処に当たり、すばやくパキスタンに接触するという鮮明なリアルポリティクスをすでに展開していた。それから四半世紀後、中パ関係や米中関係が進展したのは確かだが、印ソ関係にも進展が見られた。当時の状況を概観すると、七〇年代半ばには均衡状態が形成され、それによってインドと中国のあいだで関係を進展させることが可能になった。しかし、その流れで均衡関係が定着するのを容認する代わりに、中国は異例の政策を採用した。同国が行ったのは、現代において一国が他国に与え得る「究極の贈り物[15]」と形容するのがふさわしいものだった。

この時点では、核兵器開発の支援はアメリカからイギリスへ、ソ連から中国へ（ただし途中で停止）、フランスからイスラエルへ行われただけだった。この限られた数のリストは、国際関係において、核開発支援というオプションに相応の理由が明らかに存在する場合でも、めったに行われることがないことをはっきりと示している。中国の行動のロジックは、「パキスタンとインドのハイフン化を維持する」という一九六三年に設定した目標に沿ったものだった。しかし、この行動はあまりに大きな意味を伴うため、中国の計算の中でインドがどの程度の重みを持っているのかという問いへの答えを提供するものになった。

これがインドでの政策と世論に及ぼしたインパクトはきわめて大きなものがあった。中パ間の核開発協力が始まったのが、印中が大使の交換を再開させたのと同じ時期であることは重要だ。強い立場の国は弱い側のパートナーの懸念を軽減しなくてはという衝動は、中国がパキスタンへの対応を考えていくなかで一貫して義務感として残り続けた。この提携が憂慮すべき規模になるにつれて、中国の核技術がパキスタンに移転されていったが、これは印中間の国境交渉が進展するなかでのことだった。このパターンはその後も継続し、ラジーヴ・ガンディー訪中後には、ミサイルの移転が行われた。パキスタンのために中国が自国領内で核実験をするのではないかという憶測が流れたことすらあった。こうした流れは続き、北朝鮮が三番目のプレイヤーとして加わったことは、問題のさらなる複雑化をもたらした。

過去に関わる一連の問題は、今日に至るまで印中関係が背負っている十字架だと言える。そうした問題は過去をかたち作っただけでなく、現在と未来にも影響を及ぼすファクターであり続けている。それがもたらす意味を否定しても、ほとんど役に立たない。関係を前進させることにコミットしている者であれば、こうした現実を受け入れ、より大きな目標のためにそれを通じて取り組んでいかなければならない。困難な歴史に真摯に向き合うことによってのみ、問題を真の解決に導いていくことができる。

紛争後に平和と安寧を維持することは間違いなく重要だが、印中関係の改善に伴い、国境問題はさらに大きな重要性を帯びるようになった。国境問題が全面的な関係正常化の鍵であり、世界との関係でも双方の地位を強化するためのステップだと見なされたのは理解に難くない。だが、双方はもたらされたチャンスを活かすことができなかった。アタル・ビハーリー・ヴァジペーイー外相[16]は一九七九年に真摯な努力を行ったが、中国のベトナム侵攻の影響を受け、その試みは頓挫してしまった。その後、問題解決がもたらす利益は他でもない鄧小平によってさまざまな機会で再確認されたが、確固たるかたちで実現することはなかった。しかし、インドが国内の混乱期に陥ってしまった一方、中国は近代化を加速させるとともに、一定の変化をもたらすことになる政策変更を行った。東部セクターを主要な対立点と位置づけるなかで、中国は六二年の国境紛争以前、周恩来が採用し、その後、鄧小平も踏襲した方針に回帰していったのである。それが国境交渉にもたらした影響は長期にわたった。その後、二〇〇五年に「国境問題解決のための政治的パラメーターと指導原則」が合意されはしたが、この焦点の変化は新たな難題をもたらすことになった。

冷戦の終結によって、国境問題や中パ間の核をめぐる連携はあったものの、全体的な政治環境はよい方向に変わっていった。一九九八年にインドが核実験に踏み切る決断を下したこととは別に、正常化に向けた動きは加速した。二〇〇三年に特別代表メカニズムが設置されたことは、国境問題のブレークスルーに向けた真摯な願いを示すものだった。国境交渉で一定の進展が見られ、貿易面では相当な楽観主義が広がった。中国は「戦略パートナー」[17]と位置づけられ、自由貿易協定について真剣な検討が行われるようになった。気候変動と貿易交渉のドーハ・ラウンドは、グローバルな場で共通の歩調をとる基盤となった。二〇〇六年に始まったBRICSのプロセスは非西洋の紐帯という意識を確認したもので、短い時期ではあったものの、インド外交は最大の利益を得ているように映った。

だが、この時期ですらより大きな展開がもたらす影響をうかがわせる兆候があった。一九九八年、アメリカと中国はともにインドの核実験に対し強硬に反発した。しかし、巧みなインド外交によってアメリカと交渉が行われたことで、それ以上反発が強まることはなかった。だが、二期目のクリントン政権が行ったのは、「G2」的な連携を形成して――南アジアについては顕著だった――中国の利益を推進することだった。このアプローチはオバマ政権下で復活することになったが、それは偶然ではなく、政府に同じ関係者が入ったためだった。皮肉なことに、六〇年代の中国はまさにこうした大国同士の共同統治体制にはいつも不満を表明していたのだが。

南アジアにおける中国の利益も全体としてこの時期に拡大し、ミャンマーとの関係拡大も同様だった。二〇〇八年以降の海賊対策は、インド洋での活動に着手するための絶好の理由になった。パキスタンとスリランカでの港湾建設も、こうした一連の動きの中で進められた。この時期を通じて、中国の高度経済成長によって、改革へのコミットメントが中途半端な隣国インドとのパワーの格差は拡大していった。

二〇〇九年は中国の現在の台頭にとってターニングポイントとなる年だった。世界金融危機、アメリカの政権交代、イラク戦争の影響が重なったことで、中国はもはやその輝きを隠しておく必要がなくなったのだ。二〇一二年までは、かつての習慣と経験に基づく慎重姿勢があった。わたしはまさにこのとき大使として北京に着任したので、新たに獲得した自信が熱心に表現されるのを間近に見ることができた。これは政策、明確な意思表明、政治的振り付けに明らかに表れていた。程度の違いはあれど、影響を受けない国はなかった。ASEANは南シナ海での中国の動きと、それに伴う地域機構への姿勢の変化を目の当たりにした。日本とは、領土紛争への関心が高まった。アメリカも、さまざまな安全保障および経済問題で試練にさらされた。ロシアとの均衡関係は中国側に有利なかたちにシフトし、ユーロ圏の危機は厳しいマーケットにたやすく参入することを可能にした。インドとは、この時期は多国間で協力する一方で二国間では試練にさらされた。両国は多くの国際的な場で共通の姿勢をとってはいたものの、ニュースはホチキス止めのビザや国境での侵入事案で埋め尽くされた。第一八回共産党大会により、世界の他の国と同様、インドと中国の関係も新時代に突入した。

一九七六年にインディラ・ガンディー首相によって関係が正常化された時点では、当然ながら経済的な側面はほとんど存在しなかった。一〇年後にラジーヴ・ガンディー首相が訪中したときですら、経済的な側面はきわめて限られていた。中国自身のエネルギーの大半は、資本とテクノロジーの調達先である先進国に向けられ、先進国はその見返りに市場アクセスの拡大を確保することができた。だが、中国経済が成長し、インド経済も自由化が始まるなか、貿易拡大の可能性がより積極的に活用されるようになった。それを物語るのが貿易総額で、二〇年で五〇倍に拡大した。インドの成長による需要拡大もさることながら、中国がWTOに加盟したことで大きな変化がもたらされたのは明らかだった。きわめて価格競争が激しく、プライス・ポイントに上乗せをするインド市場の性格は、中国からの輸入品に当然ながら価値を見出した。これはインフラ整備に当てはまり、魅力的な融資条件に支えられたことで、発電や通信の分野で顕著だった。

インドのシステムは、本来なら経済自由化に付随するべき必要な基準や規制の整備を行ってこなかった。そのため、国内産業の多くのセクターを空洞化させるほど中国製品が流通するようになった。残念なことに中国のほうでは、製薬やITサービスといったインドが国際的な評価を得ているセクターでも、インドにおける中国製品の流通規模のごく一部ですら実現することはなかった。その結果、中国の対印輸出額は輸入額の四倍以上にものぼった。

インドで当初、中国との貿易拡大を唱えていた声は、今では貿易不均衡に対する強い反発に取って代わられた。それはもはや政策決定者だけに限ったものではなく、業界や世論の認識をもかたち作っている。この問題には、より大きな視点での議論を狭めてしまう影響もある。したがって、この問題の意味であれ、より大きな重要性という点であれ、これは先送りできない問題なのだ。簡単に出せる答えがあるようには見えないが、だからといって望ましくない現状を正当化するものではない。インドは輸出強化とデジタル化という二つの必要性に直面しているが、これらは今後、先述した問題をいっそう突出したものにしていくだろう。

印中が経済面で連携を深めることができるか否かは、複雑な問題だ。まず、世界最大級の経済を持つ二つの国として、相互にさらにビジネスを展開させていく余地はあり、サプライチェーンを考慮に入れればとくにそうだと言える。他方で、社会経済面の基本的な構成から切り離して考えるのは容易ではない。これは、競合国を貿易の拡大やインフラやその他の分野の整備に活用することはできないというわけではない。結局のところ、中国自身も同じことを日本や西洋とのあいだでやってきた。だが、インドの規制はさほど効果的ではなく、実際には、安価な輸入品が国内産業の成長を阻んでいる。また、インドは中国のように、テクノロジーを吸収し、独自のものを生み出すスキルも持ち合わせていない。したがって、この点は予見しうる将来において厄介な問題であり続けるだろう。世界の他の国と同様、インドも過去に前例のない国家資本主義というモデルの国と折り合いをつけることに苦慮しているのだ。

一九六三年以来、中国はインド亜大陸に対するアプローチの修正を図ってきた。自国の経済力と政治的影響力が拡大するのに合わせて、インドの近隣地域におけるプレゼンスも同様に拡大していき、もろもろの影響をもたらした。自らの周辺地域での発展にきわめて敏感な国にしては、同じ状況に置かれている他の国が当然抱く懸念の解消についてはほとんど関心が示されていない。とりわけパキスタンとの関係は、いわゆる「中国パキスタン経済回廊（CPEC）」[18]の展開によって飛躍的な拡大を遂げてきた。この「回廊」なるものが明らかにインドの主権を侵害していることは、これをさらに受け入れがたいものにしている。中パ間の連携自体は今に始まったことではないが、パキスタンによるきわめて遺憾な行為を擁護することはできない。自ら犯行を認めているテロリストに対する制裁の阻止[19]が、国際社会から孤立したかたちで行われている。これは、当然ながらインドではネガティブなかたちで反響をもたらしたメッセージだ。中国はどこかの段階で、パキスタンの最悪の勢力とのこうしたつながりによって自国の評判が損なわれることを悟るのではないか。そのときまでは、おそらく影を落とし続けることになるだろう。

強国化する中国がもたらすインパクトがもっともはっきりと感じられるのは、当然だが国境を接している国になるだろう。多くのケースで、それはインドの隣国ということにもなる。印中間の均衡は二国間のみで達成されることにならないだろう。それは、より広い地域にわたってさまざまなかたちで形成されていくことになる。インドにとっては、これはコネクティビティや開発プロジェクトといった分野でのゲームの強化が必要になることを意味する。インドは地理、文化、社会面の交流といったかたちで有力なカードを手にしている。これらすべてをいかに有効活用していくかは、インドの戦略にとって真の課題になるだろう。

いかなる対応を講じるにしても、願望と能力の向上は新たな行動パターンをもたらすことが多いという認識に基づかなくてはならないのは明らかだ。したがって、インドも従来の思考形態から脱して、自国の利益を守るべく、よりクリエイティブな方法を見出すべきだ。インドが新たな地平を切り拓こうとする姿勢があるとすれば、その多くはこの認識からもたらされたものなのだ。興味深いことに、独自性に関するインドの意識は、この観点の活用と関係している。歴史から選択的に導き出された警鐘を鳴らす言葉は、不安を抱えた国の共感を得ることができるだろう。したがって、インドは自国の利益について明確な見解を持つとともに、それに沿った選択を行うことが必須になる。実のところ、中国の現代政治は非常に多くの教訓を示している。さまざまな機会で、中国は自国の台頭を推進するために、さまざまな大国と合意を達成してきた。だが、それを模倣することは、インドのような強い一貫性と慎重さを特徴とする国にとっては容易ではない。ただし、この問題は原則よりも実践が重視されるものになるかもしれない。

インドがソ連に接近した一九七一年ですら、それは米中和解という新たな地政学的変動への対応として行われたものだった。印ソ平和友好協力条約を締結することで、インドはソ連と妥協を図ったのではなく、実は行動の自由を確保したのだった。今、新たな地政学上の課題がある。それは、多極体制の登場だ。もちろん、これは一九七一年のときのような劇的な対応を要するものではないが、間違いなくインドのオプションと各種合意の拡大を促すものだ。その目的はよりよいバランスをつくり出し、利益が一致する分野で緊密に協働していくことにある。中国自身が示してきたように、他国との協働は上向きの軌道を歩んでいくなかで不可欠の要素である。自信に欠ける者だけが、その実践に疑念を示すことだろう。重要なのは、説得や圧力を受けることで自国のオプションが制限されるような事態にさせないことだ。

台頭する中国は、自国の総合的ビジョンに沿ったかたちでアジア、さらには世界さえもかたち作ろうとしている。その重要なプランの多くは単独で企画されたものだ。「一帯一路」は自国の目的に資するものであるように見えるし、意識的な連携は当然ながらそうした目標との一致を思い描く国に向けられている。問題はコネクティビティそのものではない。植民地支配を受けた歴史によってゆがめられてしまった大陸において、コネクティビティは明らかに不足している。インドは、国内はもちろん、南アジアおよび周辺の海洋、東南アジア、西アジア、さらに広い地域でさまざまなイニシアチブを支援してきた。だが、これらはいずれも広く受け入れられた商業的な原則と目標に基づいた、協議の試みにとどまっている。インドはＡＩＩＢやＢＲＩＣＳ新銀行によるコネクティビティ分野の貢献を歓迎している。中国はこの両機関において重要な役割を担っている。

規範や透明性が軽視され、それですら限られた目的のためにしか存在しない状況では、懸念が生じることになる。二〇一七年五月、インドはコネクティビティについての国際的議論をリードした。[20] インドは、コネクティビティに関するイニシアチブは、普遍的に共有されている国際的規範、よき統治《グッドガバナンス》、法の支配、開放性、透明性、平等性に基づいたものでなくてはならないと対外的に発表した。また、そうしたイニシアチブは、当事国に持続不可能な負債をもたらしかねないプロジェクトを回避するべく、財政上の責任についての原則に則ったものである必要があるとも指摘した。さらに、バランスのとれた生態系および環境の保護と保全の基準、プロジェクトのコストに関する透明性のある評価、現地のコミュニティによる資産の運営とメンテナンスに役立つ技能やテクノロジーの移転を尊重すべきであるともした。コネクティビティのプロジェクトは主権と領土の一体性を尊重するかたちで追求されなくてはならないという点をインドはとくに強調してきた。いわゆるCPECやインドの周辺地域の状況に関する懸念は、明らかにインドの姿勢をかたち作ってきた。このとき以来、コネクティビティに関する国際的議論が拡大し、その多くはインドの考えに沿ったものになっている。

次に示す印中間の現実に関する最後のセットは、きわめて重要なものになるだろう。それは、中国がまさにグローバル大国になりつつあり、同時にインドも国際情勢の中でより大きな役割に向かっているからだ。それぞれの願望と利益を調和させていくに当たっては、両国の指導部の成熟と外交におけるシステマティックなスキルが必要になるだろう。すでに確立された一連の歴史問題、とりわけ国境をめぐる見解の相違は、おそらく今後も関係のあり方に影響を及ぼし続けるだろう。それが世論の対中認識に及ぼすインパクトは、時間の推移とともに拡大していく一方のはずだ。だが、新たな変数——無害なものもあるが、そうでないものもあるだろう——がこの計算に加わってくる可能性もある。どれだけ意識的かつ効果的に両国が関係をよりポジティブな方向に導いていけるかに多くがかかっている。大切なことをよく理解している者であれば、きっとこうした取り組みを支持することだろう。

どちらの側にとっても、相手の巨大な存在に慣れるのは容易なことではない。中国が南アジアでのプレゼンスを高めようとするのとまさに同じように、インドも同じことを東南アジアや東アジアで着手していくことになるだろう。海洋は、その特質ゆえに、そうした活動がとりわけ行われやすい領域と言える。インドはこれまで中国を北方に位置する国としてしかとらえてこなかったが、南でのプレゼンスは別の意味をもたらすことになる。だが、そここそがインドにとって、地理的、歴史的、文化的なアドバンテージを有する場所なのだ。

ペースも違えばスタートも同じではなかったが、印中双方が台頭するなかで、多くは互いの姿勢についての認識に左右されることになるだろう。煎じ詰めて言えば、それぞれが相手の台頭に対して十分なかたちで協調していけるかどうかをめぐる、全体的な意識ということだ。インドの観点からは、中国がインドの国連安保理常任理事国入りに対していかにオープンな姿勢をとるかが、一つのファクターになるだろう。テキストベースの交渉[21]に向けた協議の機会は、その回答を示すものになりうる。原子力供給国グループへの加盟も、インドがテクノロジー面でもプレイヤーとして参入することを示すだけでなく、時代にそぐわない枠組みを脇に置くという点でも、もう一つの指標と言える。新たなレジームやメカニズム、状況が登場するなかで、こうした機会はさらに増えていくだろう。

印中が国益を超えた先に目を向ける際には、両国はよりバランスのとれた世界をつくるための取り組みという点で実は見解が一致しているのである。ロシアの強国化と安定化であれ、アフリカにとっての選択肢増加であれ、多様性の中への原理主義者の侵入防止であれ、両国の利益は重なり合っている。国際交渉では、印中は議論の中で同じ側にいることがときどきある。二〇一七年六月に両国の指導者がアスタナで会談[22]した際、グローバルな不確実性の時代において、印中関係は安定のファクターであり、両国は見解の相違を紛争に発展させてはいけないというコンセンサスに達した。このことは、もろもろの見解の相違にもかかわらず、両国のあいだには戦略的な成熟性があることを示すものだった。二〇一八年に武漢で、一九年にチェンナイでそれぞれ行われた首脳会談はこの認識に基づいていた。世論の目がないところで行われた二つの会談は、いずれも純粋なリアリズムが発揮された場になった。印中は両国の未来と世界の未来について、歴史を意識しながら深い議論を交わした。したがって、この観点は伝統的な制約を乗り越える方策を見出すことができるという点を世界は期待するべきなのだ。

中国の強力な台頭は、先行き不透明な世界をもたらした複数のファクターの一つだ。現代の政治が展開するなかで、どちらの側も、相手国が自分たちに対するカードになることに興味を見出していない。それを確実なものにできるかどうかは、それぞれの政策にかかっている。一つ懸念を挙げるとすれば、世界の他の国とは異なり、インドの台頭は、五倍のスピードで成長を続ける中国のためにその一部が失われてしまったという点だ。国力が向上したことで、それに見合った重みが与えられるかどうかはインド次第だ。武漢首脳会談とチェンナイ首脳会談が異なっていたのは、関与の強度だけでなく、両国がこれほどに重要な役割を担うに至ったグローバルな環境のもとで行われたという設定だった。印中の指導者が地政学的問題について議論をするという慣行は何十年も前に失われていた。その再開は、新たな未来の可能性を示すものになりうる。

インドが中国の台頭と自国の成果を評価する際には、今後の展望の比較において客観的であるべきだ。まず、わが国の政治的レトリックからその時々で何が示されようとも、双方の総合的な国力には開きがあることを認識する必要がある。中国がこの四〇年で成し遂げたように、われわれは十分な能力を構築し、人間開発の諸指標の基準をクリアし、成長のための条件をこれから生み出していかなくてはならない。実際にはその逆に、工業化のハードルを上げ、つい最近まで能力やスキルで必要とされるレベルまで引き上げるべく十分な注意を払ってこなかった。国際情勢により大きく関わるものとしては、次のことが指摘できる。二〇〇六年の中国の人口一人当たりの収入は今のインドと同レベルだったが、当時中国が享受していたような世界経済に対する開放性については、それをインドが手にすることはないだろう。あるいは、中国が過去に実現したようなタイプのグローバル資本主義との盟約を結ぶこともできないのではないか。

加えて、考慮すべき一連の政治的ファクターもある。成長期の大半にわたり、中国は既存の大国からも新興大国からも、圧力にさらされることはなかった。ソ連の挑戦は一九八〇年代に低下したし、天安門事件をめぐる西洋の懸念は経済的利益に取って代わられた。したがって、少なくとも政治的には、中国は最近まで成功を手にしていたのだ。中国の台頭に続こうとするインドは、そのような贅沢な環境を享受していない。インドは、中国のときには存在しなかった、先行者からの圧力にさらされているのである。そしてその大国は、利益が重なり合う分野がある隣国なのだ。同様に重要なこととして、以前と比べて世界はバランスを変えることに慎重になっているという点がある。したがって、インドはこの状況に応じた試練に直面しているということになる。有利な条件が少ない状況のもとで、われわれは険しい道のりを歩んでいかなくてはならないのだ。

困難な二国間の歴史に加え、現在の込み入ったグローバルな文脈を踏まえると、インドの課題は自国の台頭を確実にしながら、より強力な隣国との関係をマネージしていくことになる。そうするなかで、この均衡の追求は終わりなきプロセスであることをインド側は理解しておく必要がある。一部の問題は早期に解決に導くことができるかもしれないが、そうはいかないものもあるだろう。現在の状況は変わる可能性もあり、戦略的判断は中国ファクターによって独占されるようなことがあってはならない。いずれもイニシアチブをとる原因になるべきではない。試される場所では、自国の姿勢を示すことが必須だ。そうした経験は、心理的に圧倒されず、国内の勢力に利用されないことの重要性に立ち戻らせるものでもある。

印中が均衡を構築しようとするなかで、両国の関係においてはより大きな文脈を考慮に入れる必要がある。世界で発生する事態は中国の全体的な姿勢だけでなく、インドに対する具体的な振る舞いをも決定づけるのだ。目下、この文脈はグローバルな摩擦と体系的な差異によって占められている。したがって、インドとしては、対中関係の調整を図っていくなかで、こうした全体像を継続的にモニタリングしていくことが必要になってくる。接触の条件を設定する際、われわれは条文主義とリアリズムのあいだを行ったり来たりしてきたが、多くの場合それによって不利益を被ってきた。過去の交渉に関する歴史書のなかには、中国がより大きな余地を自国にもたらすべく、いかに曖昧な言葉を用いてきたかを示すものがある。同時に、主要な政策変更は単純に過去を捨て去ることによって有効にされてきたという側面もある。懸念事項について相手から儀礼的な確認を引き出すのは、ゲームにおける戦い方の一つだ。だが、インドは最近の場合は、コミットメントを求める際により相互主義的になっている。今日、印中関係の最低条件《ボトムライン》は明確だ。それは、過去三〇年で築いてきた進展を台無しにさせないためには、国境で平和と安寧が行き渡るようにしなくてはならない、ということだ。国境問題と両国関係の未来は不可分なのだ。

新たな地平を切り拓くためには、印中関係のポジティブな側面でより多くの取り組みが必要になってくる。だが、同時に重要なのは、不安定さを増すことにつながる一方的な行動に警戒することだ。

国境問題というファクターが中心的な位置を占めていることは以前から認識されているが、国際政治における両国の活動と利益は今や全体的な計算の中で大きな重要性を帯びるようになっている。インドは、国際政治における国家同士が行う通常の相互作用と、均衡関係の創出に焦点を定めた取り組みを峻別しなくてはならない。力のロジックがリアリズムのレンズを通じてとらえられるなかで、中国は自国の目標に向けて前進し、その優位性を活用していくだろう。インドのほうは冷静かつ効果的に対応していく必要があるが、試練がもたらされる状況下ではなおさらそうである。われわれはこれまで、中身がより充実した関係は当然のように関係の安定化につながると常に考えてきた。最近の潮流は、これを所与の条件としてとらえるべきでないことを明確に示している。その代わりに、双方は相手の思考の中で自国がより大きな位置を占めるようになるべく、尽力していくべきなのだ。

目を瞠るほど強国化が進む中国と折り合いをつけることに注力する国は、インドだけではない。実際には世界中が同じことに取り組んでおり、どの国もそれぞれの方法で関与の仕方を再定義しようとしている。そこに共通のアプローチがあるとすれば、それは国内で自らの能力を強化し、対外的な環境を評価し、中国との合意を図っていくという作業を同時に進めていくことだ。このように各国が作業を進めていくなかで、インドは国の規模、場所、ポテンシャル、歴史、文化という点で特別な位置を占めることになるだろう。より安定した印中関係の鍵は、グローバルなリバランスという幅広い基礎の上に両国が多極体制と相互性をより深く受容していくことだ。

一九五〇年十一月、サルダール・パテールとパンディット・ネルー(23)が、対中方針をめぐり意見を交わしたことはよく知られている。そのとき以来、関係は大きな変貌を遂げ、その多くはインドにとって有利なものだった。リアリズム対オプティミズムや二国間主義対グローバリズムという重要課題は、当時だけでなく今日でも重要であり続けている。時の推移とともに、賢明なバランスの実現は必ずしも容易ではなくなっている。だが、われわれが政治や制約要因を超えて進もうとするのであれば、戦略やビジョンを展開する余地は常にあることを過去の経験は示している。今日の世界におけるいかなる関係よりも、印中関係においては長期的な視点が重要になってくる。

チェスの世界に「インディアン・ディフェンス」という用語があるが、これは先手になったプレイヤーが好む戦法だ。現実の世界でも、先手を取ることはインドの基本的な戦略姿勢になっている。状況が複雑さを増すなか、アロン・ニムゾヴィッチ[24]が一〇〇年前に採用したチェスの戦法から学べることがある。「ニムゾ・インディアン・ディフェンス」として知られるその戦法で、彼は独創的なかたちで先手を取って自由度を高める方法を生み出した。教訓はまさにそこに存在しているのである。

第7章

遅れてやってきた運命

――インド、日本、そしてアジアにおけるバランス

「勝って兜《かぶと》の緒を締めよ」
――徳川家康

現在のアジアをかたち作る主な要素としては、次のようなものが挙げられる。アメリカの動向、中国の強大さ、ロシアの重み、ASEANの連帯、中東の不安定さ、そしてインドの台頭だ。過小評価されている要素があるとすれば、それは日本のプレゼンスにほかならない。日本の戦略的撤退とインドの分離独立は、アジア大陸のパワーバランスをゆがめることになった。この展開の両方に責任があるのは西洋ということになるかもしれないが、その西洋も自らの利益に基づいて今では再検討に取り組んでいる。

アジアで大きく異なるシナリオを生み出しうる、現時点では評価不可能な出来事が二つある。一つは将来に向けた日本の姿勢で、戦略的計算の中に巨大な技術力を持った経済大国が復帰しつつある。もう一つは朝鮮半島の流動性で、以前からの推測を覆す可能性を秘めている。両方とも、当初は中国という新興大国に影響を受けていた。だが今では、アメリカの新たな姿勢にも対応していくことになる。インドにとっては、第一の点は直接影響をもたらすだろうし、第二の点でさえも無関係ということにはならない。この二つからは、中国だけにとどまらない東アジアの影響力を見て取ることができる。

問題は、単に力をどう評価するかだけではなく、考え方《マインドセット》をめぐるものでもある。各国の安全保障問題への対処となると、インドも日本も歴史的には互いの役割に注目することはなかった。とはいうものの、両国はその時々の重要な問題に対して同じような考え方をしているし、過去数年においてはとくにそうである。これは力の不足だけでなく、力の転換に対しても当てはまるものだった。戦略によって意識的にもたらされなかったであろうものが、先行き不透明な世界で生じた思わぬ変動によって実現したと言えるかもしれない。グローバル・コモンズの確保や国際公共財への貢献といった共通の関心事は、きわめて異なる国同士に見解の一致をもたらした。アジア大陸の未来の形成に向けて協力以外の選択肢はほぼないという日印両国の認識は、今や新たな関係の推進力となっている。

今では忘れられている歴史の余話に、一九〇四年から〇五年に日英の外交官によって交わされた会話がある。テーマはロシアの脅威に抗うべく、軍事協力の可能性を検討することだった。イギリス側のなかには、それが実現すればインドへの日本軍の派遣が実現するのではと期待を抱いた者もいた。日本が対馬沖でロシア海軍に対し決定的な勝利を挙げたことで、イギリス海軍の支援の見返りに日本がそうした軍事的コミットメントを実行に移してくれるという可能性が現実のものになることはなかった。だが、起こらなかったことにこそ国際関係の動作原理が示されているとも言える。拡張するロシア帝国と近い位置にある二つの帝国として、イギリスと日本は一八六〇年代から一九二〇年代にかけて、利益が一致することを理解していた。この時期には、一九一五年にシンガポールで起きたインド人兵士の反乱を鎮圧するため日本海軍が派遣されたことも含め、[1]相互支援がさまざまな形態で行われた。日本からインドへの駐在武官派遣も行われ、そのなかには戦時中に指導的立場に就いた者もいた。[2]当初日本はイギリス帝国にとって敏感な問題に関わらないよう慎重な姿勢をとっており、逆に同じような問題について自国に申し入れがあったときには必ず拒否した。日本がアジアの革命運動にとって拠点となったのは、こうした共通の基盤が失われてからだった。[3]こうした意識の残滓は一九四五年以降ですら存在し、東南アジアで帝国の復活が試みられた際に日英の軍が協力するといったことがあった。[4]あらゆる戦略的ロジックに基づけば、こうしたアプローチは継続されてもおかしくなかった。だがそうはならず、その結果、アジアの安全保障における特殊性の一つになっている。

現代の印日関係[5]に非戦略的性格をもたらした要因は、検討に値する。過去七〇年のアジアにおける興亡にもかかわらず、両国はきわめて限定的な政策対話しかなく、それ以外の分野についても同様だった。本来なら双方の利益が大きな意味を持つはずであるにもかかわらず、両国間にこうした距離が存在したことは、説明困難としか言えない。しかし、冷戦期においては大戦略《グランド・ストラテジー》が地政学よりも重要な意味を持ち得ていたことを想起すべきだ。日本はアメリカの安全保障同盟に加わった一方、インドは非同盟の道を選んでいたのだ。とりわけインドがソ連に接近を図ってからは、冷戦構造の中で別々の側にいるという感覚は強かった。もちろん、一九五〇年代後半のように、短期間ながら一定の紐帯が見られたこともあった。しかし、六二年の国境紛争で中国に敗北を喫したことで、日本におけるインドの存在は大きく低下することになった。七一年以降、日本は西側陣営の対中接近に加わり、これによってインドと日本が歩む道はさらに離れていくことになった。異なるかたちではあったが、両国とも中国に魅了され、その結果、互いを排除する格好で中国との関係に注力することになっていったのだ。

日本にとって文化は、常に中国に惹きつけられる中心的な存在だった。戦後、戦時中の行いの補償をしていくなかで、中国はその焦点になった。その後すぐに、海外進出に積極的だった日本企業を引きつける磁力にもなった。インドにとっては、領土問題によって持続困難になるまで、脱植民地後に中国とのあいだには友好関係が存在した。陸上国境を接していることによる制約は、それ自体が集中的な関与を必要とする強力なファクターだ。西洋諸国が躍起になってインドの一体性を阻もうとしようとしていたかつての時期には、中国に対してはよりポジティブな見方がなされていた。西洋が中国をきわめて重視していたことも、インドと日本双方の思考に当然ながら影響を及ぼした。

長年にわたり、中国はさまざまなかたちでインドと日本の注目を集めてきたかもしれない。だが、印日はとくに困難な関係にある別の隣国によって、さらに身動きがとれなくなっていた。一方ではパキスタン、もう一方では北朝鮮という存在があったのだ。結果として、インドと日本は調和しながらも遠く離れたかたちで共存し、それぞれが自国の関心事に集中することになった。いずれの側も、問題解決を試みるなかで相手を役に立つ存在とは見なしていなかった。もちろん、パワーバランスの変化によって引き起こされた世界の不安定化という課題が大きくなったことで、問題そのものが再定義されることになったのである。

インドは四半世紀前に「ルック・イースト」政策を開始したが、それはインド外交の大胆な修正の幕開けを告げるものだった。植民地支配時代の影響である西洋バイアスは、当時の国際情勢の展開によってさらに強まっていた。アメリカとソ連という二大超大国は対立する立場にはあったが、いずれも西洋世界を代表する存在だった。ヨーロッパもインドの思考できわめて大きな位置を占めており、集合的な意味での西洋の影響力は、政治、経済、安全保障の各分野ではっきりと見て取れた。だが、一九九一年の経済危機によってインドの発展モデルは変化を余儀なくされ、比較的近い時期に始まったアジアの経済成長に目を向けるようになった。ＡＳＥＡＮはこの新たな注目《シンドローム》の入口としての役割を担い、その各種制度はインドが新たな世界に適応していく際に助けとなった。

そのとき以来、インドと東南アジアおよび東アジアの関係は着実に発展してきた。日本、韓国、中国との経済面での連携はどの政権のもとでも拡大してきた。このときは、アジア全体、とりわけ中国がグローバルな影響力を強めていく時期でもあった。その後、アメリカが力の再配置を行い、日本がふたたび台頭したことも、考慮すべきファクターになった。インドでもともと経済政策の修正として始まった転換は、次第にこうした政治面の展開が考慮に入るようになり、結果としてより戦略的なものになっていった。活動の場所であれ、取引であれ、課題であれ、注目の対象であれ、インドの重心は大きく東に移っていった。これは、「インド太平洋」が動作原理として必要とされていることを説明するものである。インドがインドであることは変わりないが、現代においてアジアの国であるという意識は、東への関心を高め、東での行動を強めていくなかで形成されていったのだ。

「ルック・イースト」というフレーズは、たしかに方向性を伴うものではあるが、外交的なメタファーへと進化を遂げた。もともとはインドが数十年に及んだ相対的な低成長ののちに、世界に対して国を開く姿勢を表現したものだった。一九九〇年代における初期のパートナーシップはＡＳＥＡＮ加盟国とのあいだに結ばれたものだったため、その後、そうした国々との関係開拓を示すという特定の意味を持つようになった。それに沿ったかたちで、この地域とのコネクティビティ整備――物理的なもの、バーチャルなもの、そしてソフトな形態のもの――のための措置が講じられていった。ＡＳＥＡＮとの関与は、さまざまなＡＳＥＡＮ関連のフォーラムにおけるインドの参加にも反映された。貿易、投資、それに経済面の変化が着実に進行し、より大きなかたちへと発展していった。その後、対象がＡＳＥＡＮを越えて日本や韓国、中国をカバーするようにもなった。インドと日本および韓国のあいだでは自由貿易協定(6)が結ばれたし、中国とは貿易総額が劇的に増加した。近年では、このアウトリーチはオーストラリアや太平洋島嶼国にも及ぶようになっている(7)。この結果、インド外交はかつてない存在感と新たな特徴を持つようになった。この変化の大きさは、経済やテクノロジー、安全保障、戦略、あるいは文化のような分野でさえも、インドの認識の中に自国の東に位置する世界の占める割合が拡大していることによって明確に示されている。

インドのグローバルな地位を考えていくなかで東方の重要性は着実に増大しているが、大国の能力や影響力に大きな変化が生じると、その重みは急速に高まっていく。中国については、そうした状況はすでに始まっており、その影響がまさに実感されようとしている。日本については、依然としてこれから展開しようという可能性が存在する段階にある。

一九四五年以来、日本は自国の安全保障政策を総じてアメリカとの同盟から生じる必要性に合わせるかたちで進めてきた。この力学は日本の中国に対する援助と投資も正当化した――ただし、商業面のもくろみや戦後の義務も主要なファクターではあったが。今日の中国以上にアメリカにとって巨額の貿易赤字を計上した後、八〇年代に日本の攻勢は後退した。また、自国の願望を日米同盟という枠の中に抑えることを意識的に選びもした。六八年に西ドイツを抜いて世界第二位の経済大国になったが、二〇一〇年にはその座を中国に明け渡すことになった。

このことは、心理的にも戦略的にも日本に影響を及ぼした。隣国は新興大国によってきわめて大きな影響を受けるものだが、日本もこの法則の例外ではなかった。アジア大陸と地域の安定の確保に対する日本の関心は、グローバル・コモンズの強化という願望によって、今日さらに高まっている。より大きな責任を引き受け、パートナーシップの拡大を進めていくなかで、日本は直近の過去から踏み出そうとしているのだ。日本の進化は東アジアをはるかに越えた範囲に及ぶ意味を持つものであり、それは現実のものになっている。それは、諸大国のなかに一級のテクノロジー大国が加わることを意味することだろう。

貿易に焦点を当てている日本は、他の大国のケースをはるかに上回る規模で経済的目標を重視している。貿易は復興の主要な推進力だったことを踏まえると、それが日本の戦略的思考を支配しているのは当然のことだ。インドのような国が安全保障上の必要に駆られてヘッジをしているとしたら、日本の場合、同様の課題は経済分野で生じるのである。その対応は容易なものではなく、サプライチェーンに対する圧力や新たなテクノロジーに対する規制があるなかではとくにそうだ。日本にとっての課題は、こうした溝を可能な限り埋めることにあると言えるだろう。

日本の政治外交はこうした経済面での取り組みに概ね沿ったかたちで行われており、同盟国としてのアメリカが最重要国であることは明らかだ。日本が直面する課題は、概念的には他のアジア諸国とある程度同じだと言える。日本もまた多極外交を展開しており、もはや全面的に他国に依存することも、周辺国の成長に無関心であることもなくなっている。アジアにおける新たなバランスが形成されるとすれば、その取り組みから日本は距離を置くわけにはいかない。そして、ＡＳＥＡＮの中心性に疑義が生じた場合に、日本がそれに関わることはせず、自国が創設に大きく貢献したグループをただ傍観していることは困難だ。コネクティビティの改善や海洋での活動の安全確保が求められるなか、日本が関与しないままでいられる問題はもはや存在しない。日本とインドが互いを戦略的な意味で見出すに至ったのは、こうした状況があったからだ。

インドは非常に異なる場所から来た存在ではあるが、鏡像《ミラーイメージ》のような前提条件を抱えており、そのために日本の存在をより真剣にとらえることにもつながっている。日本との協力が経済面、さらには安全保障面においても絶大なポテンシャルを持っていることは、インド政府では広く認識されている。経済面での課題は、政府開発援助（ＯＤＡ）を超えて、貿易と投資をさらに促進することにある。日系企業は以前からインドとの文化ギャップを指摘しており、東南アジアや中国で受けた対応とは対照的だと言う。地元企業の存在、ルールに基づいた政府の規律、外国企業を優遇することへの慎重さは、いずれもインドにおける進展の険しさの要因として挙げられる。したがって、インドに広がる日本の存在感にどうやって深みを持たせるかは、課題であり続けている。

印日両国は長期にわたりきわめて友好的な関係を享受してきたかもしれないが、レトリックは華々しいものの情熱には欠ける傾向があったことも確かだ。政治と安全保障に関しては、アメリカの同盟構造にしっかりと位置づけられている日本は、過去においては簡単に関与できる相手ではなかった。日本自身も抑制的だったし、アメリカとのつながりは距離感をさらに拡大することになった。現在ではこうした状況への対処が行われており、その取り組みはすでに初期段階の成果をもたらしている。ビジネスのしやすさの改善と日系企業の要請へのしっかりとした対応[8]も、ポジティブな結果につながっている。文書を整えることは、重要な結果を生み出すための最初のステップでしかない。同様に、緊密化の度合いが高い印米関係は印日関係の障害ではなく、逆にその発展を促進する存在になっている。実際、インドと日本とアメリカが三カ国の枠組みで協働する可能性は、変貌するアジアの政治環境における新たな要素の一つなのだ。

インドの視点から言えば、日本との緊密な関係は多くのベネフィットをもたらしてくれる。まず、インドは独立以来、南アジアという「箱」に閉じ込められていたが、日本はそこから脱却させてくれる存在なのだ。また、「ルック・イースト」政策で示されているように、日本はインドを東南アジアの先に誘ってくれてもいる。東アジアでの活動を促し、インド洋でもプレゼンスを維持することで[9]釣り合いをとってくれるパートナーがいてこそ、「インド太平洋」構想が現実のものになるのだ。なお、この取り組みで日本は不可欠の存在だが、韓国のような国も重要な役割を担っている。ASEANおよび加盟各国が持つ懸け橋としての役割が重要なのも、言うまでもない。

もう一つの側面は、利益が一致する大国と緩やかな実務的関係を構築するという、現在の課題だ。

アジアについて言えば、そのために必要となるのは、いくつかの国が前に出て、海洋安全保障やコネクティビティ構築といった分野でさらなる責任を担ってくれることだ。もちろん、インドが対日関係から直接得られるベネフィットもある。それは、成長の加速への貢献にほかならない。したがって、インド経済の拡大と能力向上は単なるビジネスチャンスではなく、戦略的なアドバンテージにもなると日本の主要な関係者に理解してもらうことは不可欠なのだ。インド側にとっては、これを具体化させるために必要な環境を短期間でつくり出すことが課題になる。

これらはいずれも目の前の政治関係からもたらされる制約だが、この関係を歴史という長期的な観点から検討することも意味のあることだと言える。両国の新しい世代は、かつて氾濫した政治的ロマンチシズムではなく、関係構築のためのより実践的なロジックを見出している。日本の真の価値は、ユーラシアにおける偉大な近代化のリーダーという、自ら勝ち得た評価にある。その実践例と経験は他の国による模倣を促し、日本自身もそのプロセスを支援した。日本がそうしたエネルギーを実際にいまインドに注いだら、一大転換をもたらす可能性が拡大するのは間違いない。これは近年大きな重要性を得るに至っているが、それは西洋がこのアジェンダに貢献する能力を低下させているためだ。日本の戦略的方針の中でインドはファクターにはならないかもしれないが、受益国になることはできるだろう。多極化したアジアは、日本の参加があって初めて実際に到来するだろう。

インドの政治の中で、印日関係は超党派的な支持を常に得てきたという点で、日本はユニークな存在だ。したがって、この評価に基づいて関係をさらに進めることは、意見が分かれる可能性がもっとも考えにくい外交イニシアチブと言えるだろう。中央の歴代政権と州政権の大半は、対日関係の活用に深い関心を示してきた。現在の関係の基礎は、二〇〇〇年に森喜朗首相が訪印した際に築かれた。

このイニシアチブによって、一九九八年のインドによる核実験に対する反応の中で生じた厳しい姿勢は脇に置かれることになった。ひとたび障害が取り除かれると、双方は協力のロジックに沿って着実に関係を深めていった。過去二〇年のなかでこれはさまざまな形態をとり、そこにはハードおよびソフトなインフラに対する大規模な開発援助のコミットメントも含まれる。日本の支援は、インドが九一年の国際収支危機から回復する途上にあった際にきわめて重要なファクターだった。[10] 最近でも、二〇一八年の通貨スワップ協定[11]の影響は、日本が経済パートナーとして不可欠の存在であることを明確に示すものだった。

印日関係のうち経済的側面は拡大を遂げたが、本当の変化は両国間の政治的緊密化にあった。数十年前には互いを国際情勢において二極体制の相手側に属していると見なしていた二つの国が、今では変貌した状況のもとで、共通姿勢を拡大しているのである。二国間では、多岐にわたる対話やメカニズム[12]を立ち上げ、政策の一致を促進しようとしている。民生用原子力協定[13]や防衛装備品の輸出[14]のようなセンシティブな分野でも合意を達成できたことは、両国間の快適度が向上していることを物語っている。

両国による本格的な年次軍事演習[15]は、決して小さな事柄ではない。日本がパートナーであることを踏まえれば、それは特別な進展にほかならないのだ。日本は政治的な対立とは無縁なところに位置し、幅広い安定と安全に貢献してくれる存在だとインドでは受け止められている。二〇一九年に大筋合意した物品役務相互提供協定の締結[16]は、この協力を新たなレベルへと引き上げるポテンシャルを持っている。それぞれの地域の懸念に対するすばやい反応は、対外的に示されている。核不拡散、テロ対策、海洋安全保障における利益はより明確なかたちで調整が行われている。国連安保理改革の提唱[17]という労力を要する経験は、両国を近づける効果をもたらした。協力の地平は今や拡大を遂げ、第三国にすら及んでいる。[18]日米豪印による「クアッド」、「2＋2」と呼ばれる外務・防衛閣僚協議、オーストラリアを加えた三カ国協議[19]のように、インドが加わった大胆な外交イニシアチブの多くに日本が関与しているのは、おそらくもっとも特筆すべき事実だろう。

印日関係の政治的側面が経済的側面をリードする日が来ると予測した者はほとんどいないだろうが、かといって後者が減速しているというわけではない。日本は伝統的にODAを戦略の中心に据えてきた。対印ODAは大幅に拡大し、[20]実際にそうした開発プロジェクトの数々は、現代のインドにおいてもっとも成功裏に執行されたもののなかに含まれている。都市計画を一変させたメトロプロジェクト、[21]工業生産を何倍にも拡大しうるデリー・ムンバイ産業大動脈構想（DMIC）[22]は、旗艦プロジェクトとして位置づけられているものの具体例だ。さらなる貨物および産業回廊が計画段階にあり、[23]インドの物流面のボトルネック解消における重要性はきわめて大きい。

ビジネス面では、インドに進出する日系企業のプレゼンスは相当な拡大を見せており、[24]すでに進出済みの企業は強力なコミットメントを示している。こうした企業のための環境は、生活条件や移動手段の改善のための具体的なイニシアチブによって大幅に改善している。さらに重要なのは、日系企業が求める技能と訓練に関するクオリティの強化に向けて両国が取り組んでいることだ。工業団地、研修施設、日本語学習センター、特別金融ファシリティといった取り組みがすでに合意されている。こうしたプロジェクトの迅速かつ効果的な実施は、インドにおける日系企業進出の拡大の鍵を握っている。外国直接投資（FDI）政策とODA政策の整合性をとることは、両国にとって有益なさらなる道の開拓につながる。特筆すべきステップは「アクト・イースト・フォーラム」の創設[25]で、これはインド北東部のコネクティビティに関わるイニシアチブを促進するとともに、それをバングラデシュとミャンマーにまで拡大しようとするものだ。これは、経済面の思考がより大きな戦略的政策へと成熟していることを示している。

日本はインドの経済と社会の中で長期にわたるプレゼンスを誇っていることはもちろんだ。だが、インドで四半世紀前に開かれたチャンスは、日本側の過度な慎重さとわれわれの側の不確実さのために、期待されたような反応を引き出すことができなかった。躍進する他国との競合もファクターの一つだった。それでも、インド経済にテクノロジー面の主要なアップグレードをもたらしてくれたのは日本だった。少し前の世代のインド人であれば、マルチ・スズキの自動車の販売開始[26]が単なる交通手段だけでなく、生活様式までをも大きく変えたことを思い出してくれるだろう。その次の世代の者であれば、デリーメトロ計画に対して同じ思いを抱くのではないだろうか。日本の真の価値は、経済のすべてのセクターに影響を及ぼし、新たなプロジェクトと能力構築をもたらす力にある。中国やASEANがしたのと同じように効果的なかたちでインドがそれを活用できるかどうかは、今後の対応にかかっている。

アジアの思考における日本の顕著かつ強化された存在感は、新たに加わった能力だけでなく、より大きな快適さをもたらすという点でも重要だ。両国は民主主義、寛容性、多元主義、開放的な社会に対するコミットメントを共有している。この紐帯は、両国共通の伝統によっても強化されている。インドは日本について、インド太平洋およびさらに広い地域で、平和的で、開かれ、公正で、安定し、ルールに基づいた秩序の形成にコミットしているパートナーという認識を抱いている。今日、こうした利益と価値観の重なりは、さらなる利益の一致の基盤となっている。両国が持つ幅広い分野の利益に基づき、その関係は二国間の枠を超えたものになっている。それが地域レベルで交錯することで、協力が安全保障の総体となり、コネクティビティ分野での連携や第三国での利益の調和が図られている。

グローバルなレベルでは、印日は気候変動、テロ対策、旧来の世界秩序の改革といった分野で連携が可能だ。両国が相手にとって敏感な事柄をどこまで考慮に入れるかは、この関係の転換を十分に物語ることになるだろう。日本側は、それまでの安全地帯から踏み出して、アジアの現実と折り合いをつける必要がある。インドとの関係構築の最良の手段は、二国間外交だ。日本の幸福の鍵となる発展についての合意創出は、インド側の同様の関心事項に支援の手を差し伸べることによって、確かなかたちで実現されるだろう。国連改革の取り組みにおける協力で、日本は変化に抵抗する国に対し精力的な働きかけをしていくことも必要だ。インド側では期待があるが、それは日本にも独自の制約要因と文化があるという認識に基づいて落ち着かせる必要がある。両国は関係拡大の余地が大きくあるが、それが自動的に進むわけではない。この注意点が重要なのは、ときどき日本に対しては、世界に対する姿勢がインドと似ているという思い込みが見受けられるからだ。われわれが相対しているのは、決断を下すために幅広いコンセンサスを追求し、入念な議論が行われる国というのが現実なのだ。

しかし、課題は両国で異なる気質に限ったことではない。ビジネスの拡大が最重要目標であることは疑いがない。インド側では、望ましい環境を創出するための継続的な改善、日本側のニーズに対する具体的なフォーカス、すでに発効している合意文書の積極的な活用が求められる。往々にして過去との違いが評価基準とされる傾向がある国では、これらのいずれもが所与のものではない。インド人は、ふだん日本について指摘される「忍耐」という意識を少しでも示していかなければならないだろう。日本側について言えば、これまで以上にリスクを取り、規模の拡大に向けた強いコミットメントを示してもらいたい。日本の参入や業務拡大の遅れが長期化すればするほど、その代償も高くなる。日系企業はインドがビジネスのための理想的な環境を提供してくれるのを待つのではなく、それを自ら形成すべくさらなるイニシアチブをとってもらいたい。その点では、日本はインドの特質をある程度受け入れていくことも必要で、それによって思い切ってやってみることにつながる。

政治の分野では、印日は双方がヘッジを行っているかもしれないが、それは必ずしも同じ問題でも、同じ程度でとも限らない。いずれの側も、多極世界の中でどのオプションについても取り下げようとは考えておらず、隣国に関するものであればなおさらそうだ。現実世界の中で相手に疑念を抱くことなくそれを遂行していくためには、注意が必要になる。コネクティビティのような課題でさえも、両国の制約要因はそれなりに異なっている。必要なのは対話の継続で、利益の一致が限られている課題についてはとくにそうだ。日本は既存の秩序に深く組み込まれている国だが、新たなバランスや影響力のシフトについても考慮に入れる必要がある。日本が確立された西洋の利益を超えられるかどうかは、この世界の中で試されることになる。相互利益のアプローチに固く根ざしていれば、印日関係は今後ますます発展していくだろう。

印日関係は過去が未来の導き手にはなっていないことが明らかだが、それでも検討に値する近い時代の歴史からの教訓がある。両国は関係の大部分において、互いに対しとりわけ寛大であり続けてきた。インドについて言えば、一九〇五年に日本がロシアに勝ったことをアジア復興の幕開けととらえた。その後、植民地撤廃に関する日本の貢献はインドに直接的な影響をもたらした。今日でも、インドの民衆は日本の存在とネータージー・スバース・チャンドラ・ボース(27)の物語を不可分のものととらえている。それに続く時代は、当時の遺産に基づいて築かれていった。東京裁判に対しインドは独自のスタンスで臨み、ラダビノード・パル判事[28]の名前は今でも多くの場所で取り上げられている。賠償請求権の放棄[29]と日本のアジア競技大会への参加[30]がインドのユニークなアプローチを反映したものだとすれば、それは日本側からの円借款の提供と持続的な経済援助というかたちで全面的に返ってきた。印日関係は人びとの善意に大きく基づいており、インドにおける日本のイメージは一貫してポジティブであり、現代と伝統を調和させている点がとくに評価されている。

日本におけるインドのイメージについて言えば、そこにはさまざまな側面が含まれる。仏教発祥の地としては、知的伝統と豊かな文化が挙げられる。だが、この側面はいずれも低成長と限られた社会経済面の転換というガラスの天井のもとでしか存在できなかった。ゆえに、一九九八年の核実験というかたちで最初の本格的な試練が訪れたとき、印日関係は大きくつまずくこととなった。その主な理由は、アジアの国としての性格を西側の利益と調和させるという、日本の二重性にある。

当時、日本は核不拡散について西側の理解を受け入れただけでなく、インドとパキスタンのハイフン化やそれに伴うジャンムー・カシミールについての分析についても西側と認識を同じくした。その結果、日本は国連安保理決議一一七二[31]をはじめとして、インド非難を中心になって進める国になった。当時を振り返ることが重要なのは、両国関係の未来を示すものがそこにはあるからだ。印日が西側を介さずに直接向き合うとき、双方の直感はポジティブなものになる。日本は一九九八年以降、西側諸国と中国が結局のところプラグマティックに相対したことにしっかりと留意すべきだ。したがって、鋭い地政学的センスを持つことは、インドとの関係構築において当然役立つことになる。

印日が二つのきわめて異なる国であることは間違いなく、それぞれが固有の歴史、社会、文化を持っている。過去においては、その距離が国際政治のプル要因と圧力によってさらに際立つことになった。両国は過去に深刻な見解の相違はなかったものの、中身のあるアジェンダを持つに至るまでには長い年月を要することになった。民間の文化から政治的エートス、さらにはヘッジの感覚まで、両国はどれもが大きく異なっている。だが、利益の共有、共通の価値観、グローバルな責任によって、これまでの距離感は縮まろうとしている。それが起きているのは政府レベルだけではない。日本の企業も強力なインドを重視するようになっているのだ。両国は共通の基盤を見出すべく奮闘しており、そこでは期待を上回る成果を出している。その結果、印日関係がアジアでもっとも自然な戦略的均衡と見なされるまでには数年しか要さなかった。課題は、この関係を中身の面でもより充実したものにすることだ。そして、他のいかなる主要な関係にも増して、印日関係では時間が重要な意味を持っている。

日本の歴史からは重要な教訓を汲み取ることができ、それはアジアの未来――それはすなわちインドの未来でもある――に影響を及ぼしうるものだ。明治時代以降、日本は常に国際環境を活用してきた。グローバルなパワーバランスにも対応し、自国の地位を引き上げるために必ず同盟相手を見つけてきた。この伝統はもちろん今でも続いている。実は日本もインドとよく似た歴史を経験しており、そのロジックはグローバルな障害が取り除かれればすぐに実践に移されるころだろう。冷戦終結がそうだったし、最近であればアメリカの同盟体制の推移がこの点で重要になってくる。一九四五年以降、日本は世界との関わりを諦めたわけではなかったが、経済を通じて影響力の発揮を追求することにした。その背景には、現在ではそのすべては有効とは言えない前提があった。変化を受け止めてきた歴史から、状況から必要が生じたときには、日本はふたたび同じことをするだろう。

日本には変化に向けたポテンシャルの多くがあるかもしれないが、ＡＳＥＡＮもインドの東へのゲートウェイであり続けている。実際には、インドがこの方向に進んでいくなかで、アプローチの基礎について修正と協調を継続していく必要がある。この地域からインドが学び、今でも学び続けていることは数多くある。地域統合と各国の発展のなかで前進しつつ、ＡＳＥＡＮは他のいかなるグループよりも、グローバルな環境に適応し続けてきた。創設当時から、ＡＳＥＡＮはこの地域における脱植民地化にまつわる議論の多くを棚上げしてきた。ＡＳＥＡＮは冷戦期を巧みに切り抜けながら、経済の高成長時代を招き入れ、それは他の地域のモデルとなった。一九九七年に起きたアジア金融危機[32]のインパクトを乗り越えると、ＡＳＥＡＮは東アジアサミットのプロセス[33]を通じて存在感を発揮していくようになった。加盟国すべてが、この開放的でグローバルな経済アーキテクチャーから恩恵を被り、二〇〇八年の金融危機も概ね乗り切ることができた。

しかし今日、ＡＳＥＡＮは複数のストレステストにさらされており、解決策の一部としてインドが手を差し伸べることが重要である。ＡＳＥＡＮが直面する課題には、新たなパワーの均衡、政治面の予測不可能性の増大、ルールや規範をめぐる問題、不確かな地経学的方向性、域内の連帯があり、さらにはアジアの未来におけるＡＳＥＡＮの中心性も含まれるかもしれない。

したがって、今こそインドがＡＳＥＡＮとの関与を拡大する絶好のときであり、安全保障のような側面を加え、コネクティビティを強化し、ビジネスを拡大する機会なのだ。だがそれ以上に、インドの戦略的利益はＡＳＥＡＮの中心性を強化とは言わないまでも保全することを保障するものである。すべての二国間および地域のエネルギーをこの目標のために活用していく必要がある。さらに、「インド太平洋」のような新たな概念に注目が集まるなか、ＡＳＥＡＮがそこに違和感を覚えないようにすることも重要になってくる。広域の戦略的範囲のもとで、概念的にも文字どおりの意味でもASEANをこれまで以上に中心的な存在と位置づけることを理解してもらえるための取り組みが必要だ。同様に、クアッドやさまざまな三カ国協議のようなメカニズムも、ASEANの目標をサポートするものとして明確に位置づけられるべきだろう。このための継続的なシグナルの発信は、今日きわめて必要とされる取り組みと言える。

ASEANとインドのパートナーシップは、一九九二年にシンガポールで開催された首脳会議を皮切りに始まった。九六年にはインドは対話パートナーになり、二〇〇二年に首脳会合パートナー、二〇一二年に戦略パートナーとなっていった。ニューデリーで行われた二〇一八年のインド共和国記念祝賀行事では、インドとASEANの関係が二五周年を迎えたことを記念して、加盟一〇カ国すべてから指導者を招待し、特別記念サミットを開催した。これはそれ自体がメッセージだったが、両者の関係がこの時期に拡大したことをはっきりと示すものでもあった。歴史的にも文化的にも、インドと東南アジアのつながりは深く幅広いものだ。共通の遺産と文化の存在は、地域のいたるところで見て取ることができる。実のところ、さまざまな時代のインド文明の生きた実例がこの地域に存在しているのだ。

より近い時代についても、両者の運命はインドがプレイヤーとして復帰したグローバルな政治的動向によってつながっている。たとえば、シンガポールは現代インドの未来が第二次世界大戦中の東南アジアで形成されたことを如実に示す存在だ。その後の歳月ですべての国が独立を達成したことで、ASEAN各国の指導者は自国の未来の形成に取り組み、協力と競争を展開していった。そうしたなかでインドは、対応が大きく分かれた他の大国と比べて比較的合意を得やすい国だった。

一九九二年にもたらされた真の変化は、概ね調和的だったが活力という点では穏やかな水準にとどまっていた関係が、経済面の新たな必要性によって突如として大きな役割を担うようになったことだ。その後、これはいくつもの自由貿易協定を含む一連の政策イニシアチブによって推進されていった。ＡＳＥＡＮとインドのあいだの投資と貿易は着実に拡大し、シンガポールが最大のハブとなった。この地域の企業は、通信や航空、物流、道路整備、工業団地、金融にまで及ぶインド経済の幅広い分野で主要なポジションを占めている。インド側について言えば、同国企業はエネルギー、コモディティ、インフラ、銀行の分野でプレゼンスを有している。インドと東南アジアのコネクティビティの拡大は、こうした連携の推進材料であるとともに結果でもある。実際、この二五年間で、ＡＳＥＡＮとインドのあいだの相互浸透と相互往来が非常に増加したことにより、大半のインド人が東南アジアのことを自国の近隣地域の一部として直観的にとらえるようになっているほどだ。

この関係は経済分野、さらには文化分野さえも超えて発展していった。インドとＡＳＥＡＮのあいだには三〇ものメカニズムがあり、そこには年次首脳会合や七つの閣僚対話が含まれる。インドの観点からは、ＡＳＥＡＮはアジア太平洋地域の安全保障アーキテクチャーのなかで中心的な位置を占めている。ＡＳＥＡＮは地域の文化、商業、交通上の十字路を体現する存在であるがゆえに、東南アジアにとどまらない世界の大きな利益を反映し、調和させるというユニークな能力を持っているというのが、インドが到達した見方だ。これは、ＡＳＥＡＮ地域フォーラム（ＡＲＦ）の活動――インドは一九九六年に加盟している――にすでに表れている。さらに、東アジアサミットのプロセスが概念化を経て実践されたことで、より広いアジア大陸の安定にとってもＡＳＥＡＮが重要性を帯びていることへの理解も高まっている。インドは創設時からのメンバーで、東アジアサミットの関連会合は外交日程の主要な行事になっている。また、インドは国防相によるADMMプラス[34]に大きな価値を見出している。

構造化が進んだプロセスは、インフォーマルで一時的《アドホック》なプロセスによっても補強されている。現在インドが参加しているものとしてはアジア海賊対策地域協力協定（ReCAAP）[35]があるほか、煙突国家としてマラッカ海峡やシンガポールでの協力メカニズムもある。地域的関与はすべてのASEAN加盟国とのあいだで構築した二国間で幅広い防衛および安全保障関係、また東アジアサミットのプロセスによっても強化されている。ただ、ASEAN方式はコンセンサス重視で穏健な姿勢であることから、対外的に示される重要性は往々にして過小評価されてしまっている。

こうした協力の展開は特筆に値するが、実はその真の重要性は、一九九一年以降の時代がインドの改革に及ぼした深い意義にある。数年前、九一年の経済危機についての本が大量に出版されたことがあったが、そのうちの数冊はナラシムハ・ラーオ首相に焦点を当てたものだった。インドでは、当時の出来事の意義について議論する絶好の機会になった。これを外交政策の観点からとらえると、そこで浮かび上がったのは、ASEAN、とりわけシンガポールがインドの意思決定者の思考プロセスの形成にきわめて重要な役割を果たしていたことだった。インドにとってASEANは、世界に幅広く関与し、アイデアを試し、意見を交換し、フィードバックを求めていく際のフォーラムだったのだ。この地域のメンターたちは、変貌するインドには積極的に耳を傾けてくれる人びとがいることに気づいた。インドが海図なき航路に乗り出していくなかで、彼らのアドバイスと経験はよき導き手となった。

したがって、二〇一五年にモディ首相がシンガポールのリー・クアンユー元首相の葬儀に出席したことでインドが当時の恩に敬意を表したのは、当然の対応だった。今日インドで進行中の変化はより深く、より広くなっている。製造業を拡大し、インフラを入れ替え、人的資源のクオリティを強化するべく、明確な判断に基づいた取り組みが行われている。経済のフォーマル化も加速しており、障害を取り除くことで効率化を図ることについても同様だ。これらは、ビジネスのしやすさを改善するコミットメントによって強調されている。この転換は、かなりの部分が狭い範囲の経済政策の範疇を超えて、さまざまなインパクトをもたらす社会面の変化も含むようになっている。その結果、民間のサポートを広げるべく、啓発キャンペーンや動機づけに関する取り組みも見られるようになっている。少なくともその一部は、ASEANの政治文化に合致したものになるだろう。

拡大するASEANとの関係は、インドでは当初「ルック・イースト」政策と説明されていた。この関係の発展に対する真剣さを鮮明にすべく、とくに物理的なコネクティビティに関するプロジェクトを通じ、これが数年前に「アクト・イースト」にアップグレードされた。この進化は、安全保障面の協力が拡大していることにも反映されている。だが、呼称が何であれ、この関係はインドの世界に対する地政学的方向性が東に移ったという大きな転換を反映するものでもある。東南アジアとの交流と協力は、インドにとってはその先の世界にまで誘ってくれるものだった。この頃は、ちょうどインドが日本、韓国、中国とそれまで以上に真剣に関与しようとした時期でもあった。そこでASEANがパイプの役割——心理的にも、政治的にも、さらには物理的にさえも——を担ったことは疑問の余地がない。その後の歳月でインドが東アジアサミットのプロセスに入っていくなか、この関与の方向性はいっそう強まり、今ではオーストラリアやニュージーランド、太平洋島嶼国にまで延びている。ASEANの存在がなかったら、「アジア太平洋」から「インド太平洋」への転換は間違いなく起こらなかったはずだ。

過去四半世紀で起きた進展は、インドとＡＳＥＡＮの関係によってアイデア、利益、力が解き放たれるという、当時は誰も予測できなかった事態をもたらした。そのもっとも基礎的な部分で、ＡＳＥＡＮとの関係はインドの社会ならびに政策決定者の思考の変化に貢献してきた。接触と交流によって、新たな期待と願望が徐々に高まっていった。今日このうちのいくつかは、インドによる政策の実践や議論で非常にはっきりと表れている。

経済改革の奨励を別にしても、ＡＳＥＡＮは幅広い課題でインドの思考に影響を及ぼしてきた。まず、ＡＳＥＡＮはインドの対外指向を大きく後押ししてくれた。事実、インドによる対外投資の新たな波は、東南アジアから始まったのだ。もちろん、それを明確に示す例はシンガポールだ。ＡＳＥＡＮへの関与とその結果としての貿易や資源の調達は、海洋に対する意識を大きく高めることにもつながった。これによって、インドは海洋の利益の追求をより積極的に行うようになっただけでなく、この分野を政策的関与のために概念化することもした。集中的かつ統合された今日のインド洋政策は、ＡＳＥＡＮとの経験によって形成された部分が大きい。こうした関係は、地域主義に対するインド自身の考えにもポジティブなインパクトをもたらすこともした。インドは今では、自国の成長と繁栄の恩恵が近隣諸国にも波及するための取り組みを意識的に行おうとしている。インドの支援によって行われる地域のインフラ整備プロジェクトの増加は、この決意の実行に対する真剣さを示すものだ。

海外のインド系住民がインドと世界の関係において果たしている役割を本国に知らしめるという重要な貢献をしたという点も、ＡＳＥＡＮの功績だ。事実、東南アジアほどインド系住民がネットワーキングや懸け橋の役割を積極的に担っている例は他にほとんどない。とりわけ、東南アジアがインドとの歴史的つながりや利益の再生という点で果たした触媒的役割は言うまでもない。「ナーランダ・コンセプト」[36]として今日知られる取り組みは、他でもないシンガポールで始まったのだ。それ以来この取り組みは、多くのインド人に対し自国の仏教に関する歴史と遺産を認識するよう促すものとして、またそのための人的交流における中核拠点になっている。

過去においては、インドの東に存在する対照的な世界は、戦略的地平に至るにはあまりに遠すぎる橋のような存在だった。一九六〇年代初期のようにこの二つの世界がぶつかり合ったとき、インドにもたらされたのはベネフィット以上に危機だった。だが、ASEANとの関与によって社会化のプロセスが始まり、インドの東方に対する利益が着実に拡大していった。この流れに追い風をもたらすためには、インドも東方のパートナーも安全地帯から出てくる必要がある。そうした利益が価値観によって支えられる環境のもとでは、共通項がより確実なかたちで根を張っていくことが可能になる。

　国家の伝統的な姿勢が現代ならではの懸念に対応できるか否かは、現時点ではまだわからない。とくにインドと日本は思考に大きな隔たりがある。インドの即興対応力を日本の我慢強さと調和させるには、持続的な取り組みに基づいた強い目的意識が必要になる。印日関係で問われているのは理解不足と距離を克服することで、見解の不一致や刺激要因といった典型的な問題とはかなり異なるタイプのものだ。日本がインドに接していくなかで、政治が指揮を掌握している状態が意味するところは少なくない。なぜなら、まず国同士の関係があって、その後に貿易が続くというのが現実だからだ。ノイダ[38]と名古屋が本当に出会う日が来るとすれば、それはアジアの歴史に新たなページが加わることを意味する。そのうえで、多くの者が思うほど運命づけられてはいない大陸方面での物語には、今後もう一幕思わぬ展開が起こるかもしれない。

第8章

パシフィック・インディアン——海洋世界の再登場

「立って水を眺めているだけでは、海を渡ることはできない」

——ラビンドラナート・タゴール

世界が変貌を遂げるのに合わせて、新たな概念や用語が登場するのは自然なことだ。そのなかで、「インド太平洋」はグローバルな戦略問題の語彙集にごく最近加わった用語の一つだ。ドナルド・トランプが二〇一七年のAPEC首脳会議でこの用語を使い[1]、米軍の太平洋軍が「インド太平洋軍[2]」に改称されたことから、アメリカ人はこの用語を発明したのは自分たちだと考えている。だが、日本人はその栄誉は自分たちにこそ与えられるべきだと信じている。結局のところ、一〇年以上前に安倍晋三首相がインド国会で「二つの海の交わり」という演説[3]を行ったのだから。インド人自身も置いてけぼりにされるつもりはなく、「インド太平洋」はさらに前から海軍をめぐる議論の中で用いられてきたと主張する。また、外務省内に専門の部門を設置することで[4]、インドはこの概念への積極姿勢をさらに強く示している。オーストラリア人も「自称発明者リスト」に含まれているし[5]、インドネシアがリードするASEANも今では「インド太平洋アウトルック[6]」を提示している。純粋主義者であれば、この栄誉を一九三〇年代のドイツ人戦略家、カール・ハウスホーファー[7]に授けるかもしれない――ただし、彼の見方はユーラシア戦略家のものではあるが。だが、その分析がいかなるものであれ、「インド太平洋」が今日存在しているのは、主に政策当事者の必要によるものだ。議論が進むなかで潮目は変わりつつあり、「インド太平洋」は明日の時点での予測ではなく、実は昨日の時点での現実なのだ。

世界の多くの事柄が、この言葉をめぐって展開されるようになっている。イギリス海軍は「インド太平洋」という表現こそ用いはしなかったが、数十年にわたり同様のプローチに基づいて活動してきたという事実は検討に値する。ある国は上昇を指向し、ある国は計画を練り、一部の国は準備を進め、残る国々は座視するなか、この議論を進めていくのに必要なのは、この言葉の所有権の主張とは切り離したかたちでの明確な方向性だ。このコンセプトにさらなる中身をもたらす出来事が日々展開しているという事実を、解釈論によって曖昧にしてはいけない。「インド太平洋」は国によって持つ意味が異なるが、どの国にとっても優先事項であることは否定できないだろう。インドにとっては、それは「アクト・イースト」を超えた次の論理的なステップであるとともに、南アジアという箱から抜け出すための方途でもある。日本にとっては、そこに含まれるインド洋への参入は、戦略的進化の一部をなすものだ。アメリカにとっては、統合された海域は自国の新たなあり方の中で中心に位置づけられる利益の一致を具体化したものと言える。ロシアの場合は、極東に対する新たな積極姿勢の一部として描き出されるものになりうる。ヨーロッパにとっては、一度は撤収した地域への回帰を示すものである。海軍力をグローバル大国化の必須条件と位置づける中国にとっては、「インド太平洋」が持つ意味はきわめて大きい。

これは疑いなく現代版グレート・ゲーム(8)の舞台であり、そこではさまざまな願望を抱く複数のプレイヤーが戦略的スキルを駆使している。そうしたゲームがグローバルなライフラインで起こっているだけに、見解の一致や競合の理解に向けた各国の取り組みは特別な重要性を帯びることになるだろう。「インド太平洋」は戦略的コンセプトとして流行語になっていると言えるかもしれない。だが、これは何世紀にもわたって経済的、そして文化的な実態であり続けてきたのだ。結局のところ、インド人とアラブ人は中国の東岸に至る地域にまで足跡を残しており、東南アジアの人びともアフリカにまで進出していた。実際、この現実はけっして遠い場所の話ではないし、海でつながっていることによって、西洋列強のインド太平洋に参入する意欲はいっそう高まった。大英帝国は、自国版のインド太平洋――「自由」でも「開かれて」いたわけでもなかったが――に基づいて活動を展開していた。

資源と利益の具現化が統合されたこの地域で見られ、十九世紀と二十世紀に起きた出来事の多くはこれによって説明することができる。

一方、他の大国も支配国のアプローチに続いた。インド軍は義和団の乱で鎮圧に加わったし、後年に日本軍もシンガポールやビルマまで進出した。さらに、一九四二年以降、対日戦で中国が抗戦を継続できたのは、英米連合のもとでインドから大規模な物資補給があったからだった。インド太平洋の第一期は一九四五年まで続き、この地域における英米のプレゼンスに反映されていた。戦後、インド軍は日本の中国・四国の七県に展開した。第五グルカ・ライフル連隊第二大隊は、東京で皇居の警備に当たることもした。インド洋と太平洋の分離をもたらしたのは、グローバルな規模でアメリカがイギリスに取って代わったことだった。これによって重心は太平洋へとシフトし、その後の新中国成立と朝鮮戦争によってさらに強まった。イギリスにとっては、インドの独立と湾岸への退却によって、西方の利益に注力することになった。その結果、連続性が軍の指揮に関わる事項によって決まる狭い分野に取って代わられた。インド太平洋は、われわれの未来でもあり、同時に過去でもある。したがって、それが戦略的な意味で存続可能かどうかは、過去にそうだったように、そのときの政治によって決まるのだ。

われわれの目的にとって重要なのは、一九四五年以降にアメリカの支配がインド太平洋を解消したのと同じように、今度はアメリカによる調整によってそれが再創造されることだ。他にも同じ方向に向かう独自のプロセスがあることから、これはアメリカ単独で実現できるものではないだろう。そこに含まれるのは、中国の野望、インドの利益、日本の姿勢、オーストラリアの自信の度合い、そしてＡＳＥＡＮの関心だ。同盟関係と同様に、戦略的コンセプトも時代に対応していくものであり、インド太平洋の時代がふたたびやってきたのだ。

今日世界で進行している他の多くの展開がそうであるように、インド太平洋のきっかけとなったのは、アメリカの姿勢の変化と中国の台頭だ。前者はより受動的な動きであることから、後者を中心に分析を加えることが理にかなっていると言える。一〇年前、中国では将来の海洋強国としての役割について、公の場で活発な議論が展開されていた。そこでの論点の一つは、中国の東岸とその先に広がる島嶼群という制約がもたらす伝統的な戦略ジレンマをどう解消するかだった。だが、二〇〇九年にはより大きな利益が追求されるようになり、そのジレンマもそこに吸収されていった。中国の政策決定者は、自国がグローバル大国として台頭するためには海洋大国になる必要があることをすでに認識していた。その後の議論によって、きわめて包括的なかたちで歴史的な伝統に転換がもたらされた。その意味で、二〇一二年は単に政治指導部が交代しただけでなく、戦略思考の変化でもあったのだ。

グローバルな展開がインド洋にもたらすインパクトは、インドにとって無縁ではなかった。インド洋の中心に向けて突き出した形状の位置ゆえに、インドはユニークな特質を帯びている。しかしこの戦略的特徴はあまりに当たり前のものと受け止められたため、海洋の活用は常に不十分なままだった。海軍の活発な活動が展開すると、インドも海洋関連のコネクティビティ整備に乗り出すことで対抗せざるを得なくなった。これは、安全保障上の活動範囲を拡大させていた大国を念頭に置き、海洋面での対策を講じていくことを意味した。この課題は、その多くがグローバル・コモンズの中で展開されていることから、これまでにない斬新な性格を持っている。必然的に、この状況への解決策は能力の向上、バランスの構築、協力の促進といったものになる。インドにとっては、自分たちの影響力を重視し、そのための役割の拡大を提唱し、実際の活動を受け入れてくれる国々と協働していくことはロジカルな対応なのだ。

どの大国も独自の観点を持っているため、それぞれのストーリーの内容が違ってくることも起こる。インドにとっては、それは自国の着実な発展の道筋に関わるもので、同時に他国の姿勢から生じる制約への対応も行っていくことになる。東アジアサミットによって、インドはすでにインド洋の枠を超えて、インド太平洋にまで活動を拡大させてきた。太平洋で行われる、二国間、三カ国間、多国間の海上共同訓練への参加は、重要な意味を持っている。経済の着実な対外開放と東方との関係強化によって、インドは海洋安全保障により敏感に反応するようになった。したがって、「インド太平洋」を概念として正当化することは、インドの利益拡大に直結する。このとらえ方は、グローバル・コモンズに貢献し、ルールを遵守する国であるとの自己認識によっていっそう強化されている。その中心に位置する利益はインド洋にあるかもしれないが、その先の海域でのプレゼンスも、平和な周辺環境の確保につながる。海洋での活動は全体的な均衡関係にきわめて大きなインパクトをもたらすことから、インドの参入はアジアの安定に一定の貢献をなすものである。

こうした関心の多くの部分が利益の拡大に焦点を当てるなか、インドが実際に変化をもたらすことができるのは、やはりインド洋ということになる。それは単に影響力を発揮できる当然の舞台というだけでなく、決定的に重要な安全保障が関わる現場の一つでもあるからだ。そこで強力な姿勢を維持することでインドの重要性は高まり、その東方においてさらに熱心に求められる存在になっていくだろう。インドにとっては、インド太平洋というアプローチを正しく理解できるかどうかは、自らのインド洋戦略をこれまで以上に適切に遂行していけるかにかかっている。インドは長年にわたり変化する現実に向き合ってこなかったが、こうした海洋には多くの動きが進行しているという事実と折り合いをつけるようになっている。この受容は、二〇一五年に「ＳＡＧＡＲ」[9]というかたちで示した、最初の統合海洋政策の形成につながった。協力の推進とより大きな利益のための能力の活用はインドに恩恵をもたらすという確信のもと、この政策には四つの主要な要素がある。

一番目の要素は、自国の大陸と島嶼部の保全を図り、自国の利益を擁護し、安全で安定したインド洋を確保し、インドの能力を他国も活用できるようにすることである。二番目は、海洋の隣国とのあいだで経済と安全保障面の協力深化と各国の能力強化に注力することである。三番目は、平和と安全を推進し、緊急事態に対処していくための集団的な行動と協力を構想することである。そして四番目は、持続可能な開発を促進する、統合的で協力的な地域の未来の追求である。ＳＡＧＡＲはインドによる積極的かつ結果重視のアプローチであり、パートナーシップに基づいて自国の影響力を強化しようとするものである。これは内陸とのつながりと強化された地域主義、海洋での貢献と支援、拡大近隣地域の創出といったかたちで具現化されている。これには、安全の提供国としての責任を担う意思が伴っている。これによってもたらされるインパクトは、多くのプロジェクトやイニシアチブ、活動にはっきりと表れている。

当然ながら、包括的な海洋戦略には一連のプライオリティがあり、同心円状の配置できわめてわかりやすく示すことができる。中核にあるのは自国の海洋インフラ整備、島嶼部の開発、隣国とのコネクティビティ、そして日々の能力の増強である。「近隣第一政策」との関連では、とくに大きな重要性を持つのは、広大なインパクトを持つ、こうしたイニシアチブにほかならない。次の円に含まれるのは、インドの領海の先に広がる海洋空間とスリランカ、モルディブ、モーリシャス、セーシェルといった近隣の島嶼国である。陸上では、拡大近隣地域へのコネクティビティの回復が重要度の高いテーマである。これは、広大な海域を守るインドの能力に直接的な影響を及ぼすことになる。

そこで真の課題が生じてくる――歴史と文化を基礎とするコミュニティとしてのインド洋の復活だ。インドはインド洋各地での協力を展開していくことによってのみ、自国を越えた場所で起きる事態に大きな影響力の発揮を期待できる。この海洋をいかにして切れ目のない、協力的な空間にしていけるかは、大きな地域の目標であるだけでなく、インドの中心性の強化にもつながる。こうした課題は、性格や重要性が異なろうとも、それぞれが単独で成立するものであることから、並行的に対処していく必要がある。この外にある円は、インドを太平洋世界に位置づけるものであり、中核的な安全の確保のために利益の一致に向けて関与を行うとともに、安定した周辺地域の形成が推進されている。この分野の政策交流、能力演習、協力メカニズムの構築がまさに進められている。海洋面におけるインドの未来はもちろん、より広い意味での戦略的姿勢を決定づけるのは、こうした円のあいだの相互作用なのである。

「アクト・イースト」政策と海洋での活動の拡大は、植民地時代には機能を停止していたインド東岸の港湾の再生をすでにもたらしている。だが、自国の地の利を活かすためには、海洋面でのコネクティビティをインドの国境の外にも拡大していくことが死活的に重要になってくる。バングラデシュとミャンマーは、この点で相当なポテンシャルを有している。信用枠の供与を通じたコネクティビティおよびインフラ整備プロジェクトの実施はすでに進んでいる。シットウェ港に至るカラダン・プロジェクト(10)やタイに至る三カ国ハイウェイ構想(11)は、ミャンマーへの積極的なコミットメントの具体例だ。また、こうしたつながりをベンガル湾に拡大していく余地もある。

自国領内でも、海洋面で影響力を強化するためにインドが追求していけるオプションは他にも多数存在している。なかでも、アンダマン・ニコバル諸島[12]の開発は間違いなく真っ先に挙がる。インドは、他の国だったらこれほどに有利な場所に位置しているというアドバンテージをどのように活用するだろうかと自問してみるべきだろう。アクト・イーストであれ、SAGARであれ、近隣第一政策であれ、インド太平洋であれ、戦略とは自国から始まるもので、そこで本当に進展が見られるかどうかで、真剣さが試されることになる。

それ以外では、南アジア地域協力連合（SAARC[13]）の再活性化は、インド外交の主要なプライオリティの一つであるべきだ。南アジアは世界の中でも統合がもっとも進んでいない地域の一つであることは明らかだが、インド洋の中心に位置していることから、SAARCが機能不全に陥ってしまっていることはより広い空間に直接的な影響を及ぼすことになる。コネクティビティの整備と貿易拡大の重要性は、紛れもなく明らかだ。しかし、この中核的なアジェンダにはある特定の国から断固とした反対があり、それによって急務である協力が損なわれてしまっている。したがって、インドは当面、二国間および複数国間のイニシアチブを束ねることに注力している。他と同様、この地域でもいずれ正常な状態がもたらされることを願っている。同時に、ベンガル湾多分野技術経済協力イニシアチブ（BIMSTEC[14]）のようなオプションを開拓することで、焦点をベンガル湾にシフトすることも必要になってくる。

拡大近隣地域についての意識の強化は、インドによる歴史の再要求の一部をなしている。東南アジアであれ、湾岸地域であれ、中央アジアであれ、インドの文化的基盤は明らかであり、あえて確認する必要はほとんどないほどだ。経済的基盤のほうも次第に拡大しており、貿易や投資、人の移動がインパクトを及ぼしている。そこでどうしても欠けているのは、七〇年前に阻害された、インフラとしてのコネクティビティだ。そして、解決に取り組んでいくなかで海洋こそが真の変化をもたらせるのである。

インド洋は歴史の中で、広大な地域にまたがる大勢の人びとをつなぐハイウェイとしてとらえられてきた。その重心性がファシリテーターとして機能すれば、インド洋はこのきわめて重要な役割をふたたび発揮することができる。それにはモノとヒトの移動をインド国内だけでなく、近隣地域およびその先でも円滑にしていくことが必要になってくる。コネクティビティの充実がインド外交によるイニシアチブの多くで中核に位置づけられているのは、偶然ではない。国際ハイウェイ建設、多用途輸送イニシアチブ、鉄道の近代化、内陸水路、沿岸海運、港湾開発――これらへのコミットメントの拡大は、インドの真剣さを示すものだ。実際、物流の改善はインドの近隣地域へのアウトリーチのなかで中心的なテーマになっている。

インドの西方への関与は、世界がよく知っている要因によってポジティブさに欠けている。それにもかかわらず、イランとのチャーバハール港プロジェクトおよびそれが可能にするアフガニスタンの海へのアクセスは、重要な展開の幕開けを示すものだ。ユーラシアへの通過回廊としてのイランの大きなポテンシャルは、追求する価値がある。より広域に及び、ロシアおよびヨーロッパへの輸送を促進しうる国際南北輸送回廊(15)やインド洋と中央アジアをつなぐアシガバート協定(16)についても同様だ。湾岸地域と西アジアでの開発は、今後さらなるオプションが提示されることだろう。

インド洋戦略は、当然ながら海洋の隣国へのさらなる関心を意味する。そうしたケースで共通して見られるように、歴史と社会にはよい面とそうでない面の両方が混在している。スリランカ、モルディブ、モーリシャス、セーシェルとの関係構築は、政治面の往来、協力の拡大、プロジェクトの増加というかたちで表れている。貿易、観光、インフラ、環境、ブルーエコノミー、安全保障といった分野を一体としてとらえる見方が形成されつつある。インドは、レーダーや沿岸監視機器、船舶、航空機の供与や海洋インフラの整備による能力構築を通じて、こうした国々とのパートナーシップ構築も行っている。現在の協力アジェンダには、ホワイトシッピング、ブルーエコノミー、災害対応、海賊対策、テロ対策、水路整備が含まれる。こうした国々にとって、新型コロナウイルスのパンデミックに際してインドがいかに力強く自分たちを支援する姿勢を示してくれたかは、安心材料になった。

インドの安全保障上の利益にとって、こうした海洋面での関係の重要性は強調しきれないほど大きい。結局のところ、それこそがインドが幅広い汎インド洋アーキテクチャーを構築する際の核心なのだ。したがって、直近に位置するこの地域がインドの利益に敏感であり続けてくれるようにすることは、きわめて重要になってくる。また、インド洋が激しい競争の舞台にならないことが望ましくもある。島嶼国は、自らのセンシティブな問題を抱えているが、同時に計算もしている。こうした国々がチャンスを最大限活用しようとするなかで、政治面での心地よさ、経済面での連携、文化面での親近感が生きてくる。平和、繁栄、安全、安定のための責任は、主に域内の大国のアプローチにかかっている。各国が集合的思考をし、協力的な行動をとっていくことが、地域意識を拡大していくうえでの基盤になる。そして、インド洋についてもっとも説得力のある議論は、その歴史の中に存在しているのである。

かつてインド洋「世界」には、海洋の貿易リズムに基づいた不可欠の一体性があった。この世界は自立した地域でもあり、柔軟で自然の境界ではあったが、隣接する他の地域とは別個の存在になっていた。海洋貿易と文化的影響力の結合は、明白かつ海域全体に及んでいた。その結果、伝統、慣習、宗教、商業によって、距離を超越したバーチャルなコネクティビティが形成された。しかし、西洋人の到来によって海洋と島々が分断されていくなか、歴史のロマンは国際関係の現実に取って代わられることになった。また脱植民地時代の世界のもとで、まず国家として、次いで地域としてのアイデンティティが形成されたことで、インド洋は目立たない存在になってしまった。さらに、インド洋沿岸部の特徴的な経済活動と文化的習慣は、必ずしも内陸部にまで行き渡ることもなかった。このような縦深性の欠如は、この生態系《エコシステム》全体を単なる海域へと格下げしてしまったとも言えるかもしれない。社会経済学と地政学の緊張関係は、基本的にこうした背景によるものだ。それが今日では後者が劇的な変化を遂げており、インド洋はそれに無関心でいるわけにはいかなくなっている。

海洋について言えば、インド洋は数千年に及ぶ文化の受益者であり続けている。その根本的な経済活動は自然のサイクル[17]によって直接もたらされたものだったが、それらは伝統の中にも織り込まれていった。その結果、インド洋では移動、受容、相互浸透に基づく独自のアイデンティティが形成されていった。歴史的な継承を示すものはインド洋海域の各地に点在しており、バリやミーソン[18]のヒンドゥー寺院から、中国福建省沿岸の泉州にまで広がっている。アチェ[19]やスリランカ東部にはアラブ系のコミュニティがあるし、マダガスカルにはワクワク移民[20]が来たことがあった。実際、現地のプレゼンスというかたちでインド洋を通じて表現されるグローバルな潮流の例をこれほど鮮明に示すものはほとんどない。何世紀もの時を経て、当時の影響力の断片からは、当時そうだったであろう密度の濃さと活発さの度合いについての感覚を、部分的に想起することができるのみだ。今でもこうした物語が伝えられていること自体、インド洋全体に広がる精神が共存と調整を尊び、多様性の尊重が貿易の促進を貫いていたという事実を証明している。このアイデンティティの優れた側面を復活させるためには、こうしたインド洋の多面的な姿を理解し、育んでいくことが重要だ。

多元主義と混合主義《シンクレティズム》はインド洋の歴史的な特徴であり、これらはリベラリズムによっても強化されてきた。立ち止まって考えてみると、インド洋は世界の中でもっとも英語話者人口の多い「湖」であり、その意味で大西洋より大きいと言えるのだ。植民地時代がこの海洋コミュニティに大きなダメージをもたらしたのは間違いない。だが、あの時代は国際的規範や法の支配を可能にする制度や慣行、価値観をもたらしもした。歴史のつながり――古い歴史とより近い時代の歴史ということだ――は、独自の特質を備えた、現代に即した地域を今の時代に構築していくうえで基盤になる。

だが、そうした遺産や願望があるにもかかわらず、インド洋としての一体感は明白になっていないという現実がある。その要因は複雑で、それ自体が議論に値する。外部勢力による地域の水平的分断がもたらした影響も一因だろう。植民地支配のもとで、行政管轄という人工的なファイアウォールがつくり出され、その結果、何世紀にも及ぶ自然な移動や交流が損なわれてしまった。この支配には海洋と沿岸社会の分離の強調という特徴もあり、各地の海洋における慣習や能力が衰退していった。

こうした内在的な海洋の伝統がヨーロッパのプレゼンスによって消失していくなか、インドには、この広大なグローバル・コモンズをさほど活発的ではないかたちで具現化するという任務が委ねられた。最大の阻害要因は、インドの運命がインド洋の文化にもたらしたインパクトだった。植民地支配のもとでの影響力の低下は、印パ分離独立によってさらに悪化した。距離感としても重要度という点でも、インドというこの海洋に対する梃子の支点としての役割が大幅に減退してしまったのだ。それだけでなく、脱植民地時代の近代国民国家の登場によって、領域性がとくに重視されるようになったため、地域内および地域間の協力や流れという特質をさらに縮小させることになった。そのため、インド洋は大西洋や太平洋と比べて本質的な一体性に欠けると見なされた。ベンガル湾やアラビア海といったサブリージョナルな単位でも、地中海やカリブ海、北海と並ぶ水準の文化的一体性を持っているとは見なされなかった。これを再構築するのは容易ではなく、逆の思惑をもった強大な勢力がいる状況下ではなおさらそうだ。

したがって、他の多くの地域と同様に、インド洋も域内で解決策を見出す必要がある。これに向けた重要なステップは、魅力を高めるコネクティビティを整備することだ。ソフトなコネクティビティの魅力を過小評価すべきではないが、だからといって、過去のようにモンスーンによって導かれる一体性に頼るだけでは、明らかに非現実的と言わねばならない。問題は、過去五〇年で島嶼国がそれぞれに地域枠組みに加盟したことであり、その数が一つだけではない国もいる。ＳＡＤＣ[21]、ＧＣＣ[22]、ＳＡＡＲＣ、ＢＩＭＳＴＥＣ、ＡＳＥＡＮ、ＥＡＳ――この海洋を見回すと、その分裂状況を表す略称が次々に目に入ってくる。そのため、「包括的なインド洋」の形成に向けた取り組みを関係国と地域に促すことは容易ではない。おそらく反対を示す国はいないだろうが、かといって必要な情熱を本当に持っている国はほとんどいないからだ。

外交レベルでは、こうした枠組み間の交流促進は、それ自体が成果になるだろう。各枠組み間の境界を実際に埋める作業も有用だ。ポジティブな例を一つ挙げるとすれば、ＳＡＡＲＣとＡＳＥＡＮが出会う場所としてのインド・ミャンマー国境だ。陸上のコネクティビティがきわめて重要なのは明らかだが、かなりの部分で海洋インフラの未発達がインド洋の現状の原因になっていることを認識する必要もある。内陸部の開発も同様に重要である。インド洋の限界の一部は、沿岸文化の範囲の狭さにある。アジアで国内の社会的統合が進むなかで、インド洋との心理的距離感も縮まった。内陸経済は、海洋貿易との結びつきを強めつつある。内陸のインフラ整備がインド洋の重要性向上においてゲームチェンジャーになれることは、今日明らかだ。

世界の貿易と開発におけるインド洋の中心性は、今に始まったことではない。結局のところ、この海洋は世界の海洋面積の五分の一を占め、七万キロ近くに及ぶ海岸線を含んでいるのだから。だが、広がり以上に重要なのは位置である。アジアの経済的復興のなかで、この地域を市場としてとらえるにしても生産センターとしてとらえるにしても、モノの輸送は際立った特徴になった。それに伴ってインド洋における天然資源の輸送は拡大しており、今や世界の海上経由で行われる石油貿易の三分の二を占めるに至っている。世界総人口の五分の二以上はこの海洋の周囲に住んでいる。世界のばら積み貨物[23]の三分の一とコンテナ貨物の半分について、スムーズかつ切れ目のない輸送を確保することはけっして小さな責任ではない。時の推移とともに、これは集団的な責任としての性格を強めていく必要がある。

インドはこの課題を真剣にとらえており、全面的に責任を担う用意ができている。われわれは一部の隣国とのあいだでホワイトシッピング協定締結や沿岸部および排他的経済水域（ＥＥＺ）での監視活動協力に着手している。インドは安全をテーマにしたＲｅＣＡＡＰやマラッカ・シンガポール海峡（ＳＯＭＳ）10メカニズム[24]といった枠組みに参加している。われわれは海賊対策について、自国の西方と東方の両面で積極的な役割を担っている。二〇〇八年以来、インドはインド洋のアデン湾やその他の海洋ルートで海賊取り締まりのためのパトロール活動を実施している。インド海軍は、海賊対策の護衛ミッションをこれまでに約五〇回行った。この地域における全体的な海洋安全の向上にも貢献しており、二〇一五年十二月にはハイリスクエリアの削減を実現したことで、船舶の保険コスト引き下げをもたらした。

インド洋における安全保障面の課題は、各プレイヤーによってそれぞれの方法で対処されている。インドの場合、それは本質的に国の能力が示される機会であり、関連する地域機構への参加によって補強されている。とりわけＡＳＥＡＮ地域フォーラムは、広範なプラットフォームとしてインドでは高く評価されている。自国に近い地域では、インドはスリランカおよびモルディブと三カ国協力を進めようとしている。海軍の利益が関わる分野では、三五の国が参加するインド洋海軍シンポジウム（ＩＯＮＳ）[25]が過去一〇年で着実な発展を遂げたことは、非常に勇気づけられる展開だ。ＩＯＮＳは海洋問題に関する共通理解を促進し、地域の海洋安全保障を強化し、協力的メカニズムを確立し、相互運用性を向上させ、迅速な対応を可能にするべく貢献してきた。

政策から成果の側面に移ると、安全保障上の共通目標に向けて協働する各国海軍が安定化としてのインパクトをもたらしていることは明白だ。インドはシンガポール、スリランカ、フランス、オーストラリアをはじめとする国々とのあいだで二国間の合同演習を行っている。加えて、アメリカと日本のあいだではマラバール演習で協力している。一部のインド洋島嶼国に対しては、インドは海軍の装備を供給し、訓練を実施し、水路面の活動を展開している。そして今や、海洋面の地平は東アフリカのパートナーを包含するにまで至っている。

インド洋におけるコミュニティとしてのアイデンティティを再構築するのは、大変な労力を要する取り組みだ。制度化されたフォーマットとしては、環インド洋連合（ＩＯＲＡ）[26]のような海洋フォーラムの中身をさらに充実させ、存在感を高めていくことが必要になってくる。だが、それは複雑な課題へのアプローチとしてはフォーマルすぎる対応かもしれない。固有の歴史と多様な文化を持つ多くの国々を共通の海洋空間に結集させるためには、制度とインフォーマルの両面での解決策が必要だ。この方向性で解決策を考え始めれば、障害の存在も確実に明らかになってくる。

先行き不透明なこの世界において、一致できる点があるとすれば、同盟の長所が低下しているということになるだろう。旧来のタイプの軍事的対立は、影響力をめぐるわかりにくい競争に取って代わられつつあることも明らかだ。未来においては、利益がつながっているか、重なり合っている国々を協働させていくことが重要になる。それは、よりオープンな姿勢でアジェンダを設定し、対話を展開していくことを意味する。各プレイヤーが対話のテーブルに持ち出すテーマに対する理解も必要だ。この潮流は、海軍の合同演習、戦略対話、インフラ整備プロジェクトですでに示されている。

安全と秩序は能力の強さだけに基づいて構築することはできない。法によって規律をもたらす必要があり、ここで言う法とは、IORAによって「海洋の憲法」と認識されている国連海洋法条約（UNCLOS）のことだ。グローバリゼーションが進む世界において海洋貿易の重要性の高まりを認識するなかで、インドは航行と航空の自由、それにUNCLOSに明確に示されている国際法の原則に基づいた阻害されない商業活動を支持している。また、各国は武力による脅しやその行使を慎み、平和的手段で紛争を解決すべきであり、平和と安定を複雑化したり影響を及ぼしたりする可能性のある活動の実施については自制すべきというのがインドの考え方だ。シーレーンは平和、安定、反映、開発にとってきわめて重要だ。UNCLOS締約国として、インドはすべての国に対して海洋の国際的法秩序を確立する同条約を最大限に尊重するよう求めている。なお、付属書「Ⅶ 仲裁」の権限とその行使[27]については、UNCLOSの第一五部で示されているというのがインドの立場である。

インド洋が国際政治の議論の中で主要な位置を占めていくとすれば、そこで大きく期待されるのは

ＩＯＲＡの発展だ。この二〇年、ＩＯＲＡはさまざまな要素が混じり合った精神を創出すべく、複数の多様性の調和を図ってきた。ＩＯＲＡは経済面の地域協力のため共通の場を創出し、共通の利益を開発するための機会を提供してきた。また、加盟国の企業、学術機関、研究者、人びとの緊密な交流も奨励している。インドはこの地域における二国間関係の拡大と歩調を合わせるかたちでのＩＯＲＡの構築にコミットしている。インドはＩＯＲＡの活動の拡大とさらなる活性化にメリットを見出しており、そのテーマは再生可能エネルギーやブルーエコノミーから海洋安全保障、水科学、組織およびシンクタンク間のネットワーク構築にまで及んでいる。

インド洋の歴史と伝統を踏まえ、一体性の促進に向けたいかなる真摯な努力も、その団結とアイデンティティの問題に対処するものであることが求められる。インドは、インド洋に広がり、この地域の歴史の一部をなす血縁と家族の関係を全面的に活用していく必要がある。だが、より積極的なイニシアチブが必要とされている。「プロジェクト・モーサム」[28]は、その命名からしてインド洋に独特の風の流れに基づくものであり、この地域の特質に根ざした利益を象徴している。

プロジェクト・モーサムは文化、商業、宗教面での交流についての考古学的および歴史的研究を促進するものだ。これは知識の交流、ネットワーク構築、出版活動の推進役になっている。このプロジェクトがインド洋のアイデンティティ復活に向けた現代的イニシアチブの例であるとすれば、同じ目的に資する副次的な取り組みも他に多数存在する。アーユルヴェーダやヨガ[29]といった伝統的な知識および慣行に対する関心を惹起し、仏教やスーフィズム[30]といった宗教面のルートに対する関心を再燃させ、ナーランダやラーマーヤナといった強力なシンボルを活用して人的交流を促進することで、インドはかつて活力に富んでいた少しずつ生態系という意識をもたらそうとしているのだ。

これは明らかに、アジアでコネクティビティの可能性がどこまで実現されていくかに左右されるところが大きい。今日、この地域の国々に選択肢を提供するアプローチやイニシアチブはさまざまなものがある。当然ながら、多くの国がそうしたチャンスを最大限活用しようと考えている。だが、過去一〇年の経験が示しているのは、この点で成熟し、十分な検討を経たうえで決断を下すことの重要性だ。コネクティビティが鮮明な戦略的意味を持たないと言うのであれば、プロジェクトが影響力の行使に用いられることはないという信頼に足る確証がなければならない。同様に、持続不可能なプロジェクトは、借入による資金調達の可能性が生じてくる。主権を尊重し、係争地域ではそうした取り組みの対象から外すことも死活的に重要である。コネクティビティは流れを拡充するためのもので、流れを支配するものであってはならないのだ。

　インド洋の精神は協調に基づくものであり、長期的には人に焦点を当てたイニシアチブやプロジェクトのほうが持続可能性が高いものになるだろう。われわれはコネクティビティを物理的な意味でとらえがちだが、実際にはそれに劣らず重要な意味を持っているソフトな側面についても忘れてはいけない。人的交流、宗教上の巡礼や交流、遺産の保護、文化の促進はいずれも各国間の紐帯意識の拡大を可能にするファクターだ。したがって、コネクティビティの課題にアプローチしていくに当たり、共通善の追求を主要な推進力とする包括的《ホリスティック》な視点――取引ではなくコミュニティに焦点を当てたもの――に立って臨んでいくことが不可欠になってくる。

　インド洋についての分析は、アフリカ東海岸であれ太平洋島嶼国であれ、東西両端に位置する地域の動向を理解することなしには完璧とは言えないだろう。太平洋島嶼国サミット（ＰＩＳ）[31]の開催やインドによる関与および開発プロジェクトの強化は、気候正義[32]という共通目標の認識にとっても重要性を帯びている。アフリカにおけるインドの物語も本来受けてしかるべき注目を集めていないが、これは大衆受けする内容でないことが一因である。インド洋の辺縁に位置する東アフリカ諸国とは、長きにわたる歴史的な接触と近接感があるが、これらの国との関係はインド太平洋をめぐる議論ではとくに重要と言える。

インド洋とは人、文化、商業が展開する場所だ。その複雑な構造と込み入った差異を認識することは、成長と再興をもたらすのに必須と言える。そこにアプローチする際には、ビジネスとしてではなく、情熱を持って当たるべきだ。インド洋を単なる舞台としてではなく、パートナーとしてとらえなければならない。目標は相互依存であり、支配であってはならない。モンスーンはもはや船舶の航行可能時期を左右する唯一の要因ではないかもしれないが、それでもそのリズムは何十億もの人びとの生活に浸透している。インド洋は交流の場所と文化の十字路としての地位を再創造しようとしている。この地域がかつての特質を取り戻すときが迫っており、それはインド太平洋の展望にとってもきわめて重要な意味を持っている。

そのためには、インドは能力を構築し、利益を確保する国々と連携するという協力的なアプローチをとる必要がある。同時に、二国間であれ地域的なものであれ、あるいは海洋の公共財に関わるものであれ、この関与は協議をベースとしたものでなくてはならない。さらに大きな責任を担う意思は、今後も持ち続けていくべきだ。ある意味でこれは、インドが誇るべき国連平和維持活動への貢献という伝統の海洋バージョンということになる。同様に重要なのは、国際法と規範に対する尊重で、これについてインドは発言以上に行動ではっきりと示している。域外の大国への対応、それに地域にまたがる大国との新たな均衡関係は、来るべきアーキテクチャーを形成していくだろう。より多様なかたちでのバランスが生じるよう、複数のパートナーとのあいだで合意を得ることに焦点が当てられなくてはならない。とくに重要なのは、ASEANが過去に行われたあらゆる真剣な地域的協議をリードしてきたことを踏まえ、インド太平洋の中での同組織の位置づけを保障し、理解してもらうことだ。文書のうえでも概念的にも、これはASEANの中心性を強化するチャンスと言える。

インド太平洋に対するインドのアプローチを明確に示したものがあるとすれば、それはモディ首相が二〇一八年九月のシャングリラ・ダイアローグ[33]で行った演説だ。そこで示されたのは、自由で、開かれ、包摂的で、二つの海洋をつなぐ東南アジアを中心に据えた地域というビジョンだった。これは、すべての国に個別に、そしてグローバル・コモンズに適用されるルールに基づいた共通の秩序に対する確信によって下支えされた。また、これは国際法のもとで海と空における共通の空間にすべての国が平等にアクセスできることを意味した。航行の自由、阻害されない商業、紛争の平和的解決を保障していく必要もある。このビジョンにおける経済面の構成要素は、すべての国にとっての平等な競争環境の構築だ。同時に、コネクティビティにおいては、信頼の重要性に加え、主権、透明性、有効性、持続可能性の尊重が強調されている。一言で言うと、これは「対立するアジア」ではなく、「協力するアジア」の呼びかけなのだ。

インド太平洋の未来は、継続的に関係を展開するさまざまな力からなる複雑な現状にかかっている。今日の国際関係における多くの側面と同様、ここでも多くの疑問が投げかけられている。インドにとっては、対中関係および西側とのパートナーシップにおける重要なファクターとなるだろう。北極海を通じた通商ルートの可能性とともに海洋面の関心を増していく可能性があるロシアとのあいだでは、新たな可能性が切り拓かれるかもしれない。日本、ASEAN、オーストラリアとの関係では、インド太平洋の重要性を過小評価するわけにいかないのは明らかだ。

二世紀前、インド洋は国際政治を決定づけたかもしれないが、そうした特質はその後、後退していった。われわれは、その減退を国際情勢の転換におけるファクターとして強調しすぎたのかもしれず、新たなグローバル大国が登場したときにはなおさらそうだったと言える。数々の戦略が目下進行中で、明白なものもあれば、そうでないものもある。合意可能な点は、過去の支配者の融合によって再台頭しつつある地域が死活的重要性を帯びているということだ。世界秩序の変化に伴い、新たな議論も当然生じていく。西洋が作り出した用語は以前から用いられてきた。中国は「新型の大国間関係[34]」、「一帯一路」、「人類共通の未来[35]」を提唱している。インドの世界観は協調的、民主的で公正なものだが、それを明確に表現する必要がある。インド太平洋に関して言えば、われわれはパワーシフトとその影響に折り合いをつけていくのと同じように、用語上の変化についても吸収していくことになるだろう。

エピローグ

新型コロナウイルスを超えて

「世界は、わたしたちが身体を鍛える巨大な体育館なのだ」
——スワミー・ヴィヴェーカナンダ

パンデミックがなかったとしても、世界は大きな混乱、ナショナリズムの高揚、競争の激化、ルールとレジームに対する異議申し立ての時代に向かっていることは間違いない。そこに新たなウイルスが登場し、最初に武漢を蹂躙し、その後、世界全体に蔓延していった。それによって膨大な数の命が失われただけでなく、世界中で何百万もの人びとが生活の糧を奪われることになった。未来に自信を抱いていた社会は、成長の展望が消え去っていくのを目の当たりにした。インドに限らず、世界各地で貧困から脱出できたはずの大勢の人びとが、さらに待つことを余儀なくされた。そしてこのすべてが、彼らがほとんど知識を持ち合わせておらず、ほとんどコントロールすることもできないパンデミックによってもたらされたのである。その巨大なインパクトを考えると、この規格外の事態に世界がそう簡単に対応できるとは思えない。この問題をめぐる議論があちこちで始まり、すでに激しい論争が展開されている。これにより、すでに進行中のもののペースが加速していくことは間違いない。地政学と地経学に関わる動向が過熱していくなかで、グローバルな対立は激化していくだろう。激動の時代を表す特徴の多くが正当なものだと認められ、いっそう強化される可能性もある。そして、新たなひずみが複雑さを増す世界に加わることになるだろう。

パンデミックの広がり方も一因だったが、今回の事態は流動的な状態にあった米中関係を直撃した。実際には、この特別な関係は野望、意図、利益に関わる諸問題への対処にかかりきりだった。経済安全保障が国家安全保障の中核を占めるというアメリカの見方によって、テクノロジー面で警戒が強化される一方で、アウトソーシングやグローバルなサプライチェーンに圧力がかけられた。しかし、新型コロナウイルスが発生してからは、「保健安全保障」という新たなレイヤーが国家安全保障の構成要素として加わるようになっている。パンデミックのなかで起きた薬品、マスク、個人防護服、検査キットの不足は、世界中の国々が脆弱な状態にあることを如実に示すことになった。したがって、アフターコロナの感情がビジネスでの判断、とりわけグローバルなサプライチェーンに対してどの程度影響を及ぼすかという懸念が当然生じてくる。現在の政権だけにとどまらないアメリカの思考の転換の結果、社会機構や産業の能力を犠牲にしてでも効率性と利益をひたすら追求することは受け入れられないと考えられるようになっている。とくに渡航が制限され、健康についての不安が高まる環境の中、海外でビジネスを行うことのリスクは上昇している。もし、同時に政策面でも不安が高まる事態になれば、われわれが知る今の世界に対する圧力はさらに大きなものになるだろう。

政策論争でしばしば指摘される以上にビジネスは深く根を張っていることを理解すれば、アフターコロナの世界はこれまでとはかなり違った様相を呈することは否定しがたい。少なくとも、以前に比べて脱グローバリゼーション、地域化、デカップリング、自立、コンパクトなサプライチェーンが進行することだろう。これらをめぐる議論が活発になるなか、政治的影響力についてのパラレルワールドを語っているにすぎないのではないかという指摘は少なくなっている。貿易には政治が付きものだし、テクノロジーというファクターがここに加わる。パンデミックはこうした流れをさらに際立たせている。グローバル化した経済のもとでコスト、リスク、レジリエンスが持つ相対的なメリットは、熱心な議論のテーマとなっている。そこでは、地理に基づく依存だけでなく、セクター別の依存についても焦点が当てられている。その結果、経済面における戦略的自律に対する強い意識が芽生え始めている。これと並行して、「信頼できるパートナー」というコンセプトがテクノロジーの分野を超えて、より広いかたちで定義されるようになった。安全保障や充足性に関わるととらえられていたものの領域が拡大しているが、それをとりまく政治的意味合いも同様だ。ガバナンスの本質をめぐる議論は、この文脈でより活発に行われるようになっている。他の分野でそれぞれの世界が展開していくことも、結果的に強まっている。こうした一連の流れによって、本当に「デカップリング」が深刻なレベルにまで至るのかは、見極めるのが非常に難しい問題だ。貿易依存そのものも、センシティブな問題になりつつある。過去一〇年で、われわれは貿易依存が折に触れて圧力点として用いられてくるのを見てきた。これがより頻繁に起こるなか、貿易の戦略的性格に対して大きな関心が向かうようになっていくだろう。

既存勢力が改革に積極的な一方、新興勢力が現状のなかから選択的に一部の要素を擁護しているという皮肉はすでに指摘されている。圧力が強まるなかで、この対立は深刻さを増し、新たなストーリーが生み出されていくかもしれない。「平和的台頭」[1]の喧伝から「戦狼外交」[2]の開始が宣言されるという転換がすでに起こっている。あらゆる方面で、こうした傾向がさらに強まることになるかもしれない。アフターコロナの世界では、国際問題における役割の逆転は多くのかたちでより強烈なものになるだろう。被害者意識が生じる場所も明らかに変わっている。支配に関する依存や不安をめぐる懸念にも変化が出始めている。

新型コロナウイルスが相違点を拡大し、経済の政治化をさらに推し進めたとすれば、自己利益に対するインパクトはまさにそれがよく現れていた。「コロナ・ナショナリズム」は、それを最新のかたちで具現化したものだ。パンデミックのあいだ、各国が他国の幸福にはほとんど配慮することなく、自国の保健安全保障上の目標を追求しているさまをわれわれは目の当たりにしてきた。経済的な影響力をあからさまに行使した国もあれば、地域の連帯を忘れたかのような国もあった。例外的な対応をとった国も実際にはあったが、そうした幅広い国々を対象とした行動形態が報われることはなかった。現在は、そうした対応の多くは新型コロナウイルスがもたらしたパニックのせいだということになっている。だが確実に起きたのは、国際関係が現実に基づいて展開されていったという点だ。集合的な取り組みが圧力にさらされてあまりに早くほころびが見えるようなことになれば、その未来は圧力が続く時代の中で、確実なものにならないことは明らかだ。

このため、多国間協調主義は現在のような状況に至っている。今の状況では効果的な台頭は難しいという認識は、多国間協調主義の強化にはほとんど役立っていない。この分野における論争はさておき、アジェンダの定義や方向性の設定となると、目立つかたちでリーダーシップが発揮されたことはほとんどなかった。われわれに想起させるのは、多国間協調主義のクオリティは、結局のところ大国間でどこまでコンセンサスを形成できるかにかかっているということだ。そしてすでに知られているように、それこそが現在、欠如している。その結果、組織やアジェンダ自体が、共通の着陸地点というよりは強さが試される場所になっている。関心が制度に対する影響力発揮に向かうなか、国益と国際公共財のバランスをとることは困難さを増している。結果として、その恩恵を被ったのは複数国主義《プルーリラテラリズム》だ。なぜなら、多国間協調主義において求められるようになった目的と共通性がそこにはあるからだ。強靭なサプライチェーンの追求はそこでのアジェンダに加わることになるだろうし、とりわけ保健分野においてはとくにそうだろう。

多国間協調主義は別にしても、グローバリゼーションに対するわれわれの理解でさえも、最近の事態の結果として変化が生じている。最近まで、グローバリゼーションを集合的な選択の結果というよりは、複数の国益のバランスとして見なすことが共通のアプローチだった。そこでの経済面の観点は支配的で、貿易と投資が主要な位置を占めた。だが、気候変動やテロ対策と同じようにパンデミックも、まったく関わりを持たずにいられる問題などないということを示している。こうした現実は分けて考えることが難しいという性格があるため、計算や交渉の対象にはなり得ない。世界が適切な教訓を汲み取るとしたら、この経験にはグローバルな課題をめぐる論争を再定義するポテンシャルがあるということになるだろう。だが、そうなるためには、今日対立の原因になっている問題そのものについて共通の立場を見出すことが不可欠だ。

今回のパンデミックがもたらしたインパクトのうち、予測がもっとも困難なのはきわめて深刻な影響を被った国の指導者の政治生命に対してのものだろう。政権を担当する者はその対応のクオリティによって評価されることは言うまでもない。そして逆に、その評価は彼らが作り出すストーリーによって影響を受けるのも確かなのだ。新型コロナウイルスによってもたらされた経済の惨状は、それ以前の政治的計算を根本から変えたということを、われわれははっきりと理解している。だが、そうした政治的計算のうち、いくつかの思考プロセスは現代の議論にそれを持ち込んだ者以上に長く残っていくものであり、今でも考慮されるべきである。以前の状態に簡単に戻れるのではという期待は、確かな根拠があるわけではまったくない。新型コロナウイルスは、おそらくそうした期待をより難しくしてしまったと言えるだろう。

では、こうしたもろもろの事態はインドにどのような影響を及ぼすのだろうか？　インドは安定を強化し、グローバルな不安定化が進む時代にあって安心感を増加させる存在になるだろう。その影響力は世界のリバランスに貢献し、政治面であれ経済面であれ、多極化のペースを作っていくことになる。グローバル・サウスとの強力な紐帯は、開発のプライオリティと自然的正義[3]が軽視されないようにするという点できわめて重要な意味を持っている。多国間協調主義の改革を訴える国として、インドはナショナリスティックな傾向が強まる時代にあっても、真の集団的な取り組みを支援していくことができる。そして、グローバルな舞台に戻ってきた文明大国として、「歴史の回帰」を強力なかたちで体現する例にもなるだろう。

今日のインドは、民主主義の拡散によって、信念や伝統がより鮮明なかたちで表現されるようになることも示している。ガバナンスという、放置されたままだった課題に対処する強い決意と重なることで、そこから新たな議論が必然的に生じてくる。同時に、社会発展分野におけるインドの進歩は、自国がグローバルな知識経済に向けた信頼できる人材の主要な供給源になれるポテンシャルがあることを示している。インドの台頭に伴って必ずや付随するであろう課題を世界が検討するなかで、考慮すべきファクターの例はこういったところだ。地政学であれ、テクノロジーであれ、市場であれ、文化であれ、世界とインドが互いにどう対処していくかには、制約要因と利益の一致が一体になったものが反映されていくだろう。

当然ながら、インドも新型コロナウイルスによって増幅されるであろうグローバルな環境における全体的な潮流の影響を受けていくことになる。だが、それ以上にパンデミックがもたらす直接的な影響を考慮に入れる必要がある。その破壊的なインパクトは、国家としての再生戦略を立案する必要性につながってくる。その結果、われわれの成長モデルについて根本的な再考が迫られることになるのだ。今の経済枠組みによってわれわれの製造業がいかに空洞化しているかということを踏まえれば、そうした事態はいずれにしても到来しつつあったと言える。自由貿易協定の文脈で言えば、グローバル経済により集中的に関与していくために必要な準備がどこまでできているかについて、議論がすでに進行していた。明白なのは、われわれのパートナーによる政策がもたらす懸念の多くが未解決のままということだ。貿易赤字の拡大が示しているように、構造的なアドバンテージを持つ国との競合は容易ではない。方向性の修正なしにこれまでの道を歩み続けることは、明らかな影響をもたらすことになる。それは、生活や社会の安定にもたらす直接的な影響だ。インドに対してさらなる開放を求める国が、自国内では同じ問題についてきわめて敏感に対応しているのは一種のパラドックスと言える。したがって、再生のための戦略は最大限の検討を行ったうえで策定する必要がある。適合性や関与についていかなる選択を下そうとも、そこには単純に無視することのできない事実が存在するのである。

インドが過去の長所を発見するなかで、経済戦略は自国の状況だけでなく、グローバルな状況とも調和したものでなくてはならない。一九九一年までがそうだったように、われわれが世界と歩調がまったく合っていないとしたら、経済戦略は持続可能なものにはなりにくい。それから三〇年して、インドの能力、競争力、貿易はまたも圧迫を受けているが、今回は要因が大きく異なっている。国内のビジネスを発展させるためには海外の資金に頼ればよいというポスト経済自由化の確信があったが、高い対価を払うことになったのは明らかだ。最低入札額症候群と強迫的とも言える利ざやの追求は、国内の能力を低下させることにつながってしまった。さらに、競争心を刺激する代わりに、他国の効率性がさらなる改革の先延ばしをもたらした。皮肉なことに、対外的な開放性は国内の停滞をもたらし、イノベーションを抑制し、創造力を犠牲にすることになった。このダメージの大部分が直撃したのは中小企業だった。他の分野も、似たようなかたちでそれぞれの課題と格闘している。競合相手が不公正なアドバンテージを享受しているのか、平等な競争環境が欠如しているためかにかかわらず、われわれはレトリックではなく現実に基づいて政策を構築していく必要がある。そして、こちらが供与するアクセスやこちらが参入していく際の取り決めは、こうしたファクターを考慮に入れておかなくてはならない。

　これまでの実績の評価に際しては、世界は保護主義的傾向が強まっており、予想以上に偏りが見られるという認識を持つところから始めることになるだろう。われわれの貿易統計が自国のケースを物語っている。こうした状況下でも経済自由化以降のお題目《マントラ》を唱え続けることにほとんど意味はない。国内の状況と国際情勢の両方が、自立（アートマニルバルター）[4]をさらに強調すべきだと訴えている。こうした政策展望は、より自己生成的かつ自己完結的なアプローチを促していくだろう。その成果自体によってさらなるイノベーションと創造性がもたらされていくはずだ。国内での生産が花開くことで初めて、インドは海外でも経済面で変化をもたらすことが可能になる。したがって、「メイク・イン・インディア」のさらなる強調は、インド自身にとってだけでなく、世界のためにもなることは明らかだ。

インドは自らの利益をもっと大切にし、グローバルな舞台で競争するためにそれを推進していく必要がある。そして当然ながら、自国の市場を固く閉ざす国に対してインドの市場を広く開放するわけにはいかない。インドは遅れて参入した国であることを踏まえ、キャッチアップするためには常に政策を考慮に入れる必要がある。それは、雇用、技能、イノベーション、商業化を積極的に推進するものでなくてはならない。多くの国が実践しているように、機微なセクターの保護を躊躇するべきではない。過去の政策を導いた限定的な経済利益は、多くの者の幸福に優先するものであってはならない。これは専制政治をせよと言っているのではなく、総合国力の中核をなす能力開発の拡大を訴えているのだ。今の時代が明確に要請しているのは、どの国もグローバルな舞台で切ることができるカードを持つ必要があり、大国であればなおさらそうだという点だ。

世界がさらなる多様化に向かうなか、グローバルなバリューチェーン[5]への参入強化の必要性はさらに高まっていくだろう。インドはこの方向に向けてさらに意識的に動いていくことが可能だが、それと国内の能力構築のバランスをとる必要がある。さらなる自力更生の結果として能力を増したインドは、より多くのものを世界に提供することも確実になる。世界に背を向けるのとはまったく逆に、実はインドは積極的かつよりよい準備をしたうえで世界に参入していく準備をしているのである。結局のところ、「アートマニルバル・バーラト（自立したインド）」は、「ヴァスダイヴァ・クトゥンバカム（世界は一つの家族）[6]」と共存するものなのだ。

激動する世界の中でインドは台頭を遂げているが、その成否は自国を他国と峻別する能力に大きくかかっている。アフターコロナの世界では、グローバルな財がこれまで以上に不足するという事態が起こる可能性がある。したがって、すばやく反応してくれる国と寛大なパートナーの需要は今後高まっていくだろう。これはパンデミックのさなかに明らかになり、インドの行動にはこれをいかにして進めていくかについてのヒントが含まれている。インドは一二〇カ国以上に医薬品を提供するという協力——そのうち三分の二は無償供与だった——を展開することで、国際主義を支持する明確なメッセージを送った。同時期には、モルディブ、クウェート、モーリシャス、コモロの四カ国に医療ミッションが派遣された。そうするなかで、インドは「世界の薬局」としてだけでなく、「保健安全保障の提供国」としての評価も確立した。同様に明白なのは、意識的な戦略の一環として、さらなる能力向上によってインドは国際情勢の中で自国の存在感を高めていけるということだ。

過去数年、インドの能力向上がグローバルな議論に貢献し、国際的な成果に変化がもたらされてきた。インドはコネクティビティに関する議論を積極的にかたち作り、近隣地域をはじめとする場所での数々のプロジェクトでそれを推し進めてきた。テロに対するインドの断固とした活動は、世界の主要なフォーラムでこの問題に強い関心を向けさせることにつながった。海洋安全保障と人道支援・災害救援をめぐる対応については、インドは主要なプレイヤーになっており、インド洋においてはとくにそうだ。

政治レベルでは、われわれが歴史がもたらす慎重姿勢の克服に自信を強めたことで、新たな空間が開かれた。戦略的な明確性によって、それをさらに効果的に活用できるようになった。全体として、インドの役割はさまざまなかたちでこれまで以上に発揮されている。アフリカでのインドの存在感は明らかに拡大しているが、これは過去につながりが弱かった他の地域の多くでも同様だ。実際、世界各地で展開される重要な関与と連携の深化がセットになることで、インドはグローバルな思考形態に対応していくことが可能になる。世界は新たな一〇年の入口に立っているかもしれないが、インドは自らの進化の第二章に向けた準備が整っているのである。

インドが参入していこうとしている世界のあり方は、活発な議論の対象になっている。その議論は、政治、経済、テクノロジーの根本的な変化によって、さらに複雑になっている。これまでの戦後秩序の寿命が尽きかけている状況への対応は、それ自体が困難なものだ。進行中の変化を構成する要素を十分に理解することは、依然として大きな課題と言える。インドでも海外でも、さまざまな分野の前提に疑問が投げかけられている。インドが基本的に合意できるのは、世界は真の移行の真っ只中にいるということだ。そして、インドが進む方向性についての理解は、自らの選好、利益、視点、希望によって影響を受けているのだ。

「インドならではの手法」とは、単なる傍観者ではなく、形成者ないし決定者を意味し、現在においてはとくにそうだと言える。これは、気候変動やコネクティビティをめぐる議論ですでに見て取ることができる。インドは正当かつ公正な大国であり、グローバル・サウスの旗手としてのポジションを確かなものにしていく必要がある。国内においては、それは開発に関わる問題により効果的に対処していくだけでなく、近代国家および国民国家としての特徴を早急に獲得していくことを意味する。そして最後に、文明的な特質であれ現在の成果であれ、「インドならではの手法」は自信の高まりを背景に、そのブランドをアピールしていくことになるだろう。

自力更生アプローチが成功するためには、これまで以上に大きな自信を伴う必要がある。インドの場合、この数年でさまざまな課題に対処した際に発揮した決定力は、そのために十分な素地があることを示している。単独主義的な行動を特徴とするアフターコロナの世界では、こうした思考形態はこれまで以上に求められることになるだろう。こうした思考形態の一部は、自らのプライオリティを設定し、自らの解決策を規定する能力に示されていくはずだ。しかし、利益の一致や取引にとどまらない、激しい競争が行われる世界がもたらす圧力も生じてくるだろう。自国の利益推進という観点で選択をすることは、独立の精神が深く浸透している国にとっては当然だと受け止められるはずだ。過去においては、こうした状況はインドを例外的存在にしたのかもしれない。しかし今日では、それこそが規範になる可能性を秘めているのだ。

インドに他国からの大きな関心が注がれるなか、現代の主要な問題に対してわれわれがいかなるアプローチをとるかを調べるのは、自然の帰結だ。これに対するわれわれの答え――実際にとる行動でもある――は、「インドならではの手法」とは何かを定義することにもつながる。他国がインドを何らかのモデルに当てはめようとするなか、比較する作業が行われるのは不可避と言えよう。インドのストーリー、倫理意識、文化、歴史を外に向けて示していくことが、上述の問いに対する答えの一部をなすかもしれない。だが、他にも同様に重要な分野がある。それがいかに複雑なものであれ、インドは現在のイデオロギー対立から逃れることはできない。定説になっている考え方や視点に意義を唱えることも論議を呼ぶことになるだろう。道徳性の根拠が過去に求められ、変化がリスキーに映るときにはなおさらそうだ。だが、これまでとは一線を画す最近の方針の一部は、アフターコロナの世界が新たな課題を投げかけるなかで、鮮明度が落ちてしまっている。これについては、より大きな自信を手にするようになったインドは、グローバルなリバランスの不可欠の要素として冷静に対処していくべきだ。

国際関係の他の側面と同様、インドの台頭も、終わりなき物語である。時にはわれわれにはコントロールできない理由もあり、それは常にスムーズに展開していくわけではないかもしれない。しかし、どの世代も次の世代に松明《たいまつ》を渡すものであり、その際には少しでも明るいものにしてからと願っているはずだ。このプロセスの中で、われわれは未来に向けた準備をしつつ、過去の影響を継続的に改善していく必要がある。したがって、この上なく有利な時期にあったとしても、妥当な政策決定は振り返りと計画を反映したものになる。だが、われわれがまったくもって前例のない試練に備えていくに当たり、コロナの経験はそうした作業に特別な重要性をもたらす。今回の事態の重大性、あるいは未だ形成途上にある影響についても、事前に見通すことができた者は誰一人としていなかった。パンデミックによってどの国がどこまで影響を受け、どの国が復活して再生に成功するかは、未だ疑問符が付いたままだ。だが、そうしたきわめて高い不確実性にもかかわらず、インドは現時点でも引き続き有効なゲームプランを維持していく必要がある。その構成要素はさらに複雑さを増し、突きつけられる課題はこれまで以上に厄介なものになるかもしれない。しかし、強力な競争精神と鋭敏な戦略的センスは、インドにとって間違いなく役に立つはずだ。

今の世界は、ごく最近までの状態から明らかに変わってしまった。全体的なインパクトという点で、新型コロナウイルスによるパンデミックは一九四五年以降でもっとも大きな影響をもたらしたグローバルな事件と言えるだろう。短期的には、世界各地域で既存の政策の放棄を促進することで、グローバルな混乱に拍車がかかる可能性が考えられる。世界で直面するであろうパラドックスは、これまでの秩序に依然として深く依存していながら、まさにその秩序の変革を求めていくという点にある。すでにその技法を巧みに実践している国もある一方で、苦戦したままの国もある。すべての国が政治的計算をさまざまなかたちで展開していくなか、分裂と拡散が進み、複雑さが増す未来が待ち構えている。

こうしたグローバルな見通しのなかで、インドの価値は明白だ。アフターコロナの世界では、その重みはおそらくさらに増すことになるだろう。そこで、両手を合わせる「インド式」のあいさつの長所を世界が認識したことを、今の時代の象徴ととらえることにしようではないか。それは、こう呼ばれる——「ナマステー」。

訳者あとがき

世界がインド外交に注目している。それは今に始まったことではなく、急速な経済成長を背景に国際的な存在感を強めるインドへの関心は近年、高まる一方だった。だが、二〇二二年は注目の度合いが一気に高まった感がある。ロシアのウクライナ侵攻によって世界の分断が深まるなかで、インドがいかなる姿勢で臨むかが事態をめぐる鍵の一つと見なされたためだ。国連でのロシア非難決議案に棄権票を投じるのはなぜか。米欧日が厳しい経済制裁を科しているのにもかかわらず、インドがロシアからの原油や石炭の輸入を増加させている背景には何があるのか。その一方で、日米豪とともに「クアッド」を形成したり、「インド太平洋経済枠組み」に参加したりしているのはなぜか――。

こうした疑問は、本書を読めばきっと氷解するはずだ。『インド外交の流儀――先行き不透明な世界に向けた戦略』(原題 *The India Way: Strategies for an Uncertain World*)というタイトルが示しているように、本書では不透明さを増しつつある世界においてインドが現状に向き合い、未来を切り拓いていこうとする際の「インドならではの手法」が論じられている。同時に、現在のインド外交が過去の理想主義的外交とは一線を画し、とくに一九九一年の経済自由化以降に大きな転換を遂げるに至った経緯も随所で強調されており、インド外交史を知るうえでも不可欠の一冊になっている。

本書の著者S・ジャイシャンカル氏ほど、インド外交を論じるのに適役はいないだろう。同氏は二〇一九年五月以来、外務大臣としてインド外交の舵取りを担っているだけでなく、職業外交官として四〇年あまりにわたりその最前線で主要国との関係構築や重要課題の交渉、トラブルシューティングに携わってきた人物だからだ。彼の外交官人生は、ほとんどの時期で一九七〇年代後半以降のインド外交における最重要分野と重なっていた。

S・ジャイシャンカル氏は一九五五年に首都ニューデリーでタミル系の家に生まれた（なお、タミル系の人名は、父の名前の頭文字を自分の名前の前に置くかたちをとることが多い。したがって「S」はファーストネームの省略ではなく、父K・スブラマニヤム氏の頭文字である）。大学卒業後、一九七七年にインド外務省に入省した彼にとって、最初の海外赴任先はソ連だった。本書でも繰り返し述べられているように、一九七〇年代初頭に形成されたアメリカ・中国・パキスタンの連合に対抗すべく、インドはソ連をもっとも重要な連携相手と位置づけて、関与の度合いを高めていった。外交官として最初に向き合ったのが当時の二大超大国の一つだったことで、国際政治の現実と厳しさ、そのなかでインドが生き抜いていくことの重要性を実感したのではないだろうか。その後も冷戦期のアメリカやインドが内戦に介入した時期のスリランカに赴任したほか、一九九六年から二〇〇〇年までの約四年にわたり次席公使（大使に次ぐナンバー2のポスト）として駐日大使館で勤務した経験もある。

インド外交がその空間を大きく広げることになったのは二〇〇五年にアメリカと結んだ民生用原子力合意だが、このときジャイシャンカル氏は本省のアメリカ局長として交渉の実務を担う立場にあった。大使としては、チェコとシンガポールという各地域の重要国、そして中国とアメリカという現在の二大大国でインドを代表してきた。二〇一五年一月には外務次官に就任し、事務方のトップとして三年にわたりインド外交の陣頭指揮に当たった。

退官後はシンクタンクに籍を置くなどしていたが、二〇一九年五月にインドと世界をあっと言わせる人事が発表された。第二次モディ政権で、外務大臣に任命されたのである（インドでは閣僚は議員である必要があるため、同年七月に上院議員にも選出された）。インドで職業外交官から外相になったケースは過去にもあるが、外務次官を務めた者が退官後に大臣になったのは、これまでのところジャイシャンカル氏が初めてであり、モディ首相の信任の厚さを物語っていると言えよう。

本書ではこのような経歴を持つ著者によって、多極化する世界の中で国益を冷徹に追求するとともに国際的地位の向上をめざし、世界との調和を図っていくというインド外交の要諦が明確に論じられている。どのチャプターもインド外交を理解するうえで大きな示唆をもたらしてくれるが、訳者がとくに興味深く感じたのは、叙事詩『マハーバーラタ』で現代世界とインド外交を説明しようとした第3章「クリシュナの選択」である。また、日本との関係を扱った第7章「遅れてやってきた運命」、インド太平洋に対する認識とアプローチを論じた第8章「パシフィック・インディアン」も必読だ。

今年は日印国交樹立七〇周年を迎える。そのような節目の年に本書を世に送り出せることをこの上なく光栄に感じるとともに、これを通じて日本のインド理解が大きく深まることを願ってやまない。

本書の翻訳を担当することになったのは、思いがけない経緯による。長年お世話になっている日印協会元事務局長の宮原豊さんが、まだ出版社が決まっていない段階から、企画が採用された際にはわたしを訳者にと名前を挙げてくださっていたことを知った。インド研究に関わる者として原書の存在には注目していたし、インド人によるインド外交論を日本の読者に紹介する意義はきわめて大きいと感じていた。しかし、その役割を自分自身が担うことになるとは思いもよらなかった。他に適任者がいるのではないかとも考えたが、この重要な著作の翻訳を自ら手がけたいという熱意のほうが勝り、喜んでお引き受けすることにした。

訳出に際しては、中京大学総合政策学部准教授の溜和敏《たまり》さんに訳文と訳注のチェックをお願いした。国際関係論が専門の溜さんはインド外交に精通しており、原書が刊行されるといち早くその内容について紹介するとともに、鋭い分析を加えた論考を発表していた。本書を翻訳するに当たり、真っ先に行ったのが旧知の研究仲間である彼にチェック作業を依頼することだった。溜さんからいただいた指摘やアドバイスはどれも的を射ており、正確な用語の表記や読みやすさの改善に大きく貢献してくれた。この場であらためてお礼の気持ちを伝えたい。もちろん、最終的な訳文の文責は訳者にあることは言うまでもない。

今回も、白水社編集部の阿部唯史さんにはたいへんお世話になった。この翻訳出版は出版社側からでもわたしのほうからでもない、いわば第三者からの提案で始まった企画だったが、これまで多くの作品を一緒に作ってきた阿部さんに今回も担当していただいたことで、最初から最後まで安心して作業を進めることができた。阿部さんはじめ白水社の皆様、そして本書の製作に関わったすべての方々に心からの謝意を表して、「訳者あとがき」の結びとしたい。

二〇二二年十月

笠井亮平

事項索引

あ行

か行

さ行

た行

な行

は行

ま行

や行

ら行

数字・アルファベット

人名索引

訳注

＊各項目の記述は訳者によるものであり、必ずしも原著者の見解を反映したものではありません。

はじめに

(1) **ティルヴァッルヴァル（Thiruvalluvar）**　5世紀ないし6世紀の南インド・タミル地方の詩人。「法」「財」「愛」の3篇からなる『ティルックラル　古代タミルの箴言集』（平凡社東洋文庫、1999年）で知られる。

(2) **インドの独立**　インドは1947年8月15日にイギリスから独立した。なお、前日の14日には、英領インドのうち東ベンガルやパンジャーブなどのムスリムが多く住む地域がパキスタンとして独立した。このため、両国の誕生は「分離独立（Partition）」と呼ばれる。

(3) **ラーイシーナ・ダイアローグ（Raisina Dialogue）**　2016年以降、インドの首都ニューデリーで毎年開催されている国際会議。外交・安全保障と経済が主なテーマで、インドの有力民間シンクタンクのオブザーバー研究財団（ORF）がインド外務省と連携するかたちで開催している。インドのほか、主要国の閣僚や要人も参加する。「ラーイシーナ」とは、ニューデリーで大統領官邸および主要政府庁舎の所在地である「ラーイシーナ・ヒル」に由来する。

(4) **シルバニヤス・フォーラム（Sir Bani Yas Forum）**　アラブ首長国連邦のシルバニヤス島で2010年から開催されている国際会議。中東諸国を中心に、世界主要国から多くの政策決定者が集まる。

(5) **サイ・ファウンデーション（SAI Foundation）**　インドの慈善財団。

(6) **セント・スティーヴンス・カレッジ（St. Stephens College）**　インドのデリー大学を構成するカレッジの一つ。政官財学をはじめ各方面に人材を輩出している。ジャイシャンカル氏も同カレッジの出身。

(7) **デリー・ポリシー・グループ（Delhi Policy Group）**　ニューデリーにある1994年創設の民間シンクタンク。戦略問題や国際問題を専門とする。

(8) **インディア・ファウンデーション（India Foundation）**　ニューデリーにある民間シンクタンク。外交・安全保障問題やテロ対策を中心に研究活動やシンポジウム、セミナーなどを行っている。

(9) **インド国際センター（India International Centre）**　ニューデリー中心部にある国際文化センターで、各種シンポジウムや文化行事が行われているほか、カフェや会員向けの宿泊施設も併設されている。1957年に日本の国際文化会館を訪問したネルー首相の提言を受けて設立された。上皇・上皇后は、皇太子・皇太子妃時代の1960年にニューデリーを訪問した際、同センターの定礎式に臨席したほか、天皇・皇后時代の2013年の訪印時にも再訪している。

第1章　アワドの教訓

(1) **アワド王国（Awadh）**　18～19世紀半ばにかけてガンジス川中流、現在のウッタル・プラデーシュ州東部に存在した王国。

(2) **パーニーパット症候群（Panipat syndrome）**　3度（1526年、1556年、1761年）にわた

るパーニーパットの戦いで、曖昧な姿勢を取ることで、敵軍の侵入を招いてしまったことを指す。インドを代表する外交・安全保障シンクタンク、「防衛問題研究所」（IDSA）で長年所長を務めたジャスジット・シン空軍准将によって命名された。なお、パーニーパットはインドのハリヤーナー州にある都市で、デリーから約 90 キロ北に位置する。

(3) **ジャンムー・カシミール（Jammu and Kashmir）** インド最北部に位置する地域。かつて藩王国だったが、1947 年のインド独立後に編入し、1954 年に「ジャンムー・カシミール州」となった。インドはカシミール全域が自国領であり、一部がパキスタンによって不法に占拠されているという立場をとっている（この他、中国がアクサイチンと呼ばれる地域およびパキスタンから割譲された地域を実効支配している）。2019 年、インド政府はジャンムー・カシミール州を分割し、「ジャンムー・カシミール」と「ラダック」（チベット仏教徒が多い地域）という 2 つの連邦直轄領を設置した。

(4) **1971 年** パキスタンを構成していた東パキスタンで独立運動が高まるなか、1971 年 12 月にインドとパキスタンのあいだで戦争が勃発した（第 3 次印パ戦争）。この結果、東パキスタンが独立し、バングラデシュが誕生した。

(5)**カウティリヤ的政治(Kautilyan politics)** カウティリヤは、紀元前 4 ～ 3 世紀の戦略家。「チャーナキャ」の名でも知られる。インド初の統一王朝であるマウリヤ朝を興したチャンドラグプタ王の宰相を務めた。彼の統治論・戦略論をまとめた『アルタシャーストラ』（邦訳は『実利論（上下）』として岩波文庫から刊行）では、勢力均衡や冷徹な権謀術数が説かれている。

(6)**「近隣第一」アプローチ** 2014 年 5 月、就任間もないモディ首相が掲げた南アジアの隣国を重視する姿勢を示した外交方針。

(7) **中心性（centrality）** インド太平洋やアジアの国際政治をめぐる議論の中で、ASEAN が中心的な役割を担っていることを示す際に用いられる表現。

(8) **インドの言語が用いられるケースが増えていること** 「ヨガ」や「アーユルヴェーダ」といったインド由来の用語が英語はじめ各国語でそのまま用いられていることを指していると思われる。

(9) **コネクティビティ（connectivity）** 主に道路、鉄道、港湾、空港などの交通インフラによって都市や地域間が結びついている状態、あるいはその改善を図ることを指す。通信や各種ルールといった分野を含む場合もある（ソフトコネクティビティ）。「接続性」と訳されることも多いが、本書では「コネクティビティ」で統一した。

(10)**「中国の夢」(China Dream)** 中国の最高指導者・習近平が共産党総書記就任後の 2012 年 11 月に掲げた国の理想。「中華民族の偉大な復興の実現」を骨子とする。

(11)**「皆の協力、皆の発展、皆の信頼」のアプローチ（Sabka Saath, Sabka Vikas, Sabka Vishvas）** 2014 年総選挙でモディ首相率いるインド人民党（BJP）が掲げたスローガン「皆の協力、皆の発展」に「皆の信頼」を加えたもの。2021 年 8 月の独立記念日演説で、モディ首相はさらに「皆の目標追求（Sabka Prayas）」を加えた。

(12)**「メイク・イン・インディア」計画（“Make in India” Programme）** 2014 年にモディ首相が掲げた製造業振興計画。

(13) **上海協力機構（Shanghai Cooperation Organization）** 中国、ロシア、中央アジア諸国などで構成される地域機構で、2001 年に創設された。安全保障やテロ対策、エネルギー分野での協力を行っている。インドは当初オブザーバーとして参加し、2017 年に正式加盟が認められた（パキスタンと同時加盟）。

(14) **インド外交職（Indian Foreign Service: IFS）** インド政府における国家公務員の職種の一つで、キャリア外交官に相当する。

(15) **わたしの父** K・スブラマニヤム（1929-2011 年）はインドを代表する戦略問題研究家で、

長年IDSA所長を務めた。1950年代から60年代半ばにかけて、連邦政府および州政府でキャリア官僚として要職を歴任した。

(16) **リープフロッグ現象（leapfrogging）** 本来は「カエル跳び」を意味し、新興国で、先進国のような段階的技術発展ではなく、インフラが整っていない環境でも最新の技術が導入され、定着することを指す。「リープフロッグ型発展」とも。

第2章　分断の技法

(1) **「ブラック・スワン」と「灰色のサイ」（“black swans” and “grey rhinos”）** 前者は「発生する可能性がきわめて低いことが起きる事態」を、後者は「発生する可能性がきわめて高く、甚大な影響をもたらすことがわかっていながら、そのリスクを軽視すること」を指す。

(2) **バーニー・サンダース（Bernie Sanders）** アメリカの上院議員。無所属だが、過去に数度にわたり民主党の大統領予備選に「民主社会主義者」の立場で出馬し、善戦した。

(3) **ソ連崩壊** ソ連が解体されたのは、正確には1991年12月26日。

(4) **ディープステイト（deep state）** 「闇の国家」「国家内国家」を意味する用語。アメリカでは多くの陰謀論者が、ディープステイトが存在し、国家を支配していると信じている。

(5) **マントラ（mantra）** もともとは「文字」を意味するサンスクリットの言葉。転じて、仏教、とりわけ密教における真言を意味する。

(6) **「グリーン・オン・ブルー」（Green on Blue）** もともとは、アフガニスタンで同国国軍によるNATO主導の国際治安部隊（ISAF）への攻撃を指す用語。

(7) **中国跳棋（Chinese Checkers）** ボードゲームの一種で、2～6人でプレイする。「中国」とあるが、発祥はドイツとされる。日本では「ダイヤモンドゲーム」の名でも知られる。将棋やチェスのように一対一ではなく、3人以上のプレイヤーが競う状況を表しているものと思われる。

(8) **原子力合意と原子力供給国グループ（NSG）でのインド例外化** 2005年、アメリカはインドと民生用原子力協力を推進することで合意した。しかし、インドは1974年に核実験を行ったことで、NSG（2022年現在、日本を含む48カ国で構成）によって原子力の資機材や技術の供与を禁止されていた。このため、アメリカの後押しを受けつつ、インドは核不拡散に関する実績などをもとにNSGに対して自国を例外扱いするよう求め、2008年9月に同臨時総会によって承認された。

(9) **マラバール演習（Malabar exercise）** インド海軍とアメリカ海軍による年次軍事演習。現在では日本も加わって3カ国の共同訓練となっており、ベンガル湾と日本近海で毎年交互に実施されている。「マラバール」はインド南西部の海岸の名称。

(10) **複数国主義（Plurilateralism）** 多国間協調主義（Multilateralism）とは異なり、一部の国が参加するかたちで国際的な合意を「多極主義」との訳語もある。

(11) **フラット化が進む世界** トーマス・フリードマンが2005年に著した『フラット化する世界』（原題：*The World is Flat*）に基づく表現。同書ではグローバリゼーションとインターネットの普及で世界が一体化し、各国が同一の条件下で競争を行う時代が到来すると論じられている。

(12) **特権的なパートナー（a privlileged partner）** インドとロシアは防衛やエネルギー面で緊密な協力関係にあり、2010年にはそれまでの戦略的パートナーシップが「特別で特権的な戦略的パートナーシップ」に格上げされた。

(13) **グローバル・サウス（Global South）** 先進国が集中する「グローバル・ノース」に対し、発展途上国が多い南半球を指す用語。日本で用いられる「南北問題」の「南」に相当する。

(14) **東アジアとASEANにおける「虎」（the ‘tiger’ economies in East Asia and the ASEAN）** 韓国、台湾、香港、シンガポール（いわゆる「アジア四小龍」）をはじめとする、高度経済成長

を遂げたアジアの国・地域。

第3章　クリシュナの選択

(1)**『マハーバーラタ（*The Mahabharata*）』**『ラーマーヤナ』と並ぶ、古代インド二大叙事詩の一つ。舞台は北インドで、バラタ族の中のパーンダヴァ王家とカウラヴァ王家の争いを軸として物語が進行する。サンスクリット語で記され、紀元前4世紀から紀元4世紀にかけて成立したとみられる。ヒンドゥー教の重要な聖典の一つでもある。

(2)**『バガヴァッド・ギーター（*Bhagavad Gita*）』**『マハーバーラタ』第6巻に収録されている聖典で、「神の詩」を意味する。「最高神への絶対的帰依」をはじめとする教義が説かれている。

(3) **クリシュナ神（Krishna）** ヒンドゥー教における神の一人で、最も高い人気を集める。『マハーバーラタ』では、ヴィシュヌ神の化身として登場し、アルジュナを導いていく。

(4) **アルジュナ（Arjuna）**『マハーバーラタ』の主要登場人物の一人。パウラヴァ王家には5人の兄弟がおり（母は共通だが、父はそれぞれ異なる。アルジュナの父はインドラ神)、その3番目。

(5) **カウラヴァ（Kaurava）** パーンダヴァと対立する王家。100人の王子を擁する。

(6) **ユディシュティラ王（King Yudhishtira）** パーンダヴァ五兄弟の長兄。父はダルマ神。

(7) **長老ビーシュマ（Bheeshma）** パーンダヴァとカウラヴァ双方にとって大伯父に当たる長老。クルクシェートラの戦いではカウラヴァ側の司令官を務めた。

(8) **師のドローナ（Drona）** アルジュナに弓術を教えるなど王子たちの武芸師範を務めた。

(9) **クルクシェートラ（Kurukshetra）**『マハーバーラタ』の戦いの舞台。古代インドのクル国が存在したとされ、現在のハリヤーナー州北部に当たる。

(10) **シシュパーラ（Shishupala）** チェーディ国の王子。婚約者をクリシュナに奪われ、さらに殺される。

(11) **ドゥルヨーダナ（Duryodhana）** カウラヴァ100人兄弟の長兄。王位をユディシュティラと争い、クルクシェートラの戦いを引き起こす。

(12) **ドヴァーラカー（Dwarka）** クリシュナの本拠地。現在のインドではグジャラート州に位置し、ヒンドゥー教七大聖地の一つとなっている。

(13) **エカラヴィヤ（Ekalavya）** ニシャダ王国の王子。ドローナに献身の証として親指を切って捧げるグル（師）への献身的行為は、「グル・ダクシナ」と呼ばれる。

(14) **カルナ（Karna）** ドゥルヨーダナの親友。ビーシュマとドローナの後を受けてカウラヴァ側の3人目の司令官を務める。

(15) **アビマニユ（Abhimanyu）** アルジュナの息子としてクルクシェートラの戦いに参加するが、戦死する。

(16) **ブーリシュヴァラスとサーティヤキ（Bhoorisvaras and Satyaki）** ブーリシュヴァラスはカウラヴァ側の武将で、パーンダヴァ側のサーティヤキと激しい戦いを繰り広げた末に勝利する。

(17) **原子力協力におけるインドに対する世界の信頼** 2005年の印米原子力合意以降、インドはNSGでの例外化（訳注の第2章（8）を参照）や関係各国と民生用原子力協定を結んだのに対し、パキスタンとの原子力協力は中国など一部にとどまっている。

(18) **主要な輸出規制レジーム（export control regimes）** 核やミサイルに関する機微技術の管理・規制に関する多国間枠組み。NSGのほか、ミサイル技術管理レジーム（MTCR)、オーストラリア・グループ（AG)、ザンガー委員会（ZC)、ワッセナー・アレンジメント（WA）がある。

(19) **インドとバングラデシュの紛争をめぐる仲裁判決** インドとバングラデシュはベンガル湾の

海上国境問題をめぐりハーグの常設仲裁裁判所（PCA）に仲裁を要請し、2014年7月に判決が下された。インドにとって不利な内容ではあったが、同国は判決を受け入れることにした。

(20) **南シナ海の領土問題をめぐり起きたこと**　フィリピンは南シナ海における中国との領土問題をめぐりPCAに仲裁を求めた、自国の主張を支持する内容の判決が2016年に下された。しかし、中国は当初から本件に関するPCAの仲裁を認めておらず、判決を受け入れる考えがない姿勢をとった。

(21) **ハバナとシャルム・エル・シェイク（Havana and Sharm-el-Sheikh）**　インドのマンモーハン・シン首相が、ハバナ（2006年）とエジプトのリゾート地シャルム・エル・シェイク（2009年）で開かれた非同盟諸国首脳会議の際にパキスタン首相と会談し、融和的な姿勢で臨んだことを指している。

(22) **ウリとバーラーコートの事件を受けた対応（Uri and Balakot）**　ウリはジャンムー・カシミールの地名で、2016年9月にパキスタン側から過激派勢力が越境してインド軍施設を襲撃し、兵士19人が死亡した。これを受けて、インドは2カ月後にパキスタンの首都イスラマバードで予定されていた南アジア地域協力連合（SAARC）首脳会合への参加を取りやめたほか、9月下旬にはパキスタン占領下のカシミールに報復攻撃を行った。その後、2019年2月にもジャンムー・カシミールのプルワマでインド治安部隊に対する越境襲撃事件が発生し、40人が死亡した。インド側は同月下旬、パキスタンのハイバル・パフトゥンハー州バーラーコートで過激派勢力のキャンプがあると見られる場所に対し、空軍による報復攻撃を行った。

(23) **連合、補償、武力、策略（Sama, Dana, Dhanda, and Bheda）**　カウティリヤ『実利論』で挙げられている、戦争を回避するための方策。

(24) **戦士ジャヤドラタ（Jayadratha）**　シンドゥ王国の国王で、カウラヴァ100人兄弟の唯一の妹を妻とする。アルジュナに殺される。

(25) **ボスワースの戦い（Battle of Bosworth）**　1485年に行われた、ばら戦争の中の主要な戦闘。この戦いで国王リチャード3世は死去・敗北し、代わって勝ったヘンリーによりテューダー朝が興された。

(26) **プラッシーの戦い（Battle of Plassey）**　1757年にインド・ベンガル地方プラッシーで起きた、イギリス東インド会社とベンガル太守およびフランス東インド会社の間で行われた戦い。

(27) **兵法三十六計**　中国の魏晋南北朝時代に成立した兵法書。「三十六計逃げるに如かず」はここから来ている。

(28) **「瞞天過海」や「声東撃西」**　いずれも「三十六計」の「勝戦計」に分類される兵法。前者は「同じことを繰り返して相手の油断を誘うこと」、後者は「陽動作戦によって敵軍をおびき寄せ、攻撃を加えること」を指す。

(29) **「樹上開花」や「空城計」**　前者は「三十六計」の「併戦計」に分類される兵法で、「少ない兵力を巨大な兵力に見せかけることで敵軍を欺くこと」を指す。後者は「敗戦計」の一つで、「自陣に敵軍を招き入れることで相手の警戒感を解こうとすること」を指す。

(30) **スリランカへの平和維持部隊派遣（International Peace Keeping Force）**　1987～90年にインドがスリランカ内戦に介入した際、現地に派遣した軍の呼称。本来の任務は反政府勢力の武装解除だったが、最大武装勢力のタミル・イーラム解放のトラ（LTTE）との戦闘に巻き込まれ、撤退することになった。

(31) **トリガルタ王国（Trigarta Kingdom）**　パンジャーブ州北部に位置し、首都はプラスタラ（現在のジャランダル）にあったとされる。

(32) **ヴィラタ王国（Virata Kingdom）**　パーンダヴァ一族が12年間にわたる流亡生活を送った地。

(33) **ルクミン（Rukmi）**　ヴィダルバ王国の王子で、弓の名手として知られる。妹のルクミニー

はクリシュナの妻となる。

(34) **インドの非同盟政策（India's non-alignment policy）** インドは冷戦構造の下で東西いずれの陣営にも加わらず、アジア・アフリカで独立した諸国とともに「非同盟運動」（NAM）を展開した。

(35) **ジャラーサンダ王（King Jarasandha）** マガダ国の王として北インドで勢力を広げるが、クリシュナらの策略に乗せられ、ビーマとの決闘に負けて命を落とす。

(36) **パーンダヴァの軍事バランス** クルクシェートラの戦いで、「アクシャウヒニ」と呼ばれる部隊の単位がパーンダヴァ側は7だったのに対し、カウラヴァ側は11だったことを指している。

(37) **ヴィルヘルム二世統治下のドイツ（Wilhelmine Germany）** ヴィルヘルム2世は、プロイセン国王・ドイツ皇帝（在位1888-1918年）。宰相ビスマルクを退任させて親政を行ったが、英仏露と対立し、第一次世界大戦で敗北を喫した。

(38) **インドラプラスタ（Indraprastha）** パーンダヴァ兄弟が築いた都の名称。現在のデリーにある城塞プラーナー・キラーがその地と比定されている。

(39) **ドラウパディー（Draupadi）** パーンダヴァ五兄弟共通の妻で、それぞれとの間に子どもをもうけた。

(40) **イラーヴァト（Iravat）** アルジュナが放浪中に出会ったナーガ族の娘ウルピとの間にもうけた子ども。

(41) **カルナの無敵の兵器** 「ブラフマーストラ」と呼ばれる、強大な破壊力を持つ弓。

(42) **複雑な父方の出自** ユディシュティラやアルジュナらパーンダヴァ五兄弟は、王妃が異なる神との間に生んだとされている。

(43) **ドルパダ（Drupada）** ドローナのライバルだったが、クルクシェートラの戦いではパーンダヴァ側の一人として参加する。

(44) **バーラト（Bharat）** 「インド」を意味するヒンディー語。日本の「ジャパン」と「ニッポン」の関係に近いと言えるかもしれない。

第4章　インドのドグマ

(1) **西アジア（West Asia）** パキスタン以西のアジアを指す地域名。中東およびイラン、アフガニスタンに相当する。

(2) **グローバル・コモンズ（global commons）** 環境や気候、生態系のほか、サイバー空間や宇宙、公海といった人類および地球共通の財産。「国際公共財」とも訳される。

(3) **1992年の経済・政治改革** インドは1991年、湾岸戦争の影響もあり、深刻な経済危機に直面した。これに対処すべく、当時のナラシムハ・ラオ首相とマンモーハン・シン財務相（のちの首相）は経済と外交の両面で大胆な改革に踏み切った。

(4) **1965年の第2次印パ戦争** 1947年に続き、インドとパキスタンの間で起きた戦争。事態のエスカレートを懸念した米ソが動き、国連安保理の決議を受けて停戦が実現した。ソ連の仲介で翌66年にウズベキスタン（当時はソ連の一部）のタシケントで和平交渉が行われた結果、印パの境界を戦争前の状態に戻すことなどを定めた「タシケント宣言」が発出された。

(5) **ムンバイ同時多発テロ** 2008年11月26日にインドのムンバイで発生した大規模なテロ事件。タージマハル・ホテルや鉄道駅など、市内の複数箇所でテロリストが襲撃を行い、400人以上が死傷した。パキスタンに拠点をおく過激派組織「ラシュカレ・タイバ」（LeT）の関与が疑われている。

(6) **バンドンとベオグラードの取り組み** 「平和十原則」を発表し米ソからは距離をとる姿勢を示した1955年のバンドン会議（アジア・アフリカ会議）と、ユーゴスラビアのベオグラードで開

かれた第1回非同盟諸国首脳会議を指している。

(7) **アメリカとの防衛に関する覚書** 1964年にチャヴァン国防相とマクナマラ米国防長官の間で結ばれた協定。アメリカがインドに対し、防衛分野で信用枠2億5000万ドル、無償で2億5000万ドルを供与することが合意されていた。

(8) **印ソ関係の強化** 米中和解が実現した1971年、インドはソ連との関係強化を図り、平和友好協力条約を結んだ。79年のソ連によるアフガニスタン侵攻について、翌年の国連緊急特別総会でインドは非難決議案の採択で棄権するなど、親ソ姿勢を維持した。

(9) **ソ連崩壊の影響** 1991年にソ連が崩壊したことで、インドは国際場裏で有力なパートナーを失うことになった。この影響も一因となり、インドは「ルック・イースト」政策（後述）をはじめ、全方位外交に乗り出すようになった。

(10) **「戦略的自律」(strategic autonomy)** いずれの国とも同盟を結ばず、自国の決定権を確保したうえで外交を展開するというインドの方針。

(11) **「ルック・イースト」政策（"Look East" Policy）** 1990年代前半に当時のナラシムハ・ラーオ政権が開始した、東南アジアや日本など、アジアとの関係強化を指向する政策。2014年にモディ政権のもとで「アクト・イースト（Act East）」政策に改称された。

(12) **カールギル（Kargil）** ジャンムー・カシミールの一地区。1999年5月にパキスタン軍がこの地域に侵入し、インド軍との間で6月まで戦闘が続いた（カールギル紛争）。

(13) **BRICS** 2000年代初頭から言及されるようになった経済成長著しい新興国群の頭文字を取ったもの。当初、ブラジル、ロシア、インド、中国の4カ国を指して「BRICs」とされていたが、のちに南アフリカ(South Africa)が加わって「BRICS」となった。首脳会議が開催されているほか、5カ国による開発融資機関としての「新銀行」も設立された。

(14) **ネルーのパキスタン訪問** ネルーは1953年に続き、1960年にもパキスタンを訪問した（インダス川水条約署名のため)。なお、インド首相によるパキスタン訪問は、この他に4回(ラジーヴ・ガンディー首相とヴァジペーイー首相が2回ずつ）あるのでみである。

(15) **主要なプレイヤーが国連の責務に対して示したコミットメント** 中国との和解前のアメリカ、中国と対立状態にあったソ連がともにインドを支持する姿勢を示していたことを指していると思われる。

(16) **サルダール・パテール（Sardar Patel）** インド初代内相兼副首相（在任中の1950年死去)。その断固とした姿勢から、「インドの鉄の男」と称される。2018年には、地元グジャラート州に「統一の像」と名付けられた巨大な銅像（高さ182メートルで世界1位）が建立された。

(17) **1959年以降の中国のチベットに対する姿勢** 1959年3月にチベットの首府ラサで騒乱が発生し、中国当局が鎮圧に乗り出した。チベットの指導者ダライ・ラマ14世は、混乱を避けるためラサを脱出し、インドに亡命した。これ以降、中国はより強硬な姿勢でチベット統治を行っていった。

(18) **継承プロセスを含む政治的な不安定** 初代首相のネルーが1964年5月に死去し、ラール・バハードゥル・シャストリが後継首相となった。ところが、そのシャストリも1966年1月に第二次印パ戦争終結を定めた和平条約調印のため訪問していたウズベキスタンのタシケントで急死し、ネルーの娘インディラ・ガンディーが首相に就任した。

(19) **戦線の拡大** 当初戦闘は主にジャンムー・カシミールで行われたが、インドが戦線をパキスタンのパンジャーブ州にも拡大し、戦況を有利に進めた。

(20) **ナトゥ・ラ事件（Nathu La clash）** 1967年9月に当時インドの保護国だったシッキム王国（のちにインドに編入して「シッキム州」）と中国の境界であるナトゥ・ラ峠で中国軍が侵入、インド軍側と軍事衝突が発生した。両軍に死者が出る事態となったが、インド軍が効果的に反撃し、中国軍は撤退した。

(21) **パキスタンの分割**　かつてのパキスタンは西パキスタンと東パキスタンで構成されていたが、1971年の第3次印パ戦争の結果、東パキスタンが「バングラデシュ」として独立した。
(22) **キッシンジャー訪印**　本文では「1973年」となっているが、1974年10月のことと思われる。
(23) **1974年の核実験**　インドによる初の核実験で、「スマイリング・ブッダ」というコードネームがつけられた。インドは「平和的核爆発」と主張した。
(24) **ジャギュアやミラージュ、ホヴァルツヴェルケ＝ドイツ造船（HDW）の潜水艦の購入**　ジャギュアは英仏共同開発の攻撃機で、本国ではすでに退役しているがインドでは今も現役。フランス・ダッソー社製のミラージュ2000は1980年代半ば以降、インド空軍に導入されている。1986年に就役したインド海軍の潜水艦「シャンクーシュ」は西ドイツ（当時）のホヴァルツヴェルケ＝ドイツ造船（HDW）製。
(25) **1982年と85年に行われたインド首相の訪米**　前者はインディラ・ガンディー首相、後者は1984年のインディラ暗殺を受けて後継となった息子のラジーヴ・ガンディー首相。ラジーヴ・ガンディーは87年にも訪米し、対米関係改善を図った。アメリカ側の大統領はいずれもロナルド・レーガン。
(26) **印中関係の改善**　1962年の国境紛争以降、印中関係は冷却化した状態が続いていたが、1981年に事務レベルで国境問題に関する協議が実現した。88年にはラジーヴ・ガンディー首相が訪中し、関係改善に弾みがついたほか、国境問題に関する合同作業グループが設置されることも決まった。
(27) **シアチェン氷河（Siachen Glacier）**　インドのラダック連邦直轄領（2019年10月まではジャンムー・カシミール州）に位置する、カラコロム山脈の氷河。標高6000メートルの高地にあるが、カシミールをめぐる重要な対立点の一つであり、両国軍が展開している。
(28) **モルディブが傭兵の襲撃を受けた際には、インドは他国と協議のうえで軍を派遣するという対応を選んだ**　1988年11月にモルディブでクーデターが発生した。実行部隊となったのは、スリランカのタミル系武装勢力「タミル・イーラム解放のトラ」の傭兵だった。これに対し、インドは軍を派遣して鎮圧した。
(29) **シェイク・ムジブル・ラフマン（Sheikh Mujibur Rahman）**　バングラデシュの政治家。東パキスタン時代に独立運動を率い、バングラデシュ建国後には初代首相に就任（戒厳令布告後には大統領）したが、1975年8月に暗殺された。「ムジブル・ラーマン」と表記されることもある。
(30) **1975年の国連安保理非常任理事国選挙**　この年の選挙は非常任理事国10カ国中5カ国を改選するもので、アジアの1枠をめぐりインドとパキスタンが争った。2度の投票でパキスタンにより多くの支持が集まったことで、インドは立候補を取り下げ、3回目の投票でパキスタンの選出が決まった。
(31) **1979年の中国によるベトナム攻撃**　中越戦争。ベトナムのカンボジアへの介入や親ソ姿勢、国境問題をめぐり、「懲罰」するとして中国が始めたもの。戦闘は約1カ月続き、双方に多数の犠牲者を出したのち、中国軍が撤退することで終結した。
(32) **カラコロム・ハイウェイ（Karakoram Highway）**　中国の新疆ウイグル自治区西部とパキスタンのギルギット・バルティスタン州（旧・北方地域）を結ぶ道路。中パ両国の協力により、1978年に開通した。
(33) **印中国境の東部セクター**　印中国境は西部・中部・東部の3つのセクターに分類され、このうち東部セクターはインド側アルナーチャル・プラデーシュ州と中国のチベット自治区の境界を指す。
(34) **カリスタン運動（Khalistan movement）**　1970年代後半以降活発化した、一部のシーク教徒による過激な分離運動。1984年6月にはアムリトサルにあるシーク教総本山・黄金寺院に対し、インド政府が過激派を排除するための武力作戦を行った。この年の10月、インディラ・

ガンディー首相がシーク教徒の警護兵に暗殺される事件も発生した。

(35) **ASEAN 地域フォーラム（ASEAN Regional Forum）** 1994 年に創設された、アジアの安全保障問題をテーマとした政府間の対話フォーラム。ASEAN10 カ国のほか、日米中韓など 26 カ国および EU が参加。インドは 1996 年から参加している。

(36) **包括的核実験禁止条約（Comprehensive Test Ban Treaty）** 1996 年に国連総会で採択された、あらゆる空間での核実験の禁止を定めた条約。185 カ国が署名（うち 170 カ国が批准）しているが、一部の発効要件国が未批准か未署名のため、2022 年 8 月現在発効していない。なお、インドはこの条約に署名していない。

(37) **TRIPS 協定（The Agreement on Trade-Related Aspects of Intellectual Property Rights）** 世界貿易機関（WTO）設立協定の一部として、1994 年に署名（翌 95 年発効）された協定。

(38) **イスラエルとの関係格上げ** インドはイスラエルと防衛装備品の購入など軍事分野で密接な関係にある。2017 年にモディ首相がインド首相としては初めてイスラエルを訪問し、両国関係を戦略的パートナーシップに引き上げることが決まった。翌 18 年にはイスラエルのネタニヤフ首相によるインド訪問も行われた。

(39) **核開発でパキスタンが追いつく状況** 1998 年 5 月にインドが核実験を実施した後、同月にパキスタンも初の核実験を実施した。

(40) **プーチン大統領就任** プーチンは 1999 年 12 月 31 日にエリツィン大統領から大統領代行に指名され、翌 2000 年の選挙で当選し大統領に就任した。

(41) **「戦略的パートナーシップにおける次のステップ」（Next Steps in Strategic Partnership）** 2004 年 1 月に印米間で合意されたもので、民生用原子力や宇宙開発、ハイテク分野での協力が謳われた。

(42) **H-1B プログラム** 専門的職種に就くために必要なアメリカの就労ビザ。取得には職種に関連する分野の学士以上の学歴が求められる。IT エンジニアも対象の職種に含まれることから、多数のインド人エンジニアがこのビザでアメリカに滞在しているが、2020 年にトランプ政権が発給要件を厳格化したことで、大きな影響が出た。

(43) **ロシア・インド・中国の枠組み** 1990 年代に基本となる構想が形成された、3 カ国枠組み。首脳会合のほか、外相会合も行われている。

(44) **印中国境問題交渉に関する特別代表メカニズム** 2003 年のヴァジペーイー首相による訪中時に合意された、国境問題解決に向けた取り組み。インド側は国家安全保障担当補佐官が、中国側は外交担当国務委員が特別代表を兼ねている。

(45) **「国境問題に関する政治的パラメーターと指導原則に関する協定」** 2005 年 4 月の温家宝首相訪印時に印中間で署名された文書。歴史的経緯のみならず、地理的な特徴や国民感情、係争地域の定住人口の利益の考慮など、国境問題の現実的解決に向けた道筋を示す内容となっている。

(46) **印米原子力合意に関する立法** インドとの合意を受けて、アメリカ議会では 2006 年に「ヘンリー・J・ハイド米印平和的原子力協力法」（通称「ハイド法」）が可決され（同年 12 月発効）、米国原子力法の関連規定についてインドを例外扱いすることが可能となった。

(47) **オープンスカイ協定（Open Skies agreement）** 民間航空の国際線運航に関する政府間協定で、航空会社間で路線や便数などを自由に決めることができる。航空自由化協定との呼称もある。

(48) **防衛分野に関するアメリカ側の過度な期待** 本文では具体例は示されていないが、2012 年にはインドが多目的戦闘機（MMRCA）として、アメリカ企業ではなくフランス・ダッソー社製の「ラファール」を選定したことがあった。また、インドは 2018 年にも、アメリカが反対するなかでロシア製地対空ミサイルシステム「S-400」の導入を決定した。

(49) **アフパク地域 (Af-Pak)** アフガニスタンとパキスタンを一体としてとらえる、アメリカ・オバマ政権のアプローチ。

(50) **インド人外交官の不当な逮捕をめぐる対立** 2013年12月、インドの在ニューヨーク総領事館で副総領事を務めていた女性外交官が、インド人メイドを入国させるために偽証や書類を偽造したとの嫌疑を米当局からかけられ、逮捕されるという事件があった。事件は印米間の外交問題に発展し、両国は一時険悪な関係に陥った。

(51) **ホチキス止めのビザをめぐる対立、防衛交流、国境での侵入事案** 中国がインドのアルナーチャル・プラデーシュ州出身の者による入国ビザ申請が行われた際、パスポートにシールを貼り付ける代わりにホチキスで留めるかたちで発行したことが、2009年頃に問題化した（中国はのちにジャンムー・カシミール州出身者にも同様の対応を実施）。パスポートにビザの記録を残してしまうと、自国が領有を主張する地域のインド実効支配を認めることになると懸念したためではないかと受け止められた。また、この時期には中国軍が越境してインド領に侵入する事案も大きな注目を集めた。一方、2007年には初の陸軍合同演習が行われた（翌08年に第2回も実施）ほか、海軍間でも合同演習が実施されるなど、防衛交流の進展も見られた。

(52) **モディ首相による電撃的なラホール訪問** 2015年12月25日、モディ首相はアフガニスタン訪問からの帰途、パキスタンの主要都市ラホールを訪問し、同国のナワーズ・シャリーフ首相と会談して両国関係の改善について話し合った。

(53) **管理ライン (Line of Control)** ジャンムー・カシミールにおけるインドとパキスタンの実効支配線。1971年の第3次印パ戦争後のシムラ合意にもとづく停戦ラインが「管理ライン」として今日に至るまで続いている。

(54) **チャーバハール港開発プロジェクト (Chabahar port development project)** チャーバハールはイラン最東部に位置する港湾で、同港の整備にはインドも協力していた。アフガニスタンと鉄道で接続する計画もあるが、タリバーン政権の成立によって先行き不透明となっている。

(55) **アフガン警察に対する治安支援** タリバーンがアフガニスタン全土を制圧する前まで、インドはアフガン警察に対し訓練や研修を通じた協力を行っていた。

(56) **共和国記念日パレード (Republic Day celebrations)** インドは憲法が発効した1月26日（1950年）を「共和国記念日」としており、首都ニューデリー中心部での大規模パレードをはじめ数々の祝賀行事が毎年行われる。例年外国から国家元首や大統領、首相が主賓として招待されており、日本からは安倍首相（2014年）が参加したこともある。2018年にはASEANに加盟する10カ国すべての指導者が招待された。

(57) **湾岸諸国との関係** インドは石油・天然ガスをサウジアラビアやカタールなどから輸入しているほか、アラブ首長国連邦はじめ域内各国に多数のインド人出稼ぎ労働者がいる。

(58) **SAGARドクトリン** “Security And Growth for All in the Region”（地域すべての国に安全と成長を）の頭文字を取ったもので、“sagar” はヒンディー語で「海洋」を意味する。インド洋、さらにはインド太平洋におけるインドの海洋戦略を示すもの。

(59) **「ホワイト・シッピング」協定 (White Shipping agreement)** 民間船に関する情報の交換などについて定めた協定。

(60) **海洋状況把握 (MDA) のための統合型融合センター (an integrated fusion centre for maritime domain awareness)** 2018年12月、インド洋の海洋状況把握を目的とした「情報融合センター・インド洋」(IFC-IOR) がインド政府によって設置された。

(61) **信用枠 (Line of Credit)** 相手国に対し自国の政府系金融機関などから融資を受ける際に設定される上限額で、開発協力の一手段として用いられる。

(62) **自軍の足跡を残さない方針 (light footprint)** 元々はアメリカのオバマ政権がアフガニス

タンや中東で採用したもので、大規模な地上軍を展開するのではなく（＝足跡を残さない）、ドローン（無人機）や特殊部隊を活用して目的を達成しようとする方針。

(63) **インド・アフリカ・フォーラム・サミット（India-Africa Forum Summit）** インドがアフリカ諸国と開催した地域開発協力会議。2008年にニューデリーで第1回首脳会合が開催された。2015年10月の首脳会合は3回目。

(64) **「eヴィディヤ・バーラティ遠隔教育」と「eアーロギャ・バーラティ遠隔保健」（e-VidyaBharati and e-ArogyaBharati Project）** いずれも2019年10月にインドが開始した、アフリカを対象とする遠隔協力プロジェクト。

(65) **1948年のハイデラバードと61年のゴアに対する武力行使** 1948年9月、インド政府は南部のハイデラバード藩王国に武力作戦（ポロ作戦）を行い、併合した。南部のゴアはインド独立後もポルトガルが領有を継続していたが、インド政府は1971年に武力作戦（ヴィジェイ作戦）を行い、併合した。

(66) **「国防参謀長」ポストの設置（Chief of Defense Staff）** 2019年末に新設された、軍の最高ポスト。初代国防参謀長は元陸軍参謀長のビピン・ラワット大将が2020年1月に就いたが、21年12月に国内移動のため登場していたヘリが墜落し、死去した。2022年8月現在、同ポストは空席となっている。

(67) **1950年と71年の中国外交** 中国は1950年に中ソ友好同盟相互援助条約を締結した。その後両国は激しい対立状態に陥ったことから中国は外交方針を転換し、71年にアメリカと和解を実現した。

(68) **「ハウディ・モディ」集会（Howdy Modi）** 2019年9月のモディ首相訪米時に、テキサス州ヒューストンで開かれた民間主催の歓迎イベント。トランプ大統領も出席し、5万人の観衆が参加したとされる。

(69) **マーマッラプラム（Mamallapuram）** インド南部タミル・ナードゥ州の都市。旧名マハーバリプラム。古代南インド王朝の寺院や建築物が残っていることで知られる。

(70) **「国際ヨガの日」（International Day of Yoga）** インドが6月23日を「国際ヨガの日」として制定する提案を行い、2014年の国連総会で採択された。翌15年以降、インドはじめ多くの国でこの日に記念行事が行われている。

(71) **国際太陽光同盟（International Solar Alliance）** 世界の太陽光エネルギー推進に取り組む協力枠組み。2015年のCOP21に際し、インドの呼びかけで結成された。2022年8月現在、107カ国が枠組み条約に署名している。

(72) **災害に強いインフラ構築のための連合（Coalition for Disaster Resilient Infrastructure）** 2019年9月の国連気候行動サミットの際にモディ首相が提唱したもので、インフラ分野における技術支援や能力構築、研究の推進、参加国・組織間の協力を図っていくとしている。

(73) **1960年の周恩来訪印** この訪問で周は、国境問題の解決策として、中国によるアクサイチン領有をインドが認めれば、中国はインドによる北東辺境管区（NEFA：現在のアルナーチャル・プラデーシュ州）の領有を認めるという「パッケージ提案」を行ったが、ネルーはこれを拒否した。

(74) **金融活動作業部会（Financial Action Task Force: FATF）** 1989年に設立された、マネーロンダリング対策に関する国際協力を推進するための政府間機関。

(75) **対パキスタン関係の「ハイフン化」** インドとパキスタンは長年対立を続けてきたことから、アメリカがIndia-Pakistanとハイフン記号を用いてワンセットとしてとらえてきた。

第5章　官僚と大衆

(1) **ラッチェンスのデリー（Lutyens' Delhi）** ラッチェンス（Edward Lutyens）はイギリスの建

築家で、1911 年に英領インド政府が首都をカルカッタ（現コルカタ）からデリーに移転する決定を下した際、都市計画を担った。この表現は、現在のインドの首都であるニューデリーについて、歴史的な文脈で論じられる際に用いられることが多い。

(2) **「歴史の終わり」（the end of history）** アメリカの政治経済学者フランシス・フクヤマが1989 年に発表した論文「歴史の終わり？」（のちに書籍化）に由来する。自由主義世界が勝利し、その結果、戦争や改変のような大事件は起こらなくなるという仮説が示された。

(3) **アジア・インフラ投資銀行（Asia Infrastructure Investment Bank）** 中国主導で 2015 年に設立された開発銀行で、アジアのインフラ整備案件への融資を行っている。創設時の加盟国数は 57 だったがその後増加し、2020 年末の時点で 105 の国と地域が加盟している。なお、インドは加盟しているが、日本とアメリカは参加していない。

(4) **ヨーロッパでの最近の危機** イギリスの EU 離脱やシリア難民問題をめぐる EU 内での見解の相違を指しているものと思われる。

(5) **インドから流出した富** 経済学者のウトサ・パトナイク氏によると、約 200 年でイギリス東インド会社とイギリス植民地政府はインドから少なくとも 44.6 兆ドルを吸い上げたと指摘している。

(6) **インド亜大陸（Indian Subcontinent）** 現在のインド、パキスタン、バングラデシュ、ネパール、ブータンを指す地域の呼称。「南アジア」と同義で用いられることも多い。

(7) **ゴルディロックス的アプローチ（Goldilocks approach）** 童話『三匹の熊』に出てくるゴルディロックスという少女が、3 つのお粥のなかから 1 つ選ぶ際、熱すぎず冷たすぎず、適度な温度のものにするという話がある。これが、「ほどほどのものを選ぶ」ことを表すものとして用いられている。

(8) **ジャンムー・カシミールにおけるテロの激化** アフガニスタン内戦に参加したムジャヒディーンと呼ばれるゲリラ勢力の一部がソ連軍撤退後、カシミールに移動したことでテロが激化する事態がもたらされた。

(9) **A・Q・カーンによるネットワーク** カーン（A. Q. Khan）はパキスタンの核物理学者で、表には出てこないネットワークを構築して放射性物質を取引するなどし、同国の核開発で重要な役割を担ったとされる人物。2021 年 10 月に病死した。

(10) **国連平和維持活動に兵士を派遣する国々** インドは国連 PKO に最も多くの人員を派遣している国々の一つで、2020 年 8 月末の時点では 5353 人が参加している。

(11) **エア・インディア機爆破事件** 1985 年 6 月 23 日、エア・インディア 182 便がアイルランド沖上空で爆破される事件が起き、乗員乗客全員（329 人）が死亡した。犯行は当時インド政府と対立していたシーク教徒過激派によるもので、前年 10 月にはインディラ・ガンディー首相もシーク教徒の警護官に暗殺された。

(12) **自国の安全が脅かされる状況になると容疑者の移送を行う例** 本文では具体的に示されていないが、アメリカがアル・カーイダやタリバーンなどに属するテロ容疑者をグアンタナモなどの刑務所に移送し、拘束していることを指しているものと思われる。

(13) **ユーロ圏での危機（Eurozone crisis）** 2009 年のギリシア財政危機に端を発したユーロ圏の経済危機。スペインやポルトガル、ハンガリーなどにも波及した。

(14) **大西洋同盟（the Atlantic alliance）** 北大西洋条約機構（NATO）を中核とする、アメリカと西欧の同盟関係を指す言葉。

(15) **インドによるアメリカ製防衛装備品の採用** 2005 年のシン首相訪米時に「印米防衛関係のための新たな枠組み」が合意されて以来、インド軍ではアメリカ製の装備品が増加している。

(16) **インド系アメリカ人のアメリカ議会への影響** インド系アメリカ人の政界進出は活発で、議会では 2013 年から下院議員を務めるベラ氏をはじめ民主党所属の政治家が複数いる。なお、母

方がインド系のカマラ・ハリス副大統領の前職は上院議員だった。この他、ヘイリー前国連大使やジンダル元ルイジアナ州知事（いずれも共和党）など、議会以外でも要職に就くインド系が増えている。

(17) **国際司法裁判所（ICJ）の判事選出の枠**　15人いるICJ判事のうち、以前は西欧ほかから5人、東欧2人、中南米2人、アジア3人、アフリカ3人という構成だった。2017年には任期満了を迎える5枠について選挙が行われ、イギリス出身の現職判事が最後の選挙を前に立候補を取り下げたことでインド出身判事の再選が決まったことに加え、レバノン（アジアに分類される）出身の候補が当選した結果、西欧ほかの出身が4人、アジア4人となった。

(18) **2019年、政治面で起きた展開**　本文では具体的な事態が挙げられているわけではないが、2019年には5月に下院総選挙が実施された後、8月にはジャンムー・カシミール州について特別な地位を定めた憲法規定を廃止するとともに「ジャンムー・カシミール」と「ラダック」という2つの連邦直轄地へと再編する決定が下されたほか、11月以降、移民に対する市民権付与の基準を改定した「市民権法改正案」が議会で可決され、いずれも国内で大きな政治的論争を招いた。

(19) **ミュンヘン安全保障会議**　1963年から毎年ドイツのミュンヘンで開催されている、安全保障をテーマとした国際会議。各国の首脳や関係閣僚が出席し、自国の外交・安全保障方針を説明する場にもなっており、2022年の会議では日本からは林外相が出席した。

第6章　ニムゾ・インディアン・ディフェンス

(1) **クチャ（庫車）とホータン（和田）（Kuche and Khotan）**　クチャではかつて「亀茲国」というオアシス都市国家が栄えた地。ホータンは漢字で「于闐」とも表記され、11世紀初頭まで仏教王国があった。

(2) **ナーランダという偉大な大学（the great university of Nalanda）**　現在のインド・ビハール州にかつてあった仏教僧院で、世界最古の大学の一つとされる。12世紀末にイスラーム勢力の侵入により破壊された。2010年以降、インド政府は「ナーランダ大学」を復興させるプロジェクトに取り組んでいる。

(3) **第二次世界大戦の中国戦線におけるインドの役割**　インドは蔣介石率いる重慶の国民政府への補給ルート（いわゆる「援蔣ルート」）の基点として重要な役割を担った。1942年に日本軍がビルマを制圧し陸上ルートが遮断されると、インド北東部から空路でヒマラヤ山脈を越えて中国側に物資を輸送する作戦に切り替えられた。

(4) **コトニス医師（Dr. Dwarkanath Kotnis）**　インド人医師。1938年にインド国民会議派が日中戦争下の中国・国民党政府に医療使節団を派遣した際のメンバーの一人。派遣中の1942年に現地で病死した。中国では「柯□華」の名で知られている。

(5) **中ソ対立**　1956年にフルシチョフがスターリン批判を行ったことがきっかけで中ソ指導者間に溝が生まれ、1960年代に入り対立が激化した。69年には軍事衝突も発生した（中ソ国境紛争）。89年にゴルバチョフ書記長が訪中したことで、関係は改善に転じた。

(6) **1954年のチベットに関する協定**　正式名称は「中国チベット地区とインドとの間の貿易及び交通に関するインド共和国と中華人民共和国との間の協定」。インドがチベットに、中国がインドにそれぞれの通商代表部を設置することや通商ルートや拠点が明記された。「領土主権の尊重」や「内政不干渉」など、「平和五原則」として知られる諸原則はこの協定で初めて謳われ、のちに国際関係全般にも用いられるようになった。

(7) **印中間で生じた初の大規模衝突**　1959年10月、ラダック地方のコンカ・ラ峠で印中の部隊が衝突し、インド側国境警備兵士9人が死亡する事態が発生した。

(8) **アユーブ・カーン大統領 (Ayub Khan)** パキスタン第2代大統領。1958年の軍事クーデターで政権を奪取した。1965年の第二次印パ戦争の終結に際し譲歩したとして国民の不満が高まり、暴動を抑えきれずに1969年に辞任した。

(9) **パキスタンがインドの領土を中国に割譲** パキスタンは自国が実効支配するカシミールのうち、中国(新疆ウイグル自治区)に隣接する一部地域を割譲した。

(10) **東南アジア条約機構 (South East Asia Treaty Organization: SEATO)** 1954年に発足したアメリカ主導の反共軍事同盟で、パキスタンも加盟していた。1977年解散。

(11) **中央条約機構 (Central Treaty Organization: CTO)** 前身の中東条約機構からイラクが脱退したのを受けて、1959年に中央条約機構に改称した。イギリスやトルコのほか、パキスタンも加盟していた。1979年解散。

(12) **ペシャワール (Peshawar)** パキスタンのハイバル・パフトゥンハー州(旧・北西辺境州)の州都。

(13) **1993年と96年に署名された平和と安寧の維持に関する協定** 前者は「印中国境地域の実際管理ラインにおける平和と安寧の維持に関する協定」、後者は「軍事的信頼醸成措置に関する協定」で、国境地域で安定を図り、衝突が発生した場合にエスカレートを防ぐための各種措置を定めたもの。

(14) **パキスタンとアメリカの同盟関係復活** 1979年のソ連によるアフガニスタン侵攻後、アメリカは抵抗活動を支援し、パキスタンをそのための拠点とした。その見返りとして、パキスタンには多額の経済援助がアメリカから提供された。

(15) **「究極の贈り物」** パキスタンの核開発に対して中国が技術支援を提供したことを指していると思われる。

(16) **アタル・ビハーリー・ヴァジペーイー (Atal Bihari Vajpayee)** インド人民党(BJP)の政治家。1979年当時はジャナタ党に所属し、デーサーイー政権の下で外相を務めていた。1998年にBJP政権が発足すると首相に就任し、2004年まで在任した。2018年死去。

(17) **中国は「戦略パートナー」** 2005年の温家宝首相訪印時に、インドと中国は「平和と繁栄のための戦略的協力パートナーシップ」の確立に合意した。

(18) **中国パキスタン経済回廊 (China-Pakistan Economic Corridor: CPEC)** 中国・新疆ウイグル自治区からパキスタンのグワーダル港に至るルートで交通インフラを整備するとともに産業振興を図る大規模開発構想。2013年に開始され、総工費は600億ドル以上にのぼるとされる。

(19) **自ら犯行を認めているテロリストに対する制裁の阻止** 本文では具体的な言及はないが、「テロリスト」とは2019年2月にカシミールで起きたインド治安部隊へのテロの実行組織「ジャイシェ・ムハンマド」の首領マスード・アズハルを指していると思われる。国連安保理はアズハルを制裁対象に加えようとしたが、中国の賛同が得られず実現しなかった。

(20) **インドはコネクティビティについての国際的議論をリード** 2017年5月に行われた「アジア・アフリカ成長回廊」に関する国際会議で、当時外務次官だったジャイシャンカル氏が演説を行い、インドが周辺諸国とのコネクティビティ強化に取り組むなど積極的な取り組みを展開していると指摘したことを指しているものと思われる。

(21) **テキストベースの交渉** 国連安保理改革についての文書ベースの交渉。安保理常任理事国入りをめざす日本やインド、ドイツ、ブラジルはこのアプローチを支持している。2022年7月には、国連総会でテキストベース交渉の開始を呼びかける決議が採択した。

(22) **アスタナでの会談** 2017年6月にカザフスタンのアスタナで上海協力機構首脳会議が開かれた際、モディ首相と習近平国家主席が会談を行った。

(23) **パンディット・ネルー (Pandit Nehru)** インド初代首相ジャワーハルラール・ネルーのこと。「パンディット」は「学者」を意味する敬称。

(24) **アロン・ニムゾヴィッチ（Aron Nimtsovich）** 20世紀前半に活躍したデンマーク出身のチェスプレイヤー。

第7章　遅れてやってきた運命

(1) **日本海軍のシンガポール派遣** 1915年、イギリスの植民地だったシンガポールでインド兵の反乱が発生した。日本は当時同盟を組んでいたイギリスからの要請に応じ、海軍（第三艦隊）を派遣した。

(2) **戦時中に指導的立場に就いた者もいた** 開戦時の陸軍参謀総長で、陸軍大臣も務めた杉山元大将は、1915年に駐在武官としてインドに派遣されたことがある。

(3) **こうした共通の基盤が失われてからだった** 1921年に英米仏日による4カ国条約が成立したことで、日英同盟は解消された。

(4) **日英が東南アジアにおける帝国の復活を試みた際に両国軍が協力するといったことがあった** 本文では具体例は明示されていないが、イギリスがアジアの植民地に再進駐ないし占領統治を行った際、現地の日本軍が一定の協力をしたことを念頭に置いた記述と思われる。

(5) **印日関係** 日本では「日印関係」と表記するのが一般的だが、本書はインド人の著者によるものなので、基本的に「印日関係」とした。

(6) **自由貿易協定** 日印包括的経済連携（CEPA）は2010年に署名・発効、印韓CEPAは2009年に署名（10年発効）された。

(7) **オーストラリアや太平洋島嶼国へのアウトリーチ** インドは近年、オーストリアとの関係強化（二国間および日米豪印「クアッド」などの多国間）を図っている。また、太平洋島嶼国のなかでは、2014年にインド系住民の多いフィジーにモディ首相が訪問したほか、「インド・太平洋島嶼国協力フォーラム」も設置された。

(8) **ビジネスのしやすさの改善と日系企業の要請への対応** 世界銀行の「ビジネス環境ランキング」で、インドは2014年の142位から19年の63位に上昇した。また、インド政府は日系企業の進出を促すべく、日本工業団地の設置などの取り組みを行っている。

(9) **インド洋でのプレゼンス維持** 日本は印米によるマラバール演習に参加しているほか、海上自衛隊を多国籍部隊に派遣し、インド洋西部のソマリア沖およびアデン湾で海賊取り締まりを行った。

(10) **1991年のインド経済危機を受けた日本の支援** 日本は各国に先駆けていち早く財政支援を行った。財務相として経済自由化を主導したマンモーハン・シン氏は首相在任時、当時の支援についてたびたび謝意を表明している。

(11) **通貨スワップ協定** 日印には通貨危機時に最大500億ドルを融通し合う通貨スワップ協定があったが、2015年に失効。2018年10月、モディ首相訪日時に両国はこの再開に合意した（総額750億ドル）。

(12) **多岐にわたる対話やメカニズム** インドと日本の間では、年次首脳会談（両国首脳が交互に相手の国を訪問するかたちで開催）や外務・防衛閣僚会合（「2＋2」）をはじめ、さまざまなレベルで協議メカニズムが存在している。

(13) **民生用原子力協定** 2016年11月、日印原子力協定の署名が行われ、両国議会での批准を経て、17年7月に発効した。

(14) **防衛装備品の輸出** 2015年12月、「防衛装備品及び技術の移転に関する協定」が当時外務次官だったジャイシャンカル氏と平松賢司駐インド大使の間で署名された。

(15) **両国による本格的な年次軍事演習** 海上自衛隊とインド海軍による「日印共同訓練」(JIMEX）が毎年実施されている。

（16）**物品役務相互提供協定（Acquisition and Cross-Servicing Agreement: ACSA）** 自衛隊とインド軍の間で、物品及び役務の円滑かつ迅速な提供を可能にする協定。2020年9月に署名が行われ、21年7月に発効した。

（17）**国連安保理改革の提唱** インドは日本、ドイツ、ブラジルとともに「G4」として安保理改革を提唱し、常任理事国入りをめざしている。

（18）**第三国における協力** インドと日本はスリランカのコロンボ港開発を共同で行う計画があった（ただし、2021年にスリランカ政府が中国企業に発注先を変更）。

（19）**オーストラリアを加えた３カ国協議** 日米豪印「クアッド」とは別に、日印豪3カ国の枠組みもあり、2015年には外務次官級協議が行われた。

（20）**対印ODAの大幅拡大** 日本は2000年代以降、対印ODAを大幅に拡大しており、03年にインドは円借款の最大の受取国になった。インドから見ても、日本は二国間で最大の援助供与国である。

（21）**メトロプロジェクト** 首都デリーのメトロは日本の支援で建設が行われ、2002年に最初の区間が開業した。その後9路線・255駅（2022年8月現在）にまで拡張し、デリーおよび近郊市民にとって欠かせない交通手段となっている。この他、南部のチェンナイやバンガロール（ベンガルール）のメトロも日本の支援で建設されている。

（22）**デリー・ムンバイ産業大動脈構想（Delhi-Mumbai Industrial Corridor: DMIC）** デリーとムンバイ間の約1500キロで計画されている貨物専用鉄道の沿線に工業団地を建設するなどしてインフラを整備するプロジェクト。

（23）**さらなる貨物および産業回廊計画** 貨物専用鉄道（DFC）計画の西回廊（一部開通ずみ）のほか、チェンナイ・バンガロール産業回廊（CBIC）などが計画されている。

（24）**インド進出日系企業の拡大** インドに進出した日系企業の数は、2006年352社から2021年には1454社と、15年で4倍以上に増加した。

（25）**「アクト・イースト・フォーラム」（Act East Forum）の創設** 「ルック・イースト」政策を発展させた「アクト・イースト」政策をインド北東部で推進するべく、2017年12月にインド政府と日本大使館の共催というかたちで設置されたフォーラム。2021年1月までに5回開催されている。

（26）**マルチ・スズキ（Maruti Suzuki India）の自動車の販売開始** スズキ自動車は1980年代にいち早くインドに進出し、マルチ・ウドヨグ社と現地で合弁会社を設立。83年に発売を開始したマルチ800（スズキ・アルトがベース）は、インドの軽自動車市場を席巻した。インドの自動車販売におけるスズキのシェアは現在でも50パーセントを超えている。

（27）**ネータージー・スバース・チャンドラ・ボース（Netaji Subhas Chandra Bose）** インド独立運動の有力指導者の一人。インド国民会議派のなかで若手のリーダーとして台頭し議長も務めたが、ガンディーと対立し、国外で闘争を続ける道を選んだ。ドイツを経て1943年に日本に行き、東南アジアで「自由インド仮政府」と「インド国民軍」を指揮した。1945年8月、台北で飛行機事故に遭い、死亡したとされる。「ネータージー」（Netaji）は「指導者」を意味する敬称。

（28）**ラダビノード・パル判事（Radhabinod Pal）** インドの弁護士・裁判官。専門はヒンドゥー法で、カルカッタ大学副学長（総長に相当）も務めた。極東国際軍事裁判（東京裁判）でインド代表判事に任じられた。裁判では、「平和に対する罪」「人道に対する罪」は事後法であるとし、被告人全員を無罪とする少数意見（「パル判決書」）を提出した。1967年没。

（29）**賠償請求権の放棄** インドは1951年のサンフランシスコ講和会議には出席せず、翌52年4月28日に日本と平和条約を結び、国交を樹立した。同条約第6条で、インドはすべての対日賠償請求権を放棄するとした。

(30) **日本のアジア競技大会への参加**　アジア競技大会（「アジア大会」とも）は、インド出身の国際オリンピック委員、ソーンディーが主導し、1949年の設立総会も1951年の第1回大会もニューデリーで開かれるなど、インドが重要な役割を果たした。日本の参加にはフィリピンから反発もあったが、最終的に承認され、第1回から選手団が派遣された。

(31) **国連安保理決議1172**　1998年5月の印パ両国による核実験を非難する内容の決議。当時非常任理事国だった日本も含め、すべての理事国が賛成して採択された。

(32) **アジア金融危機（Asian Financial Crisis）**　1997年にタイのバーツ急落を契機に始まった通貨危機。インドネシアや韓国はじめアジアの多くの国・地域に影響が及んだ。

(33) **東アジアサミットのプロセス（East Asia Summit: EAS）**　ASEAN10カ国および日中韓、オーストラリア、ニュージーランド、インドの16カ国で2005年12月に始まった首脳会合。2011年以降はアメリカとロシアも参加している。

(34) **ADMMプラス**　アジアの信頼醸成構築に向けた取り組みとして2006年に始まった「ASEAN国防相会議」（ADMM）があり、「ADMMプラス」はそれを拡大したもの。2010年に始まり、ASEAN加盟国に加えて対話国8カ国（日、中、韓、米、露、インド、オーストラリア、ニュージーランド）当初3年に1度の開催だったが、その後、毎年開催されるようになった。

(35) **アジア海賊対策地域協力協定（Regional Cooperation Agreement on Combating Piracy and Armed Robbery against Ships in Asia: ReCAAP）**　2001年に日本の小泉首相がアジアの海賊取り締まり協力として提唱したもので、04年に採択された（06年発効）。日中韓や大半のASEAN加盟国に加え、米英など域外国を含む20カ国が締約国となっている。

(36) **ナーランダ・コンセプト（Nalanda concept）**　ナーランダ大学復興構想は2007年の第2回東アジアサミットで承認され、第2代学長はシンガポールのジョージ・ヨー元外相が務めた。

(37) **インドの即興対応力（jugaad）**　手段が限られたなかで、独創性を発揮して問題を解決する「ジュガール」と呼ばれる手法がある。最近では日常生活のみならず、ビジネスマネジメントにもこの発想を活かそうとする試みがある。

(38) **ノイダ（Noida）**　ヤムナ川を挟んでデリーの対岸に位置する、ウッタル・プラデーシュの新興都市。デリー首都圏（NCR）に含まれる。高層住宅や大型ショッピングモール、産業の開発が進んでいる。

第8章　パシフィック・インディアン

(1) **ドナルド・トランプによる「インド太平洋」の言及**　トランプ米大統領は、2017年にベトナムのダナンで開かれたAPEC首脳会議で演説を行った際、「自由で開かれたインド太平洋」にたびたび言及した。

(2) **インド太平洋軍（US Indo-Pacific Command）**　2018年5月、米軍はそれまでの太平洋軍を「インド太平洋軍」に改称した。

(3) **「二つの海の交わり」演説（"Confluence of the Two Seas" speech）**　2007年8月に安倍首相がインド国会で行った演説。太平洋とインド洋を一体のものとしてとらえることを提唱しており、その後の「インド太平洋」構想の原型と位置づけられる。

(4) **外務省内に専門の部門を設置**　2019年4月、インド外務省は「インド太平洋局」を新設した。

(5) **オーストラリア人も「自称発明者リスト」に含まれている**　「インド太平洋」（the Indo-Pacific）が初めて政府の文書に登場したのは、オーストラリアの2013年版「国防白書」とされる。

(6) **ASEANの「インド太平洋アウトルック」（ASEAN Outlook on the Indo-Pacific）**　ASEANが2019年6月に発表した、インド太平洋に関する文書。インド太平洋地域の協力推進における「ASEANの中心性」を強調したうえで、目的や原則、協力分野が示されている。

（7）**カール・ハウスホーファー（Karl Haushofer）** ドイツの地政学者。1921年にミュンヘン大学の地理学教授となる。『太平洋の地政学』をはじめとする著作で「インド太平洋」に言及していた。1946年に服毒自殺。

（8）**グレート・ゲーム（the Great Game）** 19世紀から20世紀にかけて中央アジア、アフガニスタン、チベットなどを舞台に展開された、イギリスとロシアの勢力争い。ラドヤード・キプリングの小説『少年キム』でこの語が登場し、その後、国際政治の文脈でも用いられるようになった。

（9）**SAGAR** 本書の第4章を参照。

（10）**カラダン・プロジェクト（Kaladan Multi-Modal Transit Transport Project）** カラダン川はインド北東部・ミゾラム州からミャンマーのチン州およびラカイン州を通ってベンガル湾に流れる国際河川。この流域を陸路および水路で結び、さらにミャンマーのシットウェからインドのコルカタを海路で結ぶことで、物流環境の改善を図るインフラ整備計画。

（11）**3カ国ハイウェイ構想（India-Myanmar-Thailand Trilateral Highway）** インド北東部からミャンマーを経てタイに至る全長1360キロの道路を整備するプロジェクト。ミャンマー西部など一部の区間で作業が完了していない区間があるが、概ね開通している。

（12）**アンダマン・ニコバル諸島（Andaman & Nicobar Islands）** ベンガル湾南方に縦長に広がるインド領の島嶼群。第二次世界大戦中は日本軍が占領し、1943年にスバース・チャンドラ・ボース率いる自由インド仮政府に移譲されたことがあった。近年、観光開発のほか、戦略的位置から安全保障面でも関心が高まりつつある。

（13）**南アジア地域協力連合（South Asia Association for Regional Cooperation: SAARC）** 南アジアすべての国（アフガニスタンも含む）が加盟する地域協力機構。1985年に発足し、ネパールのカトマンドゥに事務局が置かれている。首脳会合は2014年の第18回以降、開かれていない（16年の第19回会合は中止）。

（14）**ベンガル湾多分野技術経済協力イニシアチブ（Bay of Bengal Initiative for Multi-Sectoral Technical and Economic Cooperation: BIMSTEC）** 1997年に設立された、ベンガル湾に面した南アジアおよび東南アジア諸国で構成される多国間組織（事務局はバングラデシュのダッカ）。交通やエネルギー、貿易・投資、農業、公衆衛生、テロ対策など幅広い分野を対象とする。近年、インドを中心に組織を強化する動きが見られている。

（15）**国際南北輸送回廊（International North-South Transport Corridor: INSTC）** インドのムンバイからイラン、アゼルバイジャンを経てロシアのモスクワに至る全長7200キロの交通網整備構想。2002年にインド、ロシア、イランが合意した。

（16）**アシガバート協定（Ashgabat Agreement）** 中央アジアとペルシャ湾、さらにはインド洋の間での交通網整備を図るべく2011年にトルクメニスタンの首都アシガバートで署名された協定。インドは2018年に2月に加盟した。

（17）**インド洋の自然のサイクル** インド洋およびその沿岸国では、モンスーンと呼ばれる季節風が吹く。この風の流れを利用してインドと湾岸諸国、東アフリカとの間では古来より交易が行われていた。

（18）**ミーソン（My Son）** ベトナム中部にあるミーソン遺跡は古代チャンパ王国時代のものとして知られており、ヒンドゥー寺院の遺跡もある。

（19）**アチェ（Ache）** スマトラ島北部にはかつてアチェ王国というイスラーム王国があった。20世紀初頭までスルタンがいたが、オランダに降伏した。現在ではインドネシアのアチェ州となっている。

（20）**ワクワク移民（Waqwaq settlers）** 「ワクワク」とは、中世のアラブ世界で、かなたにあると考えられていた島の名前。島を比定する試みのなかで、マダガスカルが候補の一つとして挙げられている。

(21) **SADC (South African Development Community)** 「南部アフリカ開発共同体」の略称。加盟国数は16で、南アフリカ共和国やアンゴラ、タンザニアなどのアフリカ大陸の国のほか、マダガスカルやモーリシャス、セーシェルといったインド洋の島嶼国も含まれている。

(22) **GCC (Gulf Cooperation Council)** 「湾岸協力会議」の略称。1981年に設立され、本部はサウジアラビアのリヤドに置かれている。サウジアラビア、アラブ首長国連邦、カタール、オマーン、クウェート、バーレーンの6カ国が加盟。

(23) **ばら積み貨物 (bulk cargo)** 石油や石炭、穀物、セメントのように、コンテナではなく包装されていない状態で大量に輸送される貨物のこと。

(24) **マラッカ・シンガポール海峡 (SOMS) 10メカニズム (SOMS 10 mechanisms)** 海上輸送路の重要地点であるマラッカ・シンガポール海峡の安全確保について関係国で協議を行う枠組み。

(25) **インド洋海軍シンポジウム (Indian Ocean Naval Symposium: IONS)** 2008年にインドのイニシアチブで始まった、環インド洋諸国の海軍参謀長による協議の場。隔年で開催されている。日本や中国、ロシアもオブザーバーとして参加している。

(26) **環インド洋連合 (Indian Ocean Rim Association: IORA)** 1997年に「環インド洋地域協力連合」(IOR-ARC) として発足した地域機構。2013年に現在の名称に変更された。インド洋に面する23カ国が加盟しているほか、日米中露など9カ国が対話パートナーとして参加している。2017年と19年に首脳会合が開かれた。

(27) **付属書「VII 仲裁」の権限とその行使** 国連海洋法条約の第15部では、紛争が当事国間の協議で解決できない場合、当事国の一方の判断により国際裁判所に付託することが可能としている。

(28) **プロジェクト・モーサム (Project Mausam)** インド政府の文化省と考古調査局が2014年から進めている文化・学術プロジェクトで、インド洋諸国の相互理解や交流促進を目的としている。「モーサム」はアラビア語で「季節」を意味し、「モンスーン」の語源でもある。

(29) **アーユルヴェーダやヨガ (Ayurveda and Yoga)** 前者はインドの伝統医療。近年インドはこうした伝統的な価値の再評価・対外的拡散に取り組んでおり、2014年9月には「アーユルヴェーダ・ヨガ・自然療法・ユナニ・シッダ・ホメオパシー省」(頭文字を取ってAYUSH省と呼ばれる) という政府官庁が設置された。

(30) **スーフィズム (Sufism)** 踊りなどを通じて自我の意識から脱却し、神との合一を求める信仰形態。イスラーム神秘主義とも。

(31) **太平洋島嶼国サミット (Pacific Islands Summit: PIS)** 正式名称は「インド・太平洋島嶼国協力フォーラム」(FIPIC)。インドと14の太平洋島嶼国による首脳会合で、第1回は2014年にフィジーで、第2回はインドのジャイプルで開催された。

(32) **気候正義 (climate justice)** 地球温暖化が異常気象や自然災害をもたらし、発展途上国や将来世代が多大な影響を被るなか、気候変動による不公正を是正すべきとする考え方。

(33) **シャングリラ・ダイアローグ (Shangri-La Dialogue)** イギリスの戦略問題研究所 (IISS) がシンガポールで2002年から毎年開催している、外交・安全保障に関する国際会議。2022年6月の会議では、岸田首相が出席し基調講演を行った。

(34) **新型の大国間関係** 中国とアメリカの関係について、対立ではなく対話と協力、相互尊重を通じて問題解決を図るべきとする方針。胡錦濤政権終盤で言及され始め、習近平政権でたびたび用いられるようになった。

(35) **人類共通の未来** 2019年10月1日の中華人民共和国建国70周年演説で、習近平国家主席が提唱したもの。中国は「国際社会と協力し、人類共通の未来に向けて邁進する」とした。

エピローグ

(1) **平和的台頭(peaceful rise)** 国際社会との協調を指向し、大国として台頭しても脅威にはならないとする中国の主張。2003年頃に胡錦濤国家主席や温家宝首相が演説で触れるようになった。

(2) **戦狼外交** 2017年頃から目立つようになった、中国の攻撃的な外交姿勢。同国の外交官が記者会見やソーシャルメディアで示す強硬な姿勢を指すことが多い。同年公開の中国映画『戦狼 ウルフ・オブ・ウォー』から取られたとされる。

(3) **自然的正義(natural justice)** イギリス法における原則の一つで、「法の適正手続き(due process of law)」に相当するもの。

(4) **自立(アートマニルバルター)(Atmanirbharta)** この言葉をベースとして、新型コロナウイルスによるパンデミックの渦中にあった2020年、モディ首相が経済対策パッケージを発表した際に「アートマニルバル・バーラト(自立したインド)」というスローガンを提唱した。

(5) **グローバルなバリューチェーン(global value chain)** 一般にサプライチェーンがモノやサービスの供給網を指すのに対し、バリューチェーンは人材管理や技術開発などの「支援活動」とされる分野も含み、ビジネスのどの部分で付加価値が生じているかを特定することに重きを置く。

(6) **「ヴァスダイヴァ・クトゥンバカム」(Vasudhaiva Kutumbakam)** サンスクリット語で、「世界(大地)は一つの家族」を意味する。古代インドのウパニシャッド(ヴェーダ文献)の中に記されている言葉。2014年9月の国連総会でモディ首相が演説を行った際、「インドの哲学」として言及したことで知られるようになった。

著者

S・ジャイシャンカル

S. Jaishankar

インドの外務大臣、元外交官。1955 年ニューデリー生まれ。デリー大学卒業後、ネルー大学で博士号（国際関係論）を取得。1977 年にインド外務省に入省し、駐日大使館次席公使（1996-2000）、駐チェコ大使（2000-04）、駐シンガポール大使（2007-09）、駐中国大使（2009-13）、駐米大使（2013-15）、外務次官（2015-18）などを歴任した。退官後、2019 年 5 月に発足した第 2 次モディ政権で外相に就任したほか、同年 7 月からは上院議員（インド人民党所属）も務めている。

訳者

笠井亮平

かさい・りょうへい

1976 年愛知県生まれ。岐阜女子大学南アジア研究センター特別客員准教授。中央大学総合政策学部卒業後、青山学院大学大学院国際政治経済学研究科で修士号取得。在中国、在インド、在パキスタンの日本大使館で外務省専門調査員として勤務。著書に『インパールの戦い』（文春新書）、『モディが変えるインド』『インド独立の志士「朝子」』（以上、白水社）、共著に『軍事大国化するインド』（亜紀書房）、『台頭するインド・中国』（千倉書房）、訳書に『日本でわたしも考えた』『アメリカ副大統領』『シークレット・ウォーズ（上下）』『ネオ・チャイナ』『ビリオネア・インド』（以上、白水社）、監訳書に『日本軍が銃をおいた日』（早川書房）などがある。

インド外交の流儀
先行き不透明な世界に向けた戦略

二〇二二年一二月　五日　第一刷発行
二〇二四年　一月三〇日　第五刷発行

著者　S・ジャイシャンカル
訳者©　笠井亮平
装幀　谷中英之
組版　閏月社
発行者　岩堀雅己
印刷所　株式会社三陽社
発行所　株式会社白水社

東京都千代田区神田小川町三の二四
電話　営業部〇三（三二九一）七八一一
　　　編集部〇三（三二九一）七八二一
振替　〇〇一九〇－五－三三二二八
郵便番号　一〇一－〇〇五二
www.hakusuisha.co.jp

乱丁・落丁本は、送料小社負担にてお取り替えいたします。

株式会社松岳社

ISBN978-4-560-09470-9

Printed in Japan